Grüne Landschaften

Helen Mayer Harrison, Newton Harrison

Grüne Landschaften

Vision: Die Welt als Garten

Campus Verlag
Frankfurt/New York

Visionen für das 21. Jahrhundert
Die Buchreihe zu den Themen der EXPO 2000
Band 5

Idee, Konzeption und Realisierung:
Peter Felixberger,
Redaktionsbüro Wort&Tat, Erding

Übersetzungen:
Hauptbeitrag Harrison/Harrison: Cornelia C. Walter, Berlin
Beiträge Adams, McQuilkin, Player: Bernhard Kleinschmidt, München
Beitrag Menchú: Andreas Simon, Berlin

Redaktionelle Mitarbeit:
Hauptbeitrag Harrison/Harrison: Peter Felixberger, Erding
Beiträge Adams, McQuilkin, Menchú, Player, Thielke:
Sylvia Englert, Erding, und Peter Felixberger, Erding

Die Deutsche Bibliothek - CIP-Einheitsaufnahme

Grüne Landschaften: Vision: Die Welt als Garten / Helen Mayer Harrison ; Newton Harrison. [Übers.: Cornelia C. Walter ...]. - Frankfurt/Main ; New York : Campus, 1999
(Visionen für das 21. Jahrhundert ; Bd. 5)
ISBN 3-593-36037-3

Umschlaggestaltung und Layout: Pro Natur, Frankfurt/Main
Satz: Uwe Aufleger, Erding
Druck und Bindung: Druckhaus Beltz, Hemsbach
Gedruckt auf säurefreiem und chlorfrei gebleichtem Papier.
Printed in Germany

Inhalt

Halbinsel Europa. Projekt eines Zukunftsgartens

Helen Mayer Harrison, Newton Harrison

Inhalt

Der Weg mitten ins Lebensnetz

Als fahrende Künstler kommen wir von der langen Tradition der Geschichtenerzähler her. Wir wollen auch hier eine Geschichte erzählen – eine, die aus vielen Geschichten eines Ortes und aus Geschichten vieler Orte besteht. Vor allem aber handelt sie vom Anlegen und Kultivieren eines Gartens als Metapher für die zukünftige Landschaft Europas. Dieser Essay – eher eine Monographie mit eingestreuten »Kunstpausen« – setzt sich mit dem Konzept von *entityhood* (einer Art »gemeinsamer Wesenheit«) für Europa auseinander. Dabei gehen wir von der europäischen Halbinsel aus, in die der eurasische Kontinent ausmündet, und entwickeln dann ein Bild für die Zukunft für diese gegenwärtig kulturell erfundene Landschaft, das über reine Nachhaltigkeit hinausgeht. Dabei deutet sich ein ökologisch, ästhetisch und kulturell gangbarer Weg in Richtung auf eine erneuerbare Zukunft an. Wir betrachten Europa insofern als einzigartig, als es aufgrund seiner Größe, politischen Situation, Bevölkerung und ökonomischen Lage die Möglichkeit hat, eine Debatte über Nachhaltigkeit in Gang und in die Tat umzusetzen und dadurch eine Vorbildfunktion in der Welt zu übernehmen.

Im Laufe der vergangenen fast 30 Jahre haben wir Themen aufgegriffen, die sich mit der Zukunft der Kulturlandschaft befassen. Eine dieser neueren Arbeiten heißt *Zukunftsgarten, Teil Eins: Die gefährdeten Wiesen Europas*. Darin erörterten wir die Zukunft im Hinblick auf die Bodennutzung und stellten diese Wiesen als Modell für die Art von biokulturellem Zusammenwirken vor, die wir als unerläßlich für unser Überleben erachten. Nach dieser Arbeit bildete sich die Vorstellung von der europäischen Halbinsel als einem Zukunftsgarten, einer ökologisch nachhaltigen Form heraus.

Die Zukunft der Kulturlandschaft

Wir wollen im folgenden Ansätze diskutieren, die sich mit unseren zentralen Themen und Zielsetzungen befassen und die Notwendigkeit einer neuen Art der Geschichtsbetrachtung aufzeigen, eines Neuanfangs, der unser Bewußtsein an einer anderen Datenbasis orientiert, wo unter der Prämisse der gegenseitigen Vernetzung aller Dinge neues Handeln entsteht. Im Netzwerk *Große Grüne Farmen* schlagen wir z.B. alternative Anbaumethoden vor, bei denen der Mutterboden nicht zerstört wird und alle Ackerflächen und Inseln biologischer Vielfalt zu einem grünen Netz verbunden werden, und wo Wald, Wiese, Weidefläche, Fluß und Strom das Urbane umgeben und mit ihm verschmelzen. Mit diesen Maßnahmen lassen sich Stadt und Land vielleicht bewußter in Einklang bringen. Man stelle sich vor: ein neuer Wald und die gesamte Landschaft Europas als Garten, als Garten des 21. Jahrhunderts, vereint im Kontext der »Dringlichkeit des Augenblicks«!

Man stelle sich vor: Europa als Garten des 21. Jahrhunderts.

Eine Veränderung kann auf zweierlei Arten vor sich gehen. Wir können größere nutzbringende Veränderungen für die Kulturlandschaft in Europa und anderswo bewirken, wenn die Denkstrukturen sich in diese Richtung bewegen. Daher ist es dringend nötig, nun eine genaue Untersuchung der Möglichkeiten vorzunehmen, wie Industrie und Weltmarkt zu kultivieren sind, damit sie ihre angemessene Rolle beim Bau einer »nachhaltigen« Zukunft einnehmen können. Unserer Auffassung nach umfaßt das Konzept der Nachhaltigkeit neben der Idee des Wohlbefindens besonders auch die kulturelle sowie biologische Vielfalt. Monokulturen, gleich welcher Art, bilden im Gegensatz dazu selten stabile Formen und erfordern zu ihrer Erhaltung außerdem einen hohen Aufwand an Kraft und Energie.

Die Projekte, die wir vorstellen wollen, bieten Möglichkeiten eines regionalen Wandels, die sich aus dem künstlerischen Impuls heraus entwickeln. Sie regen Veränderungen an, manchmal nur kleine Verschiebungen oder Umschichtungen etwa in Sachen Bodennutzung, staatlicher Zuschüsse und Richtlinien. Zusammen eröffnen sie neue Nachhaltigkeitswege und neue, konstruktivere Feedbacksituationen, durch die wiederum neue, stabile Formen entstehen können.

Doch zunächst einige klärende Worte zu unserem persönlichen Werdegang. Seit etwa 30 Jahren arbeiten wir fast ausschließlich auf Einladung von Museen, Universitäten und den ihnen angeschlossenen Kunstgalerien, von kulturellen Einrichtungen und Gemeindezentren, Städten, kommerziellen Kunstgalerien und den früher so genannten »alternativen Ausstellungsräumen«. Unsere Vorgehensweise hat sich aus der künstlerischen Praxis heraus entwickelt und etabliert. Im Aufbau arbeitsintensiv, im Kontext intuitiv basiert sie stark auf der Recherche. Wir arbeiten mit Systemen zur Erkennung von Mustern, Beziehungen von Form-Fläche, Form-Form, Fläche-Fläche, mit Gruppierung, Reihung, Verknüpfung und Schichtung, mit überraschenden Gegenüberstellungen und abgewandelten Kartierungen. Wir zeichnen in diesem Zusammenhang etwa neue Karten, die sich auf Hintergrundinformationen stützen, die die Karthographen nicht herangezogen haben. Oft, aber nicht immer, nimmt unsere Arbeit eine Form von Wort-Bild-Beziehung an, wobei die Bilder bisweilen sehr groß werden. Die Sprache ist poetisch gewandet. Die erzählerische Grundstruktur soll sich vor dem Auge des Betrachters immer wieder erneuern, während sich die einzelnen Teile nach dem Sehen und Lesen gruppieren und immer wieder neu gruppieren. Die künstlerische Ausrichtung dringt dabei durch, ja besteht darauf, Risiken einzugehen, ausgetretene Pfade zu verlassen und dabei vollkommen auf den Instinkt und die Intuition zu vertrauen. Diese Ausdrucksfreiheit geht vom grundsätzlichen Glauben an die Freiheit aus, die es dem Künstler/der Künstlerin gestattet, seine/ihre eigene Agenda aufzustellen.

Unsere Vorgehensweise hat sich aus der künstlerischen Praxis heraus entwickelt.

Unsere Beschäftigung mit Kulturlandschaften hat sich rückblickend als unausweichliche Konsequenz aus einer über die Jahre 1962 bis 1971 gemachten Verpflichtung ergeben, kein Werk mehr zu schaffen, das sich nicht auf engagierte Art und Weise mit der Biosphäre befaßt. Diese Biosphäre, von der wir ein Teil sind, ist in Gefahr, bedrohlich vereinfacht und zu einer Art von fragmentiertem Mosaik diverser Monokulturen zu werden. Diese Fragmentierung, die der Mensch in seiner Eigenschaft als Mitglied verschiedener kultureller Gruppierungen – Regierungen, Firmen und sogar religiösen Gruppen – weltweit verursacht, wird von Rechtsauffassungen gestützt oder gerechtfertigt, die auf überholten und nicht hinterfragten Überzeugungen beruhen. Nachdem sie aber inzwischen so gewaltige Ausmaße angenommen haben, sind die selbstzerstörerischen Kräfte des Handelns aufgrund von überholten Denk- und Überzeugungsstrukturen zu einem sowohl kulturellen als auch ökologischen Risikofaktor für alle geworden.

Unser Ansatz geht davon aus, daß jeder Ort die Geschichte seiner Entstehung erzählt.

Unser Ansatz geht von der Annahme aus, daß jeder Ort die Geschichte seiner Entstehung erzählt. Normalerweise – so, wie wir heute Landschaften gemeinhin wahrnehmen – wird diese Geschichte von der dominanten Kultur am jeweiligen Ort bestimmt. Ein Skilift prägt den Hang, auf den er Zehntausende befördert. Doch in irgendeinem Moment, besser gesagt: in *jedem* Moment, kann diese Geschichte von irgend jemandem oder irgendeiner Gruppe aus irgendeinem Grund in eine andere Richtung gelenkt werden. Der Skilift verschwindet. Unbestimmtheit und Improvisation sind daher *per definitionem* in den Arbeitsprozeß eingebettet.

Woher wir die Sicherheit nehmen? Nun, die Welt, wie wir sie kennen, befindet sich in einer Art globalgalaktischem Gespräch mit all ihren Teilbereichen, die auf irgendeine Art und Weise miteinander kommunizieren, sei es nun geophysikalisch, biochemisch oder bakteriologisch, als Vernetzung eines Ökosystems oder als kollektives Gespräch aller Lebenden. Unser Hier und Heute wird individuell geschaffen und kollektiv mitgeschaffen in einem andauernden, sich ständig wandelnden Gespräch, einer – wenn man so will – Interaktion, die derartig komplex ist, daß sich ihre langfristigen Folgen nicht voraussagen lassen. Die Frage nach der Zukunft bleibt daher immer offen, da sich alle Möglichkeiten des Hier und Heute zu etwas vermischen, was man die Entstehung der globalen Kulturlandschaft nennen könnte.

Im übrigen ist Sprache an sich inzwischen ebenso wichtig für die Zustandsbeschreibung einer bestimmten Landschaft wie deren Zustand. Die Weiterexistenz oder Nichtexistenz von Regenwäldern hängt demnach auch vom Zustand des Diskurses über diese Regenwälder ab – davon, ob er sie achtet oder nicht achtet und zu welchem Preis. Früher erbaten die Menschen sich die Erlaubnis, im Wald zu leben, heute sind es die Menschen, die dem Wald die Erlaubnis erteilen, überhaupt weiterzuexistieren. Wer redet schon darüber?

Wenn man in diesem Zusammenhang über die europäische Halbinsel nachdenkt, könnte man den globalen Markt vielleicht als eine Art von Gespräch interpretieren, das die Kulturlandschaft unablässig nach Profitmöglichkeiten für die Eigentümer und Aktionäre der weltweit operierenden Firmen durchforscht. Als Ergebnis dieses Diskurses wird die Landschaft und alles, was zu ihr gehört, ständig neu geschaffen. Im Gegensatz zu vielen anderen Gesprächen bleibt das des globalen Marktes mehr oder weniger gleichgültig gegenüber dem Wohl des Terrains und der Kulturen, von denen im Endeffekt sein eigenes Wohl abhängt. Zum Glück ist diese Haltung nicht auf ewig festgeschrieben. Andere Gespräche finden gleichzeitig statt. Ein Biologe z.B. kann die Landschaft auf ihre Bewohnbarkeit für verschiedene Arten hin betrachten. Landschaftsarchitekten, Geographen, lokale Geschäftsleute, Künstler, Ärzte, Politiker – die Liste ist endlos – wirken alle auf die Landschaft ein, je nach Interessenlage ihres Bereichs und nach ihrem individuellen Gefühl für das, was sie zum eigenen oder dem Wohl ihrer Gruppe brauchen. Jenes Wohlergehen nämlich, das die Idee des fröhlichen Weitermachens in sich trägt, treibt die Entwicklung einer Kulturlandschaft voran. Das aktuelle Problem besteht aber nun darin, daß unsere gegenwärtige Definition von Wohlbefinden eher in die Richtung strebt, den Vorteil von wenigen zu maximieren und dadurch zur Benachteiligung der vielen und des uns alle erhaltenden Ökosystems oder Lebensnetzes beizutragen.

Das Gespräch des globalen Marktes bleibt gleichgültig gegenüber dem Wohl des Terrains und der Kulturen.

Unser künstlerischer Umgang mit Ökosystemen

Doch zurück zu uns beiden: Unsere Neubetrachtung von Landschaften begann mit Arbeiten, die zunächst verschiedene Biostrukturen und/oder Fragmente einfacher Strukturen reflektierten. In den späten 60er und frühen 70er Jahren verabschiedeten wir uns von der Idee individueller Urheberschaft und faßten den Entschluß, nur noch an Projekten zu arbeiten, die sich mit dem Wohlergehen der Umwelt und des Ökosystems/Lebensnetzes befaßten. Das Lebensnetz, wie wir es damals begriffen, umfaßt alle Lebewesen, ihren natürlichen Lebensraum und jedes Milieu – Erde, Luft, Wasser –, das zu ihrer Erhaltung dient. Heute würden wir der Liste noch Steine und Felsen hinzufügen.

Die meisten unserer Kollegen und Mitmenschen an der University of California, San Diego in La Jolla, standen der ökosystembezogenen Denkweise damals jedoch nicht besonders wohlwollend gegenüber. Die Modernisierung wütete über das Land. Die örtliche Geschäftswelt war gerade dabei, in die Feuchtgebiete und ins Flußdelta hinauszubauen, in den Küstengewässern tauchten auf einmal Bohrinseln auf, unser Bürgermeister, kaum gewählt, wischte prompt die sorgfältig entwickelten Pläne für kontrolliertes Wachstum in San Diego vom Tisch, der ursprüngliche Wald im Norden des Bundesstaates wurde in aller Eile abgeholzt und das Central Valley, das zentrale Flußtal von Kalifornien, war bereits zu einer gigantischen Agrarlandschaft mit Großbetrieben verkommen. Außerdem wurde die ökosystembezogene Forschung unter den Kollegen an der Universität nicht als ernstzunehmende Wissenschaft angesehen. Wir selbst kamen seltsamerweise etwas besser weg. Alle wußten, wir waren Künstler und deshalb sowieso exzentrisch. Jedoch fand man das Thema Biodiversität in akademischen Kreisen damals kaum akzeptabler als z.B. Pornographie.

Die ökosystembezogene Forschung wurde als nicht ernstzunehmende Wissenschaft angesehen.

Nur eine kurze Episode: Herbert Marcuse, der von der damaligen neuen Linken auf unserem Campus hochgeschätzte Theoretiker, international berühmt als Mitglied der Frankfurter Schule und Autor von Büchern wie *Der eindimensionale Mensch*, griff uns und unsere Arbeit scharf an. »Eure Arbeit an Ökosystemen ist eine Form von repressiver Entsublimierung, die dem eigentlichen Thema die Energie entzieht, nämlich dem Klassenkampf.« Ich erwiderte: »Das gesamte Ökosystem kann als die vergessene, endlos ausgebeutete Unterklasse gesehen werden.«

In den frühen 70er Jahren entstanden Arbeiten in Form von Museumsinstallationen, mobilen Farmen, Fischfarmen, Wurmfarmen, mobilen Obstgärten – bekannt geworden unter dem Namen »Survival-Serie«. Ein Beispiel daraus war der *Mobile Obstgarten (Portable Orchard)* von 1971/72, Survival Piece Nr. 3, in der Kunstgalerie des California State College in Fullerton. Es handelt sich hierbei um eine Installation aus 18 Zitronen- und Avocadobäumen, bei der die fruchttragenden Zwergbäume in sechseckige, mit jeweils einem Kubikmeter Erde gefüllten Boxen gepflanzt waren. Die Ausstellung mit dem begleitenden Zitronenfest (das manche mit einem etwas übersäuerten Magen verließen) war als ironische Replik auf die Zerstörung der lokalen Obstplantagen durch massive Erschließungsmaßnahmen und deren Begleiterscheinungen wie Verkehrsstaus und Smog im Orange County in Südkalifornien gedacht. Die Ironie der Tatsache, daß wir als Künstler womöglich den letzten Obstgarten in Orange County in einem Museum bewahrten, entging jedoch den meisten. Nur am Rande bemerkt: Nach über 25 Jahren gedeihen einige der Bäume immer noch in ihren Boxen auf dem Platz vor der Kunstgalerie.

Die *Salzwasserkrebsfarm*, Survival Piece Nr. 2, war ein Umweltporträt und wurde für die Kunst- und Technologieausstellung entworfen, die 1971 kurz zuvor im Los Angeles County Museum of Art gezeigt worden war. Diese Arbeit wandte sich in eine ganz andere Richtung. Draußen auf dem Museumsvorplatz stand eine lange Holzkonstruktion mit vier Boxen von jeweils drei auf zehn Meter. Jede Box war mit Wasser von unterschiedlichem Salzgehalt gefüllt, von fast Süßwasser bis zu stark salzhaltigem Wasser. Der erste Schritt bestand nun darin, die Dunaliella-Alge, die auf den steigenden Salzgehalt mit der Bildung von Karotin reagierte, in den vier Teichen auszusetzen. Die Boxen verwandelten sich daraufhin zu einer dreidimensionalen Farbfeld-Malerei, von grün zu gelblich, dann zu orange und ziegelrot. Im nächsten Arbeitsgang wurden jetzt Salzwasserkrebse eingesetzt. Als diese die Algen fraßen, verschwand aus dem Werk allmählich die Farbe. Die Algen und die Garnelen führten zur Bildung eines der einfachsten Ökosysteme, da sie und nur sie in der Lage sind, unter derartig extremen Salzhaltigkeitsstufen zu existieren.

Dennoch: Keine der beiden Arbeiten klärte ausreichend über unsere Absichten auf und drückte die zugrundeliegenden Ideen adäquat aus. Wir wollten mehr und beschlossen daher, keine einfachen Installationen in Skulpturenform mit lebendem Material mehr zu machen. Wir begannen zu improvisieren. Wir wollten fortan ganze Systeme im neuen Format unter Einbringen von Text, Photos, Zeichnungen und Bildern und erzählerischen Elementen präsentieren.

Wir beschlossen, keine einfachen Installationen in Skulpturenform mehr zu machen.

Die Entscheidung, Wasserfarmen und Obstgärten im Museum

zu zeigen, hielt sich völlig konsequent an das, was damals in der Concept Art vor sich ging. Ein Unterschied zwischen unserer Arbeit und der von anderen bestand darin, daß wir von Anfang an die Nützlichkeit als wichtigen Aspekt einbezogen haben. Wir wollen ganz kurz erläutern, was diese Entscheidung im Bereich der Kunst der späten 60er und frühen 70er Jahre bedeutete. Daraus wird vielleicht ersichtlich, auf welchem Weg Künstler wie wir zu Ökologen wurden und wie wir dazu kamen, uns intensiv mit Elementen aus den Naturwissenschaften, später den Kulturwissenschaften sowie politischen und ökonomischen Strukturen zu beschäftigen, die regionale Planungen lenken und oft entscheidend beeinflussen.

Concept Art war damals eine dominierende Kraft in der amerikanischen und europäischen Kunst.

Zunächst einmal war Concept Art damals eine dominierende Kraft in der amerikanischen und europäischen Kunst. Die theoretischen und geschichtlichen Grundlagen dieser Bewegung beginnen im frühen 20. Jahrhundert mit Marcel Duchamp und den Dadaisten, den Surrealisten und den Konstruktivisten. Duchamp und die Dadaisten erkannten recht früh, daß die ästhetische Erfahrung eine Angelegenheit von Geist und Diskurs ist. Indem sie einen Gegenstand oder eine Situation in einen neuen Zusammenhang stellten (re-kontextualisierten), was für sich genommen wenig Wert *per se* und so gut wie keinen ästhetischen Wert besitzt, führten sie den Zweifel an der Festgelegtheit von Realität in ihr Werk ein. Diese Re-Kontextualisierung und Einführung des Zweifels war auch das vorrangige Thema der Surrealisten, wenngleich diese aus einer eher psychologischen und wahrnehmungsorientierten Perspektive herangingen. Das gleiche galt teilweise auch für die Konstruktivisten, die sich allerdings mehr mit dem Thema bebaute Umwelt auseinandersetzten und eine Zeitlang auch idealistisch dem Marxismus nahestanden.

Bereits im späten 19. Jahrhundert erkannten die Impressionisten, daß Gegenstände nicht »real« waren, sondern daß das Licht, das einen Gegenstand oder eine Landschaft beschrieb, eine Welt zum Vorschein brachte, der sie dann in ihren Werken Ausdruck verliehen. Wenn er auf eine Leinwand malte, ließ der Künstler durch seine Wahrnehmung ein Universum in Miniaturform entstehen, durch die Art, in der er Licht als Farbe sah und in der er einen Ort und die Menschen darin beschrieb. Dahinter steht die Vorstellung, daß wir das Gesehene und die Art und Weise, wie wir es sehen, ständig neu erfinden.

Eine der Aufgaben, die wir unseren Studenten in den ersten

Semestern früher gestellt haben, lautet wie folgt: Man nehme zwei Münzen und lege sie so auf einen Tisch, daß die eine etwa 15 Zentimeter näher beim Betrachter liegt als die andere. Man trete zurück und deute mit Daumen und Zeigefinger Größe und Form der ersten Münze an. Anfänglich scheinen Größe und Form beider Münzen gleich. Wenn man die Hand aber wieder an den Punkt hält, wo jetzt die zweite Münze im gleichen Raum sichtbar wird, und man den Abstand zwischen den Fingern nicht verändert hat, wird man feststellen, daß man einer optischen Täuschung erlegen ist, denn das Auge sieht tatsächlich eine Münze, die kleiner und elliptischer ist, während der Verstand eine Münze gleicher Größe und Form erkennt.

Erst wenn man aber lernt, darauf zu achten, was man tatsächlich optisch wahrnimmt, und es von dem, was man zu sehen erwartet, trennt, kann man einen Gegenstand wirkungsvoll darstellen. »Was sehe und erfahre ich eigentlich tatsächlich und wie drücke ich es aus?«, lautet die Frage, die vielen Aspekten von Kunst und den meisten Aspekten der experimentellen Wissenschaften zugrundeliegt. Doch fallen die Antworten nicht immer so leicht, da sich Wahrnehmung und Objekt ebenfalls ständig verändern.

Einer der Grundsätze der Concept Art bestand darin, eine unabhängige Entscheidung zu treffen und sie erbarmungslos bis zu ihren unbekannten, unergründlichen Konsequenzen zu verfolgen. Die Konsequenzen waren einfach das Ergebnis kontinuierlicher Kreativität, Untersuchung und Ausführung, immer in Bezug zu der ursprünglichen, unabhängigen Entscheidung. Diese änderte sich jedoch ständig und komplizierte sich noch zusätzlich aufgrund der kontinuierlichen Kreativität, die sie mit sich brachte.

Das Lebensnetz als Thema führte zur Beschäftigung mit endloser Komplexität und endlosem Lernen.

Durch den Entschluß, nur Werke zum Wohl des Lebensnetzes zu erarbeiten, lagen für uns bestimmte Themen rasch auf der Hand. Das Lebensnetz als Thema führte zur Beschäftigung mit endloser Komplexität und endlosem Lernen.

Daß wir z.B. ein Element – Erde – heraushoben, um es neu betrachten zu können, ergab sich aus einem Gespräch mit Ranil Senanayake, einem Ökologen in Sri Lanka. Was wir von ihm lernten, ist in dem untenstehenden Text ausgedrückt. »Erde« bzw. fruchtbaren Boden für Agrarsysteme in einer Art öffentlicher Performance herzustellen war eine Reaktion auf die vielen Aktivitäten, die zur Wüstenbildung führen. Nicht zufällig brachten wir uns die Kunst des Herstellens von Erde bei, die wir dann in unseren mobilen Farmen verwendeten. Der Text ist ein erstes konkretes Hineinblicken in unsere künstlerische Arbeit im Umgang mit Ökosystemen und Kulturlandschaften.

Erde herstellen

Die Welt des Bodens ist bizarr.
Kommunikation ist chemisch und physisch.
Würmer sind ihre Riesen.
Schwämme bewegen sich zentimeterweise im Monat hindurch.
Bakterien bewegen sich zentimeterweise im Jahr hindurch.

Die Welt des Bodens ist uralt und magisch.

Die Welt des Bodens ist uralt und magisch,
widersprüchlich und komplex.
Meist fest und lichtundurchlässig
wirkt sie noch als Meer für Tausende von Arten,
die sie horizontal
und vertikal durchwandern.
Sie ist der biologische Filter, der
einen Großteil der Gifte herausfiltert,
die der Umwelt angetan werden.

Ein Gramm gewöhnlichen Ackerbodens
kann über eine Milliarde einzelner Bakterien enthalten.
Ein Gramm gewöhnlichen Ackerbodens kann
über 100 Milliarden einzelner Strahlenpilze enthalten.
Ein Gramm gewöhnlichen Ackerbodens
kann über einen Kilometer Pilzfäden enthalten.
Ein Gramm gewöhnlichen Scheunenhofbodens kann
Pflanzen wie Algen
und Tiere wie Springschwänze, Fadenwürmer und Würmer enthalten.

Um moderne Wirtschaftssysteme zu erhalten,
müssen landwirtschaftliche Böden
einen hohen Gehalt an organischen Stoffen
und Nährstoffen aufweisen.
Doch landwirtschaftliche Böden bringen den ursprünglichen

Ökosystemen des Bodens unmerkliche Veränderungen.
Und wenn der Gehalt an Nährstoffen wächst,
wächst auch der Gehalt an Störungen,
während die Anzahl ursprünglicher Arten sinkt.

Denk an die Dynamik gesunden Bodens.
Denk an den Boden, der einst fast die ganze Oberfläche des Planeten bedeckte.
Denk daran, daß der Boden bei der Stabilisierung der Biosphäre eine fundamentale Rolle spielt.
Denk daran, wieviel Mutterboden schon verloren ist
und wieviele Orte es gibt,
an denen die Bildung neuen Bodens zum Stillstand gebracht wurde.
Denk daran, daß es bis zu 1.000 Jahre braucht, bis ein paar Zentimeter Mutterboden entstehen.

Denk an den Boden, der einst fast die ganze Oberfläche des Planeten bedeckte.

Gesunder Boden ist ein lebendiges System.
Gesunder Boden muß mit
Luft und Wasser interagieren.
Gesunder Boden braucht Zugang zu den Produkten
von Pflanzen und anderen Oberflächenorganismen.

Nähre deshalb als Akt der Performance-Kunst
mit der Erde in diesem Teströhrchen
eine Stelle, an der der Boden schlecht ist.

Du kannst natürlich auch beschließen, diese Erde als Kunstwerk zu behalten.
Dann wird mit der Zeit
auch ihr Boden schlecht werden.

Etwas so Einfaches, wie Erde aus Sand, Lehm, Klärschlamm und anderem organischen Material zu gewinnen, warf natürlich Fragen auf, die schnell zur Erkenntnis führten, daß Systeme innerhalb von Systemen leben. Wenn man eines heraushebt, deckt man auch die anderen auf. Eines zu beschädigen bedeutet, auch andere zu beschädigen. Eines zu verbessern bedeutet, auch andere zu verbessern. Das Engagement, sich mit ganzheitlichen Systemen zu beschäftigen, führte aber genau von der Idee eines einzigen, zentralen Bildes oder Gedankens weg und offenbarte statt dessen, daß das Deutliche an einem Aspekt andererseits die ungelösten Fragen oder das Nichtverstehen darstellte. Diese Einstellung führte uns weg von Galerien und Museen. Einige Kollegen gerieten darüber in Rage. Sie glaubten, ein Bild müsse *a priori* undidaktisch, völlig selbsterklärend und selbstbezüglich und natürlich stabil, konstant sein und sich daher zum Sammeln eignen.

Die Rahmenbedingungen der Moderne in den frühen 70ern schnürten uns ein.

Die Rahmenbedingungen der Moderne in den frühen 70ern schnürten uns demzufolge ein und wurden uns zu eng. Die Natur, das Lebensnetz in seiner Gesamtheit, erschien uns interaktiv, gegenseitig abhängig, gegenseitig sich entwickelnd und daher in unterschiedlichen Abstufungen nicht festgelegt und nur bedingt in einen Rahmen einzwängbar. Alle zentralen Bilder, die auftauchten, schienen nur für einen Augenblick zu existieren und danach wieder in ein Muster zu verschwinden, in dem sich die einzelnen Momente innerhalb anderer Momente gruppierten.

Wir beschlossen daher, ein neues Gespräch zu etablieren: den Lagunen-Zyklus, ein über 100 Meter langes, knapp zweieinhalb Meter hohes Wandbild in etwa 60 Teilen. In Form eines 1974 bis 1984 entstandenen, philosophischen Poems, bei dem Text und riesige handbemalte Photographien einander abwechselten, beschlossen wir, unsere neue Ideenwelt auszudrücken. Es funktionierte ähnlich wie bei Drehbüchern für einen Film, ein pikaresker Roman in sieben Kapiteln. Diese sieben Räume, einer für jede der sieben Lagunen, erstreckten sich auf über 1.504 Quadratmeter. Der Beginn lautete:

»Für uns war es ein Augenblick,
von dessen Beginn wir nichts ahnten, bis wir
bereits mitten drin waren.
Dann sahen wir nach vorn und wußten, wie er
enden würde.
Aber wir wußten nicht, wie wir dahin gelangen sollten.
Man könnte auch sagen, nachdem wir das Ende kannten,
gingen wir von rückwärts heran an das,
was wir wohl am Anfang waren,
und vorwärts an das, was wir am Ende werden mußten.«

Der Lagunen-Zyklus ist halb autobiographisch. Er ist gewissermaßen die Geschichte unserer »Grünwerdung«. Der Schluß eines Teils weist oft auf den Anfang zurück und wirft neues Licht auf andere Teile. Als Künstler haben wir gelernt, neue Muster zu erkennen und Risiken einzugehen, neue Sprachen zu erfinden, neue Räume zu schaffen, Form/Boden zu sehen und umgekehrt – und vor allem: unendlich zu improvisieren. Wir haben sozusagen gelernt, uns wie die Natur zu verhalten. Wie die Natur verwerten wir das, was wir in der Vergangenheit geschaffen haben, um es in der Gegenwart wieder zu nutzen. Wo es um frühere Arbeiten geht, wird wenig vergeudet. In diesem Sinn »ist alles Wasser auf die Mühlen«, nichts geht verloren.

Als Künstler haben wir gelernt, unendlich zu improvisieren.

Erkenntnistheoretiker und Biologen, u.a. Fritjof Capra, Humberto Maturana und Francisco Varela, Rupert Sheldrake, James Lovelock, Lynn Margulis, haben in wissenschaftliches Gewand gekleidet, was wir in unserer Arbeit intuitiv erfaßt haben. Ihre übereinstimmende These: Alle Lebewesen, von der einfachsten Zelle bis hin zu uns selbst, zeichnen sich insofern durch Erkenntnisfähigkeit aus, als sie ständig Entscheidungen über ihr Wohl treffen, auswählen, was sie aus ihrer Umgebung brauchen und vor allem zurückweisen, was in einem System nutzlos oder giftig für sie ist. Dies tun sie wiederum in einem System, das so elegant konstruiert ist, daß die Abfallstoffe des einen die Nahrung des anderen sind.

Jedes Wesen, von der Zelle bis zu uns selbst, schafft sich daher ständig neu, wobei es seine Existenz so gut wie möglich mit den ihm zur Verfügung stehenden Mitteln improvisiert. Gleichzeitig schafft sein Improvisationsprozeß wieder die Mittel oder den Kontext oder den natürlichen Lebensraum, den es zum Weiterleben braucht. Alle Lebensformen innerhalb dieses Prozesses der Selbstbildung sind in der Lage, sich zu verbinden oder miteinander zu verschmelzen. Das Ergebnis ist die immense Komplexität des menschlichen Gehirns und aller Systeme, die physisch an der Bildung des menschlichen Bewußtseins beteiligt sind.

Der Prozeß des Nehmens ist gleichzeitig auch ein Prozeß des Gebens, so wie alles Leben der Umwelt das zurückgibt, was es nicht braucht, was durch den Evolutionsprozeß aber andere brauchen können. Das heißt, um überhaupt Leben zu sein, nimmt alles Leben an diesem Prozeß der Energiestreuung teil. Keine komplexe Lebensform kann ohne komplexe Interaktion und Kooperationssysteme mit anderem Leben existieren. Zu wissen, wie zu handeln ist,

Selbstkenntnis ist der Ausgangspunkt für jede kulturelle Erfindung.

und danach zu handeln, ist ein Akt der Erkenntnis und daher intelligent. Allerdings hat die menschliche Intelligenz die einzigartige Fähigkeit der Selbstkenntnis, Selbsterkenntnis und der Selbstbewußtheit und ist sich daher der Konsequenzen ihres Handelns bewußt. Diese Eigenschaft teilt sie bekanntermaßen nicht mit anderen Lebewesen, außer vielleicht bis zu einem gewissen Grad mit anderen Primaten, Walen und Delphinen. Selbstkenntnis ist jedoch der Ausgangspunkt für jede kulturelle Erfindung.

Erst seit kurzem befassen wie uns mit Bereichen, die wir »Stabilitätsdomänen« nennen. Der Begriff bezieht sich speziell auf die Entstehung von Mustern im Kontext der Chaostheorie. Wir gehen davon aus, daß alles ökokulturelle Handeln von seiner Natur her chaotisch ist. Wir begreifen eine chaotische Situation aus der ökosystembezogenen Perspektive heraus als etwas, das in ständigem Fluß Energie in sich aufnimmt, diese einsetzt und das, was es nicht braucht, zur Wiederverwendung in die Natur ausstößt. Leider ist nicht alles, was die Kultur hervorbringt, für natürliche Prozesse verwendbar, sondern oft sogar destruktiv.

Werke zur Darstellung dieser Ideen können neue, möglicherweise im ökologischen Sinn nachhaltige Erkenntnisse bieten. Sie schaffen neue Organisationsmuster für fragmentierte, überlastete, große ökokulturelle Milieus. Diese neuen Muster haben zunächst die Form von Bildern, die mit Texten kombiniert werden. Wir nennen sie versuchsweise »Nachhaltigkeitsikone«, also stilisierte Abbildungen. Und wir legen in unserer Arbeit Wert darauf, den Prozeß ihrer Entstehung genau nachzuzeichnen. Frühere Werke erscheinen uns nun rückblickend als eine Reihe miteinander verschmelzender Fragmente, durch die Europa, die Halbinsel, gedanklich allmählich Gestalt annimmt. Das hat unsere Wahrnehmung früherer Arbeiten natürlich auf eine Art und Weise verändert, die wir nie werden nachvollziehen können. Damals war schließlich damals, und heute ist heute.

Wir glauben, daß Kultur nicht weniger, sondern vermutlich viel mehr ist als die Summe der Verhaltensweisen aller Menschen, die je gelebt haben, und allen Handelns, das aus diesen Verhaltensweisen erwuchs. Die Kulturlandschaft ist daher auch nicht weniger, sondern wahrscheinlich viel mehr als die Umwandlung der Biosphäre durch das frühere und heutige Verhalten aller und alles heute Lebenden und aller und alles früher Lebenden. Trotzdem erscheinen Kultur und Natur sowohl im Denken als auch in den

Sprachen westlicher Kulturen als voneinander getrennte, wenn auch interagierende Einheiten. Die in dieser so wahrgenommenen Trennung liegenden Schwierigkeiten, in zahlreichen Aspekten des alltäglichen Handelns offenkundig, werfen für die sich ständig neu bildende Kulturlandschaft viele Probleme auf.

Also, was sind die Grenzen Europas?

Als wir begannen, diesen Text zu schreiben, kam ein Gespräch in Gang – unser Prozeß, aber eigentlich der Prozeß mit dem Ziel, ein neues, zum Entstehen drängendes Muster in eine Form zu bringen.

»Also«, fragtest du, »was sind die Grenzen Europas?«

Und ich spann den Faden ein bißchen weiter: »Obwohl wir in vielen Teilen West- und Mitteleuropas und auch in Teilen Osteuropas gelebt oder gearbeitet haben, haben wir das Gebiet jenseits des Wassereinzugsgebiets der Weichsel in Polen noch nicht kennengelernt. Wir wissen nicht, ob es ökologisch oder kulturell sinnvoll ist, die weite russische Steppe bis zum Ural als Teil von Europa mit einzubeziehen, wie es auf Landkarten oft dargestellt ist und sich politisch oder wirtschaftlich durchaus vertreten ließe. Wenn Europa an den Dardanellen im Süden aufhört und nur noch das Stückchen Türkei dazuzählt, wieso sollte man dann im Norden nicht die Ukraine dazurechnen? Gehören Finnland und die baltischen Staaten immer dazu? Warum dann nicht Weißrußland?«

»Findest du eigentlich, daß Europa überhaupt wie ein Kontinent aussieht?«

Ich sah wieder auf die Landkarte: »Ungeachtet der Tatsache, daß es der ›europäische Kontinent‹ genannt wird – findest du eigentlich, daß Europa überhaupt wie ein Kontinent aussieht?«

Du dachtest einen Augenblick nach und sagtest: »Der ganze Kontinent ist Asien oder eigentlich Eurasien. Ich kann Europa aber als Halbinsel erkennen, die sich aus dem eurasischen Kontinent hervorhebt, mit einer Reihe von Inseln in den Gewässern, die seine Grenzen bilden, aber dazugehören. Ich kann Europa auch als vielfältig ausgeformte Kulturdomäne über die Grenzen seiner Wassereinzugsgebiete hinaus erkennen.«

Und ich sagte: »Die Frage, was das ganze Europa eigentlich genau umfaßt, werden andere erörtern müssen. Für unsere Zwecke hier fragt sich, wo und wie endet Europa und beginnt etwas anderes?«

Also studiertest du die Landkarte, verglichst sie mit unseren Erfahrungen vor Ort und antwortetest: »Laß uns zur Diskussion unterscheiden, daß Anfang und Ende für uns fast ausschließlich durch das Zusammentreffen von Land und Wasser bestimmt werden. Im Westen sind es die Atlantikküsten, im Süden und Südosten ist es das Mittelmeer, und weiter östlich bilden die Dardanellen und dann das Schwarze Meer die Grenzen. Im Norden ist es die Nordsee und weiter östlich dann die Ostsee. Die nordöstliche Grenze wirft allerdings Fragen auf. Für unsere Zwecke werde ich sie aber auf die äußersten Begrenzungen der Wassereinzugsgebiete legen, die von den Flüssen aus den Karpaten gebildet werden, von der Weichsel, die in nordwestlicher Richtung in die Danziger Bucht, also in die Ostsee fließt, und dem Dnjestr, der in südöstlicher Richtung über die polnisch-russische Tiefebene an Moldawien vorbei ins Schwarze Meer fließt. Die Flüsse formen kantige Ufer, während die Feuchtgebiete ihrer östlichen Nebenflüsse sanfte Ufer aufweisen. Unsere Grenzen werden also vom Wasser beschrieben: Ozean oder See, Binnenmeer oder Fluß.« Ich fragte: »Wie würdest du diese Halbinsel Europa in eine Form gießen, dieses geomorphe, geophysikalische und geokulturelle Gebilde?«

Wir haben die ökologische Information intensiviert, die politische reduziert und dabei die Kultur des Ortes reflektiert.

Indem du erneut über die topographische Karte nachdachtest, sagtest du: »Stell dir vor, es entsteht eine neue Karte, wenn man alle Staatsgrenzen ausradiert, die endlosen Straßen entfernt, die Flüsse markiert und die Berge hervorhebt, aber alle Markierungen für Großstädte, Kleinstädte und Dörfer läßt – und sogar die Weiler drinläßt. So haben wir die ökologische Information intensiviert, die politische reduziert und dabei die Kultur des Ortes reflektiert.«

Beim Blick auf diese Landkarte vergaßen wir, was wer zu wem gesagt hatte, staunten und erkannten, daß ein seltsames, neues Muster zum Vorschein kam – in Form von miteinander verschlungenen S-Bögen, die durch die Gebirgszüge entstanden, mit den Pyrenäen in Spanien begannen, mit den Alpen einen Bogen beschrieben und zu den Karpaten hin Gestalt annahmen, kontrapunktiert von der Donau, die ihren eigenen Bogen von der Hoch- bis zur Tiefebene beschrieb, die Alpen durchschnitt und ins Schwarze Meer mündete. Also sagtest du: »Eine Diskrepanz bleibt: dieser Widerspruch zwischen der geophysikalischen Grenze Wasser, festgelegt von der Halbinsel Europa, die wir beschreiben, und der kulturellen Sphäre, die größer ist als die Halbinsel, obwohl ihre Grenzen im Lauf der Zeit dramatisch geschrumpft oder gewachsen sind.«

Und ich fragte nach: »Du meinst, wie kommen wir eigentlich darauf, Inseln wie die Britischen Inseln und sämtliche Mittelmeerinseln, die skandinavischen Länder und die baltischen Staaten nicht einzubeziehen?«

Und du sagtest: »Dänemark werden wir natürlich einbeziehen, weil ein so großer Teil davon auf der Halbinsel liegt. Aber die baltischen Staaten und die restlichen skandinavischen Länder gehören lediglich zur kulturellen Sphäre, manche sogar auch nur am Rande. Die Einbeziehung der Britischen Inseln und der Mittelmeerinseln von Elba bis Korsika, Sardinien und Sizilien ließe sich noch eher vertreten. Aber was ist mit Malta und den griechischen Inseln? Und was machen wir mit Zypern und Kreta?«

Und du sagtest oder ich sagte: »Und der Teil der Türkei, der mit einbezogen wird. Betrachtet der sich wirklich als europäisch?«

Und ich sagte oder du sagtest: »Inmitten der Kreativität gibt es immer Widersprüche. Manchmal scheint es so, als schafften wir ständig neue Widersprüche und Zweideutigkeiten. Und die Inkonsistenz ist ja eine alte Freundin. Vielleicht sind Widersprüche und Paradoxien die Grundvoraussetzungen des Denkens, ein Geisteszustand, der die Kreativität befördert. – Aber sparen wir uns die Grenzen der kulturellen Sphäre Europas für ein anderes Gespräch auf, damit wir dieses hier fortführen können. Laß uns nur übereinkommen, daß die Halbinsel Europa und das kulturelle Europa im Prinzip ein und derselbe Ort sind. Wobei die Halbinsel einen konstanten Umfang hat, während die kulturelle Sphäre physisch weniger definierbar bleibt.«

Die Halbinsel Europa und das kulturelle Europa sind im Prinzip ein und derselbe Ort.

Aus einem Abstand betrachtet ließ sich die Hochfläche der Halbinsel Europa als eine Art organisch verkettete Reihe von Formen lesen, die aus der Landfläche hervortraten, wobei die physischen Grenzen von den Wasserläufen bestimmt wurden: Ozeanen, Binnenmeeren und Flüssen.

Und danach trat diese über alle Gebirge gehende Konfiguration vor dem geistigen Auge als konkretes Muster hervor. Wir betrachteten es als brauchbares Muster. Es zeigte auf, wie auf dem Weg des geringsten Widerstands zwei Dinge zu erreichen waren: als erstes, über die Wiederherstellung aller Wassereinzugsgebiete in Europa nachzudenken, die ja alle in den Hochflächen der Gebirge beginnen; als zweites, einen Hochflächen-Ökokorridor quer durch Europa zu entwerfen, was machbar erscheint, weil die hochgelegenen Gebiete am dünnsten bevölkert und daher für die Umwandlung am geeignetsten sind. Und dann ist da noch die Eigenkraft des Musters. Wir sehen die Form dieses Musters als zentrales Emblem für die Schaffung eines neuen Gedankenhorizonts für das Bild »Halbinsel Europa«, das es als besonderen Ort, als einzigartiges geophysikalisches Gebilde erkennbar werden läßt.

Im Konzept einer Halbinsel Europa zeigen Staatsgrenzen oft die Dissonanz zwischen kulturellen und ökologischen Grenzen auf. Ein Beispiel: Ein Großteil des früheren Jugoslawien existiert im Stromgebiet des Save-Flusses und ist ökologisch gesehen kohärent. Die dort ansässigen, voneinander grundverschiedenen Kulturen zeichneten sich früher einmal durch das Potential aus, sich gegenseitig zu bereichern, entschieden sich aber dann für eine äußerst gewalttätige Form von kultureller Fragmentierung. Innerhalb dieser Fragmentierung sind die ökologischen Grenzen Sloweniens noch die diskretesten, zusammenhängendsten, da Slowenien als Hochtal von Bergen umgeben ist, wogegen Kroatien, Bosnien-Herzegowina, Serbien und Montenegro und vor allem die Provinzen wie z.B. das Kosovo feste Grenzverläufe hatten, die hauptsächlich politisch bedingt waren. Das benachbarte Österreich ist in seiner Vermischung östlicher und westlicher Kultur dagegen kohärenter, ökologisch jedoch inkohärenter, weil so viele Teile des Bergtalgebiets zu anderen Ökosystemen gehören. Das holländische Flachland wiederum ist physisch kohärenter Natur, nachdem drei seiner Außengrenzen durch die Tatsache verbunden sind, daß alle Landflächen entweder aus dem Meer gewonnen bzw. trockengepumpt wurden, unter dem Meeresspiegel liegen und durch ein gemeinsames Biosystem und ein gemeinsames Schutzsystem gegen Meerwasser stabil gehalten werden.

Das holländische Flachland ist physisch kohärenter Natur.

Unsere Methode, ein Erkenntnisnetz zu stricken

Der aktuelle Geschichtsprozeß, den wir gerade durchlaufen, ist jedoch nicht in der Lage, eine ökologisch nachhaltige Zukunft für die europäische Halbinsel zu gewährleisten, geschweige denn für die Dritte Welt. Von wenigen Ausnahmen abgesehen sind sich gegenseitig auslöschende, untaugliche Wirtschaftsapparate großen Stils am Werk. Diese lassen Zweifel darüber aufkommen, ob die Lebewesen am oberen Ende der Nahrungskette und die sie erhaltenden Biostrukturen in der Lage sind, den Zustand des Wohlergehens weiterhin aufrechtzuerhalten. Diese, nennen wir sie Disökonomien großen Stils, lassen folgendes erkennen: Je größer und aggressiver die Produktions- und Konsumprozesse werden, desto stärker wird die Biosphäre belastet, von deren Wohl wir alle abhängig sind. Umgekehrt gilt: Je mehr einschränkende Bestimmungen dem Handel zum nachhaltigen Schutz der Umwelt auferlegt werden, desto gefährdeter oder belasteter fühlt sich dieser – insbesondere auf globaler Ebene – und desto eifriger schafft er sich Strategien, mit denen er diese Einschränkungen umgehen kann. Darüber hinaus führt Bevölkerungswachstum gepaart mit den wirtschaftlichen Wertvorstellungen der Konzerne und deren expliziter Forderung nach »Expandieren oder Geschlucktwerden« dazu, daß sich die Umweltbelastung sogar noch potenziert.

Wie gesagt: Alle unsere Werke beruhen auf Gesprächen untereinander und mit anderen. Diese Methode, unsere eigene Erfindung, entstand durch das Bemühen, nach Wegen zu suchen, die für unseren Glauben an Kooperation, Zusammenarbeit und Diskurs beispielhaft sein können und das reflektieren, was wir für allgemeingültige Verhaltensmuster erachten. Dazu ein Beispiel.

Alle unsere Werke beruhen auf Gesprächen untereinander und mit anderen.

Auf Bitte des Bauhauses in Dessau und unterstützt vom Umweltministerium des Landes Sachsen-Anhalt erarbeiteten wir 1993 ein Projekt über das Einzugsgebiet des Flusses Mulde, das durch den Braunkohletagebau um Bitterfeld offenbar sehr in Mitleidenschaft gezogen worden war.

Wir hatten bereits früher herausgefunden, daß Chemiefirmen und Bergbaugesellschaften im Verlauf der letzten 150 Jahre Millionen von Tonnen verseuchter Erde produziert und ihre Rückstände auf und in die Landschaft geschüttet hatten. Außerdem war diese Gegend von tonnenweisem Abfall vergiftet, den die russische Armee bei ihrem Abzug hinterlassen hatte. Die Gewässer waren darüber hinaus geschädigt durch Rückstände aus dem Bergbau am Oberlauf der Mulde sowie durch direkt eingeleitete bzw. nur minimal geklärte Abwässer der dort ansässigen Gemeinden sowie landwirtschaftliche und tierische Abfallstoffe aus den Agrargebieten. Zu schlechter Letzt noch die Radioaktivität aus dem Kraftwerk Aue. Dieses alles hatte die Bedingungen für alles Leben entlang des Flusses dramatisch verschlechtert. Nach der dritten eingehenden Betrachtung des Gebietes entstand mit Unterstützung des Umweltministeriums in Magdeburg und des Bauhauses in Dessau eine Arbeit mit dem Titel *The Mulde Watershed* oder *Das Mulde-Einzugsgebiet*.

Dozenten und Studenten am Bauhaus sowie Planer erforschten und produzierten gemeinsam mit uns diese Arbeit, die sich aus neugestalteten Landkarten, Zeichnungen, Photos, Texten und Performance zusammensetzte. Darin machten wir eine Reihe von Vorschlägen, wie in dieser Situation Abhilfe geschaffen werden könnte. Es entstanden wie so oft ineinandergefügte Geschichten, die ineinandergelagerte Probleme ansprachen, die wiederum alle wichtige Konsequenzen für alle Gewässer beinhalteten. Das hier war der erste Text.

Wasserscheidemeister und andere Vorschläge

»Verstehen viele überhaupt, daß aus Sicht der Ökologie die kollektiven Prozesse von Industrie und Siedlung sich als Ensemble monokultureller Fragmente verhalten, die selten tolerieren, was nicht ihresgleichen ist?«

Du sagtest:
»Wir könnten mit einem Wasserscheidemeister anfangen,
mit einer Autorität, die die einzelnen Teile vereint.«

Über die Notwendigkeit eines Wasserscheidemeisters

Wenn
der Prozeß der Fragmentierung die Arten reflektiert,
in denen menschliche Autorität sich ebenfalls teilt
in Stadtsiedlungen und Großstädte,
Behörden, Betriebe und Industrien,
öffentliche Grundstücke und Privatgrundstücke,
und jeder Bereich sich um die Interessen seines Teiles kümmert,
wer
kümmert sich dann um diese Wasserscheide als Ganzes?

Wir schlagen einen Wasserscheidemeister vor.

Deshalb
schlagen wir einen Wasserscheidemeister vor,
eine Autorität für die Mulde,
einen Vorschlag auf der Basis alter Traditionen
und zukünftiger Bedürfnisse,

eine Autorität, die sich um die Gesundheit der Gewässer kümmert,
der Flüsse, der Wälder, der Wiesen, der Weiden, der Parks.

Eine Autorität,
die Ausschau hält nach machbarem Gleichgewicht zwischen vielfältigem Nutzwald, nachwachsenden Gehölzen und Monokultur
und die Fragen wie diese anspricht:
Wieviel Landwirtschaft und wieviel Industrie
und wie viele Einwohner
können in einer Gegend existieren?
Und diese Frage abwägt gegen:
Wieviel Wiesenland und Waldland
und Wälder und Feuchtgebiete
werden gebraucht, um eine aktive,
in sich vernetzte Biokette aufrechtzuerhalten?

Wieviel Landwirtschaft und Industrie und Einwohner können in einer Gegend existieren?

So ein Wasserscheidemeister wäre die Autorität,
deren Sorge der Ökosicherheit des Ganzen gilt.
Eine Autorität,
die sich um die Reinigung der Gewässer kümmert,
die sich um die Finanzierung der Abwassersysteme kümmert
für die 50 Prozent der Städte, die keine haben,
die dafür sorgt, daß kein Giftmüll
in die Flüsse oder deren Nähe gekippt wird,
die darauf achtet, daß das Vieh
nicht zu nah am Fluß grast,
die dafür sorgt, daß die Dämme reguliert werden
und daß manche davon entfernt werden
und daß da, wo die Dämme nicht leicht entfernt werden können,
Passagen für Fische gebaut werden.

Eine Autorität,
die für den Bau von flußnahen Wasserspeichern sorgt
zum Hochwasserschutz und zur Reinigung von Habitat und Feuchtgebieten,

die für die Wiederverbindung von Waldgebieten
und für die Aufforstung sorgt,
die sich um den Bau von Korridoren für wildlebende Tiere
in Gewässern, Wiesen und Wald kümmert.
Deren Arbeit aus einer Abgabe finanziert wird,
die alle Wasserverbraucher zahlen,
damit die Aktivitäten des gesamten Systems
im vernünftigen und nachhaltigen Gleichgewicht weitergehen.

Die Idee eines Wasserscheidemeisters ist in Deutschland übrigens nicht neu, sondern hat ihre Wurzeln bereits in Praktiken aus dem 19. Jahrhundert! Doch selbst wenn schon morgen die ersten Schritte in diese Richtung eingeleitet würden, dürfte man nicht vergessen, daß es sich um Zielsetzungen für einen Zeitraum von 25 bis 150 Jahren handelt. Mindestens so lange dauert es nämlich, bis eine nachwachsende Gehölz- und Waldfläche die Eigenschaften eines ausgereiften Waldes annimmt. So lange dauert es außerdem, bis eine biologisch vielfältige Bodenmatte zu reifen beginnt. Wenn wir von einer dreitausendjährigen Geschichte der Umweltzerstörung ausgehen, ist ein Zeitrahmen von 100 Jahren zur Erneuerung weniger als ein Dreißigstel der Aktivzeit, die die Evolution benötigt hat, Kulturland auf der Halbinsel Europa zu schaffen.

Um einige unsere Ideen auf ihre Eignung für das Einzugsgebiet der Mulde zu überprüfen, baten wir mehrere Entscheidungsträger in Sachen Umwelt aus Sachsen, wo die Mulde entspringt, nach Sachsen-Anhalt, wo sie in die Elbe mündet. Das Bauhaus organisierte diese informelle Tagung für uns. Die Leute aus beiden Bundesländern waren einander noch nie begegnet. Beide hatten jedoch den jeweils anderen für die Verschmutzung der Mulde verantwortlich gemacht. Und beide hatten recht! Anfangs gingen sie nur zögernd aufeinander zu, dann mit großer Begeisterung. Sie vereinbarten, an ihren gemeinsamen Problemen zu arbeiten. Leider folgenlos, aber immerhin war ein neues Gespräch in Gang gekommen. Früher oder später wird die ökologische Notwendigkeit die kulturelle Zurückhaltung auch noch überwinden.

Die Leute aus beiden Bundesländern waren einander noch nie begegnet.

Nein, ausgewogen sind wir nicht

Metaphern und Empathie

Vor ein paar Jahren plante ich, Helen, an unserer University of California in San Diego eine Tagung über Kunst und Ökologie. George Lakoff, einen befreundeten Sprachwissenschaftler, fragte ich, ob er einen Vortrag über die Verwendung von Metaphern in bezug auf die Natur halten könne. Wir baten ihn, Metaphern zu suchen, die das Gefühl des Einsseins mit der Natur reflektieren und der lebenden Biosphäre als Ganzem eine gemeinsame Wesenheit (*entityhood*) verleihen.

Lakoff mußte dem erstaunten Publikum jedoch mitteilen, daß er keine entsprechenden Metaphern hatte finden können. Es stellte sich vielmehr heraus, daß die Natur in der englischen Sprache – und vermutlich in den meisten Sprachen der heutigen, westlichen Kulturen – fast immer als von der Menschheit abgetrennt vorkommt. Bestenfalls wird ihr ein gewisser ästhetischer, besänftigender oder emotionaler Wert zugesprochen, meist aber bloß ein geringer oder überhaupt kein eigener Wert. Natur wird eher als eine Art Werkzeug betrachtet. Sie existiert, um dem Menschen zu dienen und von ihm – je nach Bedarf – unterworfen, kontrolliert, manipuliert oder ausgebeutet zu werden. Nur vereinzelt – z.B. bei den Dichtern und Schriftstellern der Romantik – konnte Lakoff Metaphern finden, die ausdrückten, daß der Mensch mit der Natur eins ist oder als Teil der Natur Verantwortung für sie trägt. Alle landläufigen Metaphern deuteten jedoch auf eine Instrumentalisierung hin.

Alle landläufigen Metaphern deuteten auf eine Instrumentalisierung hin.

Inzwischen ist es in der Wissenschaft längst bekannt, daß die Natur, d.h. die Biosphäre, ein ganzheitliches, ständig in Bewegung befindliches Lebenssystem ist. Daß dessen Elemente in einem stets sich wandelnden Zusammenklang handeln, der selbstnährend, selbstanpassend, autark und selbstheilend ist. Daß dessen Elemente selbstkomplizierend, selbstentwickelnd oder, wie einige Erkenntnistheoretiker es formulieren, »selbstgenerierend« sind. Wenn eine Nische leer wird, gleichen sich andere Lebensformen an, um sie wieder zu füllen. Es gibt aber auch zahlreiche Beispiele, in denen die Natur selbstvereinfachend wird, hauptsächlich als Reaktion auf katastrophische Ereignisse wie Vergletscherung, den Einschlag von Asteroiden oder kulturbedingte Belastungen wie Abholzung oder

Bodenversalzung. Diese Belastung wird fast immer von uns selbst als dem Hauptträuber in der Nahrungskette verursacht.

Es gelang Lakoff damals nicht, typische Redewendungen ausfindig zu machen, die den Eindruck entstehen ließen, der Hauptträuber könnte und sollte sich wie jede andere Spezies in der Nahrungskette innerhalb der ökologisch festgelegten Grenzen verhalten und diese respektieren.

Nun durchdringen Metaphern als Prozeß, sich ein Ding im Hinblick auf ein anderes vorzustellen oder es zu begreifen, fast unser gesamtes Denken. Es ist einer der fundamentalsten Prozesse, mit denen wir die Welt verstehen und schaffen. Oder präziser ausgedrückt: Es ist ein Teil des Verstand/Sprache-Kontinuums, mit dem wir das schaffen und mitschaffen, was wir mehr oder weniger als die Welt erkennen, in der wir leben.

Metaphern finden gemeinhin Anwendung in der Poesie oder auch in der Werbung, wobei sie dort darauf abzielen, daß man sich mit dem beworbenen Produkt identifiziert und es deshalb kauft. Doch sie können auch den emotionalen Zustand reflektieren, in dem man sich miteinander eins fühlt, also jenes außergewöhnliche Gefühl namens Empathie. Jeder kennt den besonderen Zustand von Empathie – die Verliebtheit. Im Laufe unserer künstlerischen Entwicklung sind wir zu der Überzeugung gelangt, daß es sich bei den Bewußtseinszuständen, die Menschen, Gemeinschaften, ja vielleicht ganze Nationen zusammenhalten, im Guten oder im Bösen, um Gefühle der Empathie handelt. Wir sehen daher Empathie als einen Grundaspekt der Liebe an sich und als metaphorische Vorbedingung des Geistes, in dem einer sich mit dem anderen identifiziert, obwohl er nie ganz der andere werden kann.

Jeder kennt den besonderen Zustand von Empathie – die Verliebtheit.

Das anschaulichste Beispiel, das wir alle kennen, ist das von Eltern, die in derart inniger Beziehung mit ihrem Kind stehen, sich seiner Gegenwart so bewußt sind, als sei es ein Teil von ihnen. Empathie zeichnet sich dadurch aus, daß die Grenze zwischen Selbst und Nichtselbst verwischt. Es ist eine Art der Kommunikation, eine besondere Form von Abstimmung aufeinander, die für das sogenannte altruistische Verhalten verantwortlich ist. Man braucht sich nur das Familien- und Gruppenverhalten der Delphine, Elefanten, Menschenaffen oder Wölfe untereinander anzusehen oder auch das artenübergreifende Verhalten zwischen Wölfen – über Jahrtausende hinweg domestiziert und nun Hunde genannt – und ihren Herren. Wir behaupten, daß sich ohne eine Art von Empathie im Erkenntnisprozeß Zellen nicht verbinden und symbiotisch verhalten könnten, sich nicht verzweigen, vernetzen, selbstbilden, mitbilden, endlos zu Organen und interaktiven Systemen komplizieren könnten, um einen potentiellen neuen Gabelungspunkt im menschlichen Evolutionsprozeß zu erreichen. Unserer Ansicht nach ist das Potential für Empathie in einem weiterentwickelten Stadium ein vereinender Aspekt im Kontinuum der Erkenntnis.

Die Abspaltung der gegenseitigen Empathie, die in persönlichen menschlichen Verhaltensweisen gar nicht selten vorkommt, von der Empathie mit der Umwelt, deren Teil wir ja sind und von der wir für unser eigenes Überleben abhängig sind, deutet auf einen Mangel an tiefem Gefühl, Verständnis und Mitgefühl für andere hin oder für das, was nicht wir selbst zu sein scheinen. Dieses Fehlen von Empathie und die Entwertung empathischer Kräfte in unserem Jahrhundert gibt uns die »Freiheit«, destruktiv oder störend auf die Ganzheitlichkeit des Lebensnetzes einzuwirken, aus dem wir kommen und das jetzt mit unserer Erlaubnis weiterexistiert, so wie wir weiterexistieren, solange es in der Lage ist, unsere Lebensbedingungen aufrechtzuerhalten. Sind wir uns nicht mehr bewußt, daß wir nur als Folge dieser Ganzheitlichkeit überhaupt existieren?

Unsere Entfremdung von der Natur läßt sich bezeichnenderweise bis zu Descartes zurückverfolgen. »Ich denke, also bin ich.« Diese stolze Definition – oder sagen wir weiterhin: Metapher – drückt es deutlich aus: Denken ist Sein. Alles, was nicht denkt, ist kein Wesen. Gemäß herrschender Auffassung denkt ein Baum z.B. nicht und ist deshalb kein Wesen. Die Folge: Alles, was kein Verstandeswesen ist, kann als Mechanismus aufgefaßt werden. Dem denkenden Ich wird die Welt zur Maschine. Das bedeutet, daß, bei ausreichender Information, jedes einzelne Teil verstanden werden kann und das Ganze nicht mehr ist als die Summe seiner Teile. Da das, was nicht Selbst ist, als Mechanismus erscheint und deshalb keine Empathie verdient, kann es beliebig benutzt, verbraucht und ausgebeutet werden.

Dem denkenden Ich wird die Welt zur Maschine.

Mit Descartes also wurde eine Trennwand errichtet zwischen all denen, die als Wesen definiert werden, und all jenem, was davon ausgeschlossen ist. Die Folgen dieses Ausschlusses haben sich über drei Jahrhunderte hinweg auf unser Verhalten ausgewirkt und sowohl uns selbst als auch »das andere« – in Anbetracht der Tatsache, daß die Biosphäre als Ganzes zu betrachten ist – großer Gefahr ausgesetzt. Es handelt sich hierbei vielleicht um das kostspieligste Überzeugungsmuster eines einzelnen Philosophen, das je ins westliche Denksystem eingeführt wurde. In der Tat zwingt es die natürlichen Grenzbedingungen zwischen dem Selbst und dem anderen in einen Zustand fast vollständiger Undurchdringlichkeit.

Dieses Verhältnis ist allgegenwärtig. So ist z.B. die Überzeugung geschwächt und sogar bezwungen worden, die Natur manchmal als Lehrmeisterin zu sehen, manchmal als Freundin, manchmal als Göttin, als Quelle von Nahrung oder Unterstützung, als Kraft, der man gehorchen, die man fürchten und besänftigen muß, die man vor allem aber anerkennen und mit der man zusammenwirken muß. Mehr oder weniger herablassend sprechen wir vom »Anthropomorphismus« unserer Vorfahren, die »seelenlosen Dingen« oder dem nichtmenschlichen Universum menschliche Gestalt verliehen. Nun sind durch die intellektuelle Bemühung sehr kreativer und engagierter Menschen diese Argumente, Denkstrukturen und Metaphern dekonstruiert worden, und es ist eine Welt zum Vorschein gekommen, die auf einer ganz anderen Überzeugung beruht: dem Glauben, daß der globale »freie Markt« für alle und jeden das vollbringt, was die Natur einst zustandebringen sollte. Diese Denkfigur behauptet, daß die Kräfte des Marktes ihren eigenen Willen haben, dem unbedingt zu gehorchen ist – sonst passiert etwas!

Herablassend sprechen wir vom »Anthropomorphismus« unserer Vorfahren.

Die offene Gesellschaft als Leitmetapher unserer Zeit

Der einst verbreitete Glaube an die Natur als belebter Materie ist nun, ohne daß die Konsequenzen richtig verstanden worden wären, auf den globalen Markt übertragen worden, in dem allein das Geld und dessen Erwerb mit allen Mitteln, die nicht ausdrücklich verboten sind, als Wert an sich angesehen wird. Dem Markt wird ein Eigenleben zugesprochen, an dem wir nicht herumbasteln oder versuchen sollten, es zu kontrollieren, ein Eigenleben, demzufolge gesund ist, was oben, und ungesund, was unten ist! Vor Tatkraft strotzend teilt er seine Beute mit den Cleveren. Seine Priester sind die Börsenmakler, Portfolio-Manager und die Wächter der Zinssätze. Seine Helden sind die Reichen. Die Welt harrt ehrfürchtig der Verkündigungen, ob nun der Leitzins angehoben oder gesenkt wird, während Währungsschieber ihre Fondsvermögen und die spekulativen Derivate dazu benutzen, um die Geldsysteme ganzer Länder zu ihrem Vorteil und zum Nachteil der vielen anderen zu destabilisieren.

Die offene Gesellschaft, in den 30er Jahren von Karl Popper so genannt, ist sowohl Idee als auch Leitmetapher. Einfach – und vielleicht ungerecht einfach – ausgedrückt: offen ist gut, geschlossen ist schlecht.

Poppers Metapher wird heutigentags gelegentlich zur intellektuellen Untermauerung der Globalisierung herangezogen. Globalisierung bedeutet in diesem Zusammenhang hauptsächlich das freie Fließen von Geld, Informationen, Technologie und Kultur zugunsten der technisch gut ausgestatteten Länder, hauptsächlich der USA. Offen zu sein bedeutet, jeder Teil muß für alle anderen Teile offen sein, jeder Teil darf auf den anderen Einfluß oder Dominanz ausüben. Hier geht die Belohnung an diejenigen, die den Markt beherrschen, der als natürliche, sogar moralisch hochbewertete Instanz geschätzt wird. Jeder Teil hingegen, der Einfluß oder Dominanz anderer Teile blockiert, einschränkt oder Barrieren schafft, macht sich durch geschlossenes Verhalten verdächtig. Das Resultat ist Bestrafung oder Nichtbelohnung.

Die Konkurrenz zwischen den Teilen, bei der Dominanz und Kontrolle dem finanziell Stärksten zufallen, ist unserer Überzeugung nach eine äußerst verquere Interpretation von Poppers Absicht und führt zu einer anderen Form von globaler Vorherrschaft, bei der statt der militärischen Stärke das Geld die kontrollierende Kraft ausübt. Man kann also nie genau wissen, wann eine Idee sich durch die Metapher allmählich in eine Ideologie verwandelt, die Wert und Bedeutung in der Landschaft/Kulturlandschaft an sich vermindert, der sie eigentlich Wert zuschreiben will.

Eine Gesellschaft ist erst dann offen, wenn sie sich auch ökosystembezogenen Werten öffnet.

Das führt uns zu der Behauptung, daß eine Gesellschaft erst dann offen ist, wenn sie sich auch ökosystembezogenen Werten öffnet und von ihnen begrenzt werden kann. Doch wenn ökosystembezogene Werte in das Konzept der offenen Gesellschaft integriert werden, stellt man fest, daß kein System, wenn es denn ein System sein soll, vollkommen offen sein kann. Während anfänglich alle Systeme ihre Energie aus der Sonne beziehen und den Einflüssen von Luft, Wasser und Wetter ausgesetzt sind, bietet das geophysikalische Spielfeld danach definitiv nicht gleiche Voraussetzungen für alle. Alle Ökosysteme müssen sich ihre Existenz innerhalb der Grenzen des Spielfeldes schaffen – das vom Nordpazifikkreis bis zu einem riesigen Stromgebiet, einer Wüste oder einem Regenwald variieren kann. Jedes erzählt die Geschichte seiner eigenen Entstehung und trägt Kreativität und Einzigartigkeit zum Gesamtmuster bei. Jedes weist eigene selbstschützende, selbstfördernde Grenzbedingungen auf, die sich in Prozeß und Struktur unterscheiden, deren Muster sich jedoch ähnlich sind, von der einfachsten Zelle bis zur Grenze zwischen Wiese und Wald, bis zu deiner Haut und meiner. Die Verwirklichung der Idee vom freien Fluß der Medien z.B. hat in Wirklichkeit zur Einschränkung des Wachstums unabhängiger Medien in weniger wohlhabenden Ländern geführt.

Jedes Ökosystem erzählt die Geschichte seiner eigenen Entstehung.

Es ist interessant, den Preis dieser Überzeugungen einmal abzuwägen: die Kosten für die Systeme, in denen sie operieren, die Kosten für die Systeme, in die sie eingreifen, die Kosten für Regierungen, soziale Schichten und soziale Errungenschaften. Wir werden daher Möglichkeiten aufzeigen, die innerhalb der Halbinsel Europa zu einer Umkehrung dieses Trends führen könnten, Möglichkeiten, die nachhaltig und erschwinglich sind. Gelungenere Zukunftsmodelle sind vielleicht gar nicht so fern. Für die Regierungen ist der Preis nicht hoch, wenn man bedenkt, wie viele Billionen von Dollars für Kriege ausgegeben wurden!

Der globale Markt dient nur sich selbst

In den freien Künsten, ob nun in Film, Malerei, Bildhauerei, Dichtung oder Tanz, ist die Empathie eine Möglichkeit, mit dem Publikum eine Bindung einzugehen. Empathie lockert die Grenze zwischen dem Selbst und dem Anderen auf oder macht sie durchlässig und erlaubt Gefühle, mit denen eine Bewußtseinserweiterung und -verschmelzung möglich wird. Das heißt, wie jeder weiß, der als Künstler arbeitet, »Aufhebung von Zweifel«, die es dem Publikum gestattet, in eine vom Künstler geschaffene Welt einzutreten und dadurch emotional an ihr teilzunehmen. Die gegenwärtig stattfindende Marginalisierung des Theaters und die Kommerzialisierung von Film und Fernsehen führen zu einer Verminderung der Empathie dieser künstlerischen Erfahrungen – zweifellos ein schwerer Verlust. Der marktgesteuerte Aspekt des westlichen Diskurses entwertet Empathie und Gefühl und unterwirft alle Dinge und sogar das Leben (das ebensowenig ein Ding ist wie Gefühle) einer Neubewertung in monetären oder marktorientierten Kategorien.

Es ist nicht unsere Absicht, eine ausgewogene Sicht der Dinge anbieten zu wollen. Dafür ist es schon zu spät. Ausgewogene, bewertende Perspektiven führen häufig zu Untätigkeit, denn alle Energie wird für die wohlausgewogene Darstellung verbraucht. Wir sind von Unausgewogenheit praktisch umzingelt, die sich auf letztlich unvorhersagbare Weise zur Homöostase, zum Gleichgewichtszustand, hin- und wieder wegbewegt. Andere, optimistischere Zeitgenossen als wir setzen voll auf den technischen Fortschritt und sind der Meinung, es sieht ganz danach aus, daß die Welt zur Not auch zwölf Milliarden Menschen oder mehr ernähren kann, sich dem Treibhauseffekt schon irgendwie beikommen läßt oder sich die Ozonschicht erneuert.

Es ist nicht unsere Absicht, eine ausgewogene Sicht der Dinge anbieten zu wollen.

Wir wissen hingegen, daß jede Technologie – zumindest seit der industriellen Revolution – sowohl Großartiges als auch dessen Antithese hervorgebracht hat. Man könnte es das Anti-Großartige nennen. Durch die Gentechnologie etwa mag zwar die Lebensmittelproduktion verdoppelt, in manchen Fällen sogar die Lebensmittelqualität verbessert werden können, trotz Verlust und Verschlechterung des Bodens. Dabei werden aber Fragen wie die ignoriert: Was passiert bei der Genverschiebung durch Samen, der aus genetisch verändertem Material entweicht? Was sind die Langzeitwirkungen von biologisch verändertem Material auf Mensch und Tier? Wie hoch sind die Kosten, wenn ausgelaugter oder qualitativ schlechter Boden urbar gemacht wird? Oder denken wir an die Autos und den Transportbereich: Wird der Bau von weniger oder gar nicht umweltverschmutzenden Motoren die anderen Probleme lösen, die aus einer Verdoppelung oder Verdreifachung des Straßenverkehrsaufkommens resultieren? Wir mißtrauen der Vorstellung, daß einschichtige Lösungen *n*-dimensionale Probleme bewältigen könnten, entweder durch reinen Zufall oder durch ein sogenanntes Wunder.

Werden die Kräfte des Marktes in der Lage sein, im größeren Rahmen Bildung für alle, Kinderbetreuung, Gesundheitsversorgung und geistigen Beistand zu bieten? Wo sollen – in Anbetracht der gegenwärtigen moralischen Lage – die Ressourcen herkommen, die für den notwendigen Infrastrukturwandel benötigt werden? Wenn der globale Markt, eine amoralische Struktur, vor allem sich selbst nützt, dagegen aber allem, was nicht seinesgleichen ist, nur gelegentlich oder als Folgeeffekt oder auf gesellschaftlichen Druck hin in ganz bestimmten lokalen Situationen dient – was dann?

Wir glauben allerdings, daß ein technologischer Monolog das Zepter übernommen hat.

Nun sind wir – wie alle, die diesen Text lesen – Nutznießer des technologischen Zeitalters und vertreten nicht den Standpunkt der Maschinenstürmer, daß »reine Technologie« von vornherein ein Desaster ist. Wir glauben allerdings, daß ein technologischer Monolog das Zepter übernommen hat. Wie jeder Monolog hat er es nicht gern, wenn man ihn unterbricht, und ist allem gegenüber, was nicht von ihm selbst kommt, taub. Anders also als natürliche Systeme akzeptiert der technologische Diskurs seine eigenen Grenzen nicht freiwillig. Ebensowenig akzeptiert er die Selbstbeschränkung, die es ihm erlauben würde, eine Rolle in der Biosphäre einzunehmen, bei der seine Produktivkraft für das Ganze im schlimmsten Fall nicht schädigend und im besten Fall erneuernd wäre. Es sind in der Tat tiefgreifende Entscheidungen zu treffen, wenn wir uns die tatsächlichen Kosten einmal ansehen, die uns abverlangt werden, falls wir die technologische Verschiebung zulassen, ja sogar befördern, die von den Denkstrukturen des Marktes in deren Einfluß auf das globale Wohl bewirkt wird.

Promenade auf dem intimen Markt

Der globale Markt, den wir hier so heftig kritisieren, ist wie der, den wir den »intimen Markt« nennen, im Grunde Ausdruck kulturellen Handelns. Der intime Markt hat seit jeher einige bemerkenswerte Eigenschaften, die eine genauere Betrachtung verdienen. Oft, wenn auch nicht immer, kann die Gesamtheit dieses Marktes mit einem Blick erfaßt oder auf einem langen Spaziergang, einer Promenade, erlebt werden, wo die Form des Ganzen sich langsam entfaltet. Die mäandernde Zeit bei einer solchen Promenade hat eine ganz eigene Zivilisiertheit. Wir zitieren aus einer früheren Arbeit, der *Baltimore Promenade* aus dem Jahre 1981. Dies ist die Einleitung zum Vorschlag für eine Neuordnung von Teilen der wichtigsten städtischen Fußgänger- und Einkaufsstraßen. 1982 wurde unser Vorschlag schließlich verwirklicht.

»Eine Promenade ist sowohl eine Aktivität als auch ein Ort, eine Bühne, auf der die Menschen einer Gemeinschaft sich begegnen und vermischen. Es ist ein lockeres Begegnen und Mischen, das eine andere Zielrichtung und Geschwindigkeit hat als die täglichen Aktivitäten am Arbeitsplatz.

Eine Promenade wird von Menschen bestimmt, die sich der gemeinsamen Bewegung und dem gemeinsamen Rhythmus körperlich anpassen. Eine Promenade ist eine Aktivität, die allen städtischen Ökologien gemein ist, ein grundlegender homöostatischer oder selbstregulierender Mechanismus, durch den die Gemeinschaft als Ganzes das Bewußtsein für die Einzelnen aufrechterhält, aus denen sie sich zusammensetzt und durch die ihr Gemeinschaftsgefühl kollektiv bestätigt wird.

Eine Promenade ist eine Arena, in der das kommunale Schauspiel öffentlich dargestellt werden kann, eine Arena zur Erfahrung von Beständigkeit und Veränderung, wo sich das Selbst und die Gruppe im Kontext zu Gesellschaft und Zeit definieren.

Der Ort für eine Promenade entsteht langsam aus einer ersten Ansiedlung.

Der Ort für eine Promenade entsteht langsam aus einer ersten Ansiedlung, manchmal ist es einfach eine Hauptstraße, die ihre Struktur und ihren Ursprung erzählt. Eine Promenade ist immer Teil einer unausgesprochenen Übereinkunft.

In Zeiten abrupter Veränderung kann eine Stadt ihr psychologisches Zentrum verlieren, und die Promenade wird vertrieben. Die Gründe dafür sind zahlreich und oft wirtschaftlicher Art. Das Ergebnis dieses Verlustes ist immer die Verminderung von Wert, von Lebensqualität und Gemeinschaftsgefühl. Während der Verlust deutlich wird, sind die Folgen manifest und werden Lösungen gesucht.«

Wir sehen als Funktion einer Promenade die Bindung und Netzwerkbildung innerhalb einer Gemeinschaft. Viele Transaktionen, die sich dort abspielen, sind biologischer Natur, wenn die Menschen sich – wie bei den Ähnlichkeiten der Körperbewegung und Gehgeschwindigkeit – unbewußt einander anpassen. Den Geräuschen einer belebten Promenade zu lauschen kann einen beruhigenden Rhythmus vermitteln und einem das Gefühl von Sicherheit geben, das man manchmal in großen, zweckorientierten sozialen Gruppierungen hat oder finden kann. Die Promenade ist selbstbegrenzend, weist klare Grenzbedingungen auf und ist autark. Das Selbst, das sie erhält, stellt die Gemeinschaft dar, die sie geschaffen hat und sie jeden Tag pflegt.

Der intime Markt hat noch andere bemerkenswerte Eigenschaften. Eine davon ist die Eigenschaft des Geschichtenerzählens. Die Geschichte der Gemeinschaft, wie sie sich im Verhalten auf dem intimen Markt ausdrückt, ist die Quintessenz aus den Wünschen und Absichten aller, ob sie nun erfüllt werden oder nicht. Deshalb nimmt jeder an der Aufführung teil. Dagegen geht es beim globalen Markt nicht um den Handel als Prozeß der Herstellung von Bindungen innerhalb der Gemeinschaft. Beim globalen Markt geht es um Rechnen, Rechenschaftspflicht und Profitzentren. Er ist für die ihm innewohnenden Entitäten verantwortlich. Sein Hauptzweck ist die Schaffung von Reichtum, wobei die angebotenen Dienstleistungen durchaus real und wertvoll sein können.

Im Gegensatz zum intimen Handel scheint das globale Handelssystem eine Welt von sich gegenseitig tragenden Gleichförmigkeiten aufzubauen. Uniformität ist in mancher Hinsicht recht wertvoll, ja sogar notwendig, kann andererseits aber auch destruktiv wirken, und wir haben bisher noch keinen Maßstab, keinen Standard, keine Linse, durch die wir dieses Phänomen kreativ betrachten könnten, um die Vorteile schätzen und die Nachteile kompensieren zu können. Gleichförmigkeit oder Uniformität bei Transportsystemen und, mehr noch, bei allen Systemen mit verbindendem Charakter – Telefon, Fernsehern, Computern, Motoren, Kühlschränken, dem besten System zur Organtransplantation oder zur Entfernung von Grauem Star – finden wir zunächst einmal vorteilhaft. Die Liste ist lang, obwohl Teile davon anfechtbar wären. Uniformität in Fernsehprogrammen, Eßkultur, Hausbaumodellen, Modedesign, erwünschtem Körpertyp – die Liste ist ebenfalls lang – schafft eine Kultur der Gleichförmigkeit und reduziert dadurch die spontanen Improvisations- und Kreativitätsprozesse im Alltag.

Eine globale Kultur der Gleichförmigkeit vermindert aber auch Improvisation, Charakteristisches und die Einmaligkeit des Ortes im täglichen Leben. Die Gründe liegen klar auf der Hand: Uniformität sichert die Vorhersagbarkeit von Produkt und Markt und endlose Wiederholbarkeit. Sie hat den Kosten-Nutzen-Effekt, der den Preis eines Produkts senken kann, obwohl die ökologischen und sozialen Kosten dabei im allgemeinen nicht mitgerechnet werden. Problematisch ist hier nicht so sehr der Erwerb von Reichtum, sondern die Art des Erwerbs und das, was dieser Vorgang an biologischer, kultureller Vielfalt und menschlichen Werten kostet.

Uniformität sichert die Vorhersagbarkeit von Produkt und Markt

Allerdings sollte klar sein und sich aus diesem Text vielleicht sogar als Binsenweisheit herauslesen lassen, daß jedes Ökosystem und jedes darin eingebettete Biotop seine spezielle Einzigartigkeit und Vielfalt entwickelt und diese Ansammlung von Vielfalt das geschaffen hat, was wir als Biosphäre unseres Planeten kennen. Je größer die Komplexität, desto größer die Stabilität und desto größer die kollektive Arterhaltung.

Zeit zum Träumen

Wir sind der Überzeugung, daß – zusammen mit der globalen Ausbreitung der Menschheit – die Einzigartigkeit und die Unterschiede an verfügbarem Raum und Energie die Menschen dazu gebracht haben, eine Art Kultursphäre zu erfinden. Jeder Ort ist einzigartig und extrem vielfältig, in jedem Ort agieren die unterschiedlichen Teile der Kultursphäre – wie die Ökosysteme in der Biosphäre – auf eigene Weise untereinander, um sich gegenseitig ernähren, bereichern und unterstützen zu können.

Das Weltgeschehen paßt sich nun der fortschreitenden Informationsbewegung an und muß auf die extreme Geschwindigkeit der Aktien-, Wertpapier- und Geldgeschäfte reagieren. Das führt zu einer Beschleunigung des Lebens, und zwar nicht nur der Leute, die direkt mit diesen Geschäften zu tun haben, und derer, die ihnen assistieren, sondern von uns allen. Man betrachte nur die Tickerbandsimulationen, die unten auf dem Bildschirm vorbeiziehen, während man sich die Nachrichten anhört! Man hört fast gleichzeitig mit, was irgendwo anders passiert! Man hört von einem Unglück nach dem anderen, ohne Zeit für das Mitleid mit den Opfern zu haben und die Erfahrung zu verarbeiten.

Man hört von einem Unglück nach dem anderen, ohne Zeit für das Mitleid mit den Opfern zu haben.

Man denke daran, wie Rechenzeit, also Zeit zum Lösen von Aufgaben, im krassen Gegensatz steht zu der Zeit fürs Geschichtenerzählen oder zu der Zeit, die wir einfach mit anderen zusammen verbringen. Natürlich durchdringen sich diese Zeiten gegenseitig, doch nur dann, wenn wir über die Zeit und unser Verhältnis zu ihr anders nachdenken, laufen wir nicht Gefahr, von der Maschinenzeit kontrolliert zu werden, der Computerzeit, der Produktionszeit, der Konsumzeit, wenn wir Produzenten oder Konsumenten sind statt Freunde, Experimentierende oder Liebende. Zeit zur Empathie, so könnte man sagen, ist Zeit, in der man lebt und für sinnliche Dinge aufgeschlossen ist, gern durch den Wald wandert oder über den intimen Markt promeniert, ist Zeit zum Träumen, Meditieren und Nachdenken.

Wir können es vielleicht »Kunstzeit« nennen: Man beschleunigt die Zeit nicht, in der man sich einen Film ansieht, oder die Zeit, die es dauert, sich ein Theaterstück anzusehen, ein Symphoniekonzert anzuhören, andere Kunstwerke auf sich wirken zu lassen. Das alles erfordert die Zeit, die es dauert, es tatsächlich zu erleben. Hingegen hätte bestimmt niemand Lust – während 100 Millionen Kühlschränke produziert werden –, sich die Zeit zu nehmen, alle winzigen Unterschiede zu betrachten, die jeden dieser Kühlschränke so einzigartig machen!

Wie gefährlich es ist! Wie gefahrenvoll der Augenblick! Wie wahnsinnig absurd es ist, zu erlauben, ja zu fördern, daß sich eine Kultur der Gleichförmigkeit in einem solchen Maße entwickelt! Erinnern wir uns nur an die Einzigartigkeit von Ort und Kontext in den Stadtstaaten Mesopotamiens, im alten Ägypten, alten Indien und mehr noch im alten Australien. Die Griechen Athens waren keine Kreter oder Minoer oder Phönizier. Die Römer waren keine Griechen oder Etrusker, obwohl ihre Kulturen sich gegenseitig viel verdanken. China entwickelte früh seine eigene Zivilisation, ebenso wie die Perser und die Meder. Daß es Handel gab und daß diese in einem simultanen Zeitrahmen lebenden Kulturen einander beeinflußten, ebenso wie die ihnen nachfolgenden, ist unbestritten.

Wir befürchten, daß die Überproduktion der Gleichförmigkeit zum Verlust von Kulturen führt.

In den Stadtstaaten Gent, Brügge, Florenz und Venedig und in den Kulturen, die sich in Paris, Burgund und London entwickelten, in Avignon und Prag vor und während der Renaissance und an zahllosen anderen Orten, brachten die Wogen individueller und kollektiver Kreativität die immensen kulturellen Veränderungen buchstäblich in einem Donnerschlag hervor. Wir befürchten, daß die Überproduktion der Gleichförmigkeit auch in jenen Regionen, die doch eigentlich ihre Sprachen und Identitäten behalten wollen, zum Verlust von Kulturen führt – von Wales über die Bretagne, das Land der Lappen oder Basken, den Kosovo bis hin nach Tschetschenien und Ost-Timor.

Wir fordern daher ein Gleichgewicht, und zwar mit dem Ziel, die Wahrscheinlichkeit kultureller Bereicherungen zu erhöhen, damit es wieder so wird wie früher, als der Ausstoß der einen Kultur auf wunderbare Weise die Nahrung einer anderen war. In diesem Sinn weisen die ursprünglichen Entwicklungsprozesse der Kulturbildung Ähnlichkeit mit der Entwicklung von Ökosystemen auf. Der Wert der Vereinfachung von Kulturen für das Ganze wird weit übertroffen vom Wert ihrer Komplexitäten. Auch hier gilt Vielfalt vor Einfalt.

Neue Visionen, neues Handeln, wenn sie im großen Maßstab vorgeschlagen werden, sind oft entweder zu vage gehalten oder aber zu stringent vorgeschrieben. Und oft ist verantwortliches Handeln, wenn es in zu kleinem Maßstab stattfindet, zu bescheiden für nachhaltige Auswirkungen auf große Strukturen. Trotzdem können sich Bemühungen im kleinen Rahmen auf große Systeme ausweiten, manchmal durch unerwartete kulturelle Einmischungen, wie etwa die Starthilfe von Joseph Beuys bei der Gründung der Grünen in Deutschland.

Schiere Größe wirft viele Fragen auf. Doch immer dann, wenn die Dimensionen einer Sache nicht mehr direkt wahrgenommen werden können, läßt sie sich durch Kartierung erkennbar machen: durch mathematische bzw. statistische Mittel, durch Synekdoche (was soviel heißt, als daß aus der Untersuchung eines Teils auf das Ganze geschlossen werden kann) oder durch das Kenntlichmachen von Mustern in ihren unterschiedlichen Formen von der Fraktalanalyse bis zu intuitiveren Formen, wie sie Künstler benutzen oder ganz einfach auch wir alle im täglichen Leben. Der morgendliche Blick in den Himmel z.B. und die Vermutung, daß es am Nachmittag regnen wird, ist ein Akt des Erkennens von Mustern, den schon die alten Bauernregeln beherzigten. Diese Erkenntnisprozesse funktionieren aber nur bedingt. Selten verbindet sich das tatsächliche Ausmaß eines notwendigen Entschlusses mit den tatsächlichen Kosten für die Umwelt.

So lautet denn eine der Meisterfragen: Wie lassen sich die Kräfte, Konzepte, Bilder, Aktivitäten, die Aktionen vor Ort, die Ikonen, die Überarbeitungen kultureller Erzählungen etc. entwickeln, die dem globalen Markt helfen können, sich vom deterministischen, an einen Einzelzweck gebundenen, mechanistischen Gedankenhorizont, in dem er gegenwärtig operiert, wegzubewegen und zu dem ökokulturell tragfähigen System zu werden, das er sein könnte und sein muß? Denn jeder ökonomische Akt hat zwangsläufig ethische, ästhetische, soziale und ökologische Konsequenzen.

Jeder ökonomische Akt hat zwangsläufig ethische, ästhetische, soziale und ökologische Konsequenzen.

Das Verhalten des globalen Marktes ist heute die beherrschende Triebkraft bei der Schaffung von Kulturlandschaft. Die besten Gedanken zu einer Ökonomie, die ihrer Verantwortung für das Wohl dieser Landschaft auch tatsächlich gerecht wird, hat Paul Hawken in seinem Buch *Kollaps oder Kreislaufwirtschaft. Wachstum nach dem Vorbild der Natur* formuliert. Hawken stellt die Behauptung auf, daß der globale Handel und der globale Markt anfangen müssen, sich wie das Ökosystem zu verhalten, das, wenn es richtig funktioniert, keinerlei Abfall hinterläßt. Außerdem unterwirft sich das Ökosystem einer ständigen Selbstüberwachung, nachdem es in sich homöostatische Mechanismen gebildet hat, die – von einigen Ausnahmen abgesehen – die Möglichkeiten einer Spezies beschränken,

Die Ökonomie des Marktes bedarf einer sofortigen Umgestaltung.

sich die anderen unterzuordnen. Die Ökonomie des Marktes bedarf einer sofortigen Umgestaltung. Erst wenn sie in ökologisch sinnvollerer Weise umorganisiert und umgeformt ist, wird sie das Potential haben, verantwortlich an der Wertsteigerung für die Umwelt mitzuarbeiten.

Gegenwärtig führt sich der globale Markt auf wie die golemhafte Schattenversion der Biosphäre. Er hat wie sie selbsterweiternde, positive Feedbackschleifen, die vielfältige Entitäten stärken, die sich ihrerseits auf unterschiedliche Weise gruppieren, verknüpfen und verzehren, dabei aber Mundgröße durch Geldbeutelgröße ersetzen. Solche Marktentitäten sind ständig auf der Suche nach neuen Futterplätzen, nachdem sie die Futterplätze, die sie abgegrast haben oder nicht mehr profitabel finden, gleichgültig sich selbst überlassen.

Uns Künstlern, die wir die Werkzeuge unseres Berufs benutzen, stellt sich die Frage, wie wir dazu beitragen können, die kulturelle Erzählung wieder in eine Größenordnung zu bringen, die dem immensen Gespräch angemessen ist, welches das Hier und Jetzt der Halbinsel Europa erschafft. Wie wir helfen können, ein neues Gespräch aufzubauen und gleichzeitig historische Modelle und Verhaltensweisen wieder zum Leben zu erwecken, die Kultur und Natur in einen einander gegenseitig stärker stützenden und befruchtenden Gedankenhorizont versetzen können.

Kulturlandschaften – in Europa und anderswo

Werfen wir einen Blick auf die Entstehungsgeschichte der gegenwärtigen Kulturlandschaft Europas. Sie erhielt ihre Form über einen Zeitraum von annähernd 12.000 Jahren, also seit dem Rückzug der Gletscher. Das Land bildete sich aus zwei verschiedenen geophysikalischen Gegebenheiten heraus. In der einen hatte die Eiszeit praktisch alles Leben ausgelöscht. Die andere erlebte keine Eiszeit, in ihr hatte sich die einheimische Flora und Fauna, wenn auch modifiziert, den klimatischen Veränderungen angepaßt und weitergelebt.

Am Ende der Eiszeit kehrte die Vegetation zurück, und während große Waldgebiete, hauptsächlich aus Buchenwäldern bestehend, den Norden der Halbinsel Europa bedeckten, begann sich das vielfältige Leben der Küste, das überlebt hatte, landeinwärts zu bewegen, und einige südliche Überlebende fingen an, ostwärts zu wandern, und östliche Überlebende wanderten westwärts. Donau und Rhone, wenn auch in etwa östlicher und südlicher Richtung fließend, gehörten neben anderen zu den großen Transportwegen, auf denen das Leben sich nach Westen und Norden bewegte, bis die großen Waldgebiete wieder den Großteil der Landfläche bedeckten.

Die Kulturlandschaft in Europa bestand ursprünglich aus kleinen menschlichen Siedlungen, die sich von biologisch vielfältigen Feldern ernährten, auf denen sie lebten und die sie individuell bestellten. Dies hat sich bis ins 20. Jahrhundert immer rascher verändert. Die Veränderung zeigte sich zunächst in Form eines stetig wachsenden Patchworkmusters aus kleinen Rodungen in den Wäldern. England z.B. war als eine der Hauptinseln innerhalb der erweiterten Kultursphäre der Halbinsel Europa zur Römerzeit ein hübsches, grünes und immer noch bewaldetes Land. Allerdings waren die Pikten und ihre Vorfahren bereits ins Flachland und in die Täler dieses Inselwaldes vorgedrungen. Später wurde auch das Hochland von den Römern weitgehend abgeholzt, die ihre fortschrittlicheren Geräte mitbrachten und sie oft in Zusammenarbeit mit den Pikten verwendeten. Noch später wurde das gerodete Land aufgeteilt, bebaut und als Weideland für das Vieh oder als biologisch vielfältiger Wald vom Adel zur Jagd genutzt. Immer wieder umkämpft, erfuhr es später durch die vorindustrielle Revolution eine erneute Umwandlung. Die in Heimarbeit betriebenen Baumwollspinnereien und -webereien des 18. Jahrhunderts waren die Vorläufer der späteren, weit intensiveren, weit belastenderen Textilbetriebe der industriellen Revolution und verschmutzten die Oberläufe zahlreicher Ströme und Flüsse, die in der Penninischen Berggruppe im Norden Englands entsprangen. So setzte sich das als »Schornsteinkultur« der »entwickelten« Welt bekannte, bis in die frühen 50er Jahre vorherrschende Muster weiter fort.

Die Pikten und ihre Vorfahren waren bereits ins Flachland und in die Täler des Inselwaldes vorgedrungen.

Von damals bis in die Gegenwart hat eine immer kompliziertere Produktionsweise dazu geführt, daß die alten Mühlen und Fabriken wettbewerbsunfähig wurden, die Industrie abwanderte und die Rezession einsetzte. Der Baumbestand im nördlichen Teil Englands, hauptsächlich nur als vereinzelte Gruppierungen und auch dann oft nur zur Holzwirtschaft vorhanden, wurde auf unter sieben Prozent gedrückt, während die meisten Flüsse immer noch gefährlich

Luft, Wasser und Boden wurden alle gleichermaßen als Müllabladeplätze benutzt.

verseucht sind. Die ungeklärten Abwässer aus Haushalt und Industrie durften ungehindert in die Ströme fließen und von dort ins Meer. Luft, Wasser und Boden wurden alle gleichermaßen als Müllabladeplätze benutzt. So haben der Nordwesten und die Mitte von England – verstärkt durch die seit den frühen 60er Jahren bis heute andauernde Wirtschaftskrise – nicht wenig Ähnlichkeit mit der geschundenen Umwelt osteuropäischer Länder.

Das geht noch weiter. Die Topographie der Gebiete, in denen die Grenzen von Polen, der Tschechischen Republik und Deutschland zusammenlaufen, auch bekannt unter dem Namen Schwarzes Dreieck, ist ebenfalls ein extremes Beispiel für eine zerstörte Umwelt, wenngleich bei weitem nicht das einzige. Über einen Zeitraum von mehreren hundert Jahren hinweg wurden Wälder immer wieder abgeholzt und die Landschaften – von einigen Ausnahmen abgesehen – später in Regionen mit überwiegender Land- oder Holzwirtschaft umgewandelt, die beackert bzw. immer wieder abgeholzt wurden. Einer der bestimmenden Faktoren für die Festlegung von Siedlungsmustern war vor allem der Tagebergbau. Kulturelle Muster führten zu einer ökologischen Deformation und besonders zur Verseuchung der Flüsse. Riesige Braunkohlereviere, zusammen mit Chemiefabriken und später der Uranförderung, verseuchten Boden und Luft noch zusätzlich. Ob durch extreme Nutzung wie auf beiden Seiten des Erzgebirges oder durch einfache und scheinbar nicht schädigende Landwirtschaftsstrukturen, es fand schließlich eine praktisch nahtlose Umkehrung quer über die Halbinsel Europa statt: Die Natur, das ursprüngliche Feld, schrumpfte innerhalb der stetig wachsenden, alles verschlingenden, sich zusehens verstädternden Kulturfläche zu kleinen Patchworkflecken zusammen.

Kulturelle Grenzbedingungen

Kommen wir aber nochmals auf die tiefgreifenden Unterschiede zwischen natürlichen und kulturell festgelegten Rand- oder Grenzbedingungen zurück. Die in Ökosystemen geltenden Grenzbedingungen sind durch die Topographie vorgegeben. Wassereinzugsgebiete sind z.B. bestimmt durch etwas, das die Franzosen so passend als *la ligne de partage des eaux* (Wasserscheide) bezeichnen. Dabei fließen alle Gewässer auf der einen Seite der Trennlinie in einen

Fluß auf dieser Seite und alle Gewässer auf der anderen Seite schließlich in einen Fluß auf jener Seite. Es bilden sich sich gegenseitig beeinflussende Biotope durch das Zusammentreffen von Land und Wasser, durch das Vorhandensein unterschiedlicher Bodenarten und Klimata, durch den Zustand des Salzwassers, Süßwassers oder mineralhaltigen Wassers von den Meeren über die Ästuarien oder Mündungstrichter bis zu den Flüssen, von den Bergspitzen bis in die Täler. Dieses Zusammentreffen legt die Grenzen kleinerer Biotope fest, die sich in die größeren einfügen.

Wir denken einen Augenblick darüber nach, wie einfach es ist, die Grenzbedingungen von Flußauen zu bestimmen, wenn man die Fluktuation des Flußwassers betrachtet und hierfür die Markierungen der Jahrhundertflut und der Flut von vor fünf Jahren studiert. Wir wissen, daß es nicht schwer ist, das Biodiversitätsgefälle zwischen dem Steigen und Fallen des Wassers und die Häufigkeit solcher Veränderungen zu bestimmen. Wir fragen uns jedoch, wie Kulturen zu einer Wertschätzung ihrer Randverhältnisse kommen können, welche die Natur in Abermillionen von Jahren hervorgebracht hat.

Ganz so einfach lassen sich die Grenzbedingungen des Ozeans vielleicht nicht ablesen. Die Thermokline (Wassertemperatur) des Nordpazifikkreises funktioniert nach einem anderen Muster als die Thermokline der Küstengewässer, wenngleich über die Breite der Grenze zwischen beiden nicht viel bekannt ist. Sie läßt sich vielleicht auch gar nicht genau festlegen, da das Biodiversitätsgefälle, das zwischen den beiden existiert, noch nicht einmal deutlich artikuliert wurde und das Gebiet vielleicht ein paar Kilometer oder vielleicht sogar ein paar hundert Kilometer breit ist. Vergleichen wir es einmal mit der Grenze zwischen einer alten Wiese und einem Wald, die vielleicht nur einige Meter breit ist, aber Arten enthält, die sich von denen des Waldes *und* der Wiese unterscheiden. Trotzdem lassen sich die Arten, die das dazwischenliegende Terrain zuträglich finden, relativ leicht identifizieren.

Ganz so einfach lassen sich die Grenzbedingungen des Ozeans vielleicht nicht ablesen.

Kulturelle Grenzen werden anders festgelegt. Während der letzten paar tausend Jahre wurden sie durch Besiedlung bestimmt oder dadurch, wer als erster dort ankam, durch Kriege oder Wirtschaftsabkommen oder beides oder alles vorgenannte. Manchmal haben sich diese Grenzen als hilfreich für die Umwelt erwiesen. Im Niemandsland zwischen der ehemaligen Donaumonarchie Österreich-Ungarn und dem Osmanischen Reich konnten z.B. ein artenreiches Gebiet und eine alte Agrarkultur überleben. Ein positiver Aspekt der Berliner Mauer und eigentlich der gesamten »Mauer« um das ehemalige Ostdeutschland herum war, daß sich auf dem kahlgeschlagenen Areal zwischen den Grenzabsperrungen eine artenreiche Sukzessionsökologie entwickelte. Allerdings zeigt sich, daß die Grenzen zwischen den verschiedenen Kulturen und Subkulturen und die Grenzen der Ökosysteme des Gebietes, das sie bevölkern, heute keine Verbindung mehr zueinander haben.

Wie können wir aber wissentlich fortfahren, das Gewebe der in Äonen erschaffenen Grenzbedingungen der Natur zu verletzen, ohne für den Verlust an biologischer Vielfalt einen hohen Preis zu bezahlen? Und doch tun die Grundschleppnetzfischer der europäischen Länder nichts anderes. Das Ende vom Lied: Die allgemeine Überfischung wird nicht nur die Fischindustrie in die Arbeitslosigkeit treiben, sondern sich auch auf die Nahrungsversorgung des weltweiten Ökosystems auswirken. Kulturen, die seit Generationen, vielleicht sogar seit Jahrtausenden gefischt haben, werden sich damit auseinandersetzen müssen.

Central Valley – typisch amerikanisch

Mit dem Thema landwirtschaftlicher Großbetriebe wurden wir in Kalifornien konfrontiert, wo Farmen im Central Valley einige derselben Fragen aufwerfen wie die riesigen »Kooperativen« im Ostblock (Kolchosen und LPGs) und die etwas kleineren Intensivbetriebe in Nordfrankreich und anderswo in Europa.

Das Central Valley, zwischen niedrigen Gebirgsketten auf einer Seite und den Ausläufern der Sierra Nevada gelegen, ist im Zeitraum von über 50 Jahren durch die sogenannte Intensivbewirtschaftung aus seinem ursprünglichen Zustand als Wüste, Hochwüste, Wald, Feuchtgebiet, Strom, Fluß und Delta in eine drei Millionen Hektar große Kulturlandschaft umgewandelt worden.

Die Geschichte des Central Valley repräsentiert die Geschwindigkeit, mit der Kulturlandschaft aus dem Boden gestampft wurde.

Seine Geschichte ist typisch amerikanisch und repräsentiert die Geschwindigkeit, in der die dortige Kulturlandschaft förmlich aus dem Boden gestampft wurde. Nach der Vertreibung der amerikanischen Urbevölkerung im heutigen Bundesstaat Kalifornien vom 16. bis zum 19. Jahrhundert, zuerst durch die Spanier und später durch die Amerikaner, hatte sich in den ersten Jahren unseres Jahrhunderts vielerorts im Central Valley eine Gemüseanbauwirtschaft entwickelt, die von Amerikanern japanischer Herkunft erfolgreich betrieben wurde. Als die Japaner während des Zweiten Weltkriegs dann interniert wurden, wurde das Gebiet in eine Reihe von großen chemieabhängigen, wasserintensiven Großbetriebe umgewandelt, die wiederum zu noch größeren, von der Regierung hochsubventionierten Einheiten zusammengefaßt wurden. Hintergrund war, daß 1941 kurz nach der Kriegserklärung durch Japan alle amerikanischen Staatsbürger japanischer Herkunft auf ihrem Grund und Boden oder in ihren Wohnungen verhaftet und in Konzentrationslager gesperrt wurden, vor allem in den hochgelegenen Wüstengebieten der Sierra Nevada. Ihr Grund und Boden wurde daraufhin konfisziert und in der Regel einheimischen weißen Landwirten überlassen.

Die Folgen für das von den ursprünglichen Farmern so hingebungsvoll gepflegte Land und die Folgen für die Gewässer des Bundesstaates Kalifornien zeichneten sich deutlich ab – und das alles sozusagen im Hinterhof unserer Heimat. Unsere Antwort fanden wir in dem Projekt *Meditationen über den Zustand des Sacramento-Flusses, das Delta und die Buchten um San Francisco*. Es war zugleich unsere erste Auseinandersetzung mit einem tieferen Verständnis von Ökologie.

Unsere Darstellung entstand 1976 bis 1977. Sie bestand aus neun rekartierten Landkarten, mehrere davon handgemalt, einigen Satellitenaufnahmen, einigen Landkarten von verschiedenen Umweltagenturen und einigen Karten des Staates Kalifornien mit dem farbig eingezeichneten Central Valley. Diese markierten die unterschiedlichen Stufen der Bewirtschaftung und der Bodenverhältnisse, die Strukturen der Landaufteilung und der Wassernutzung im Central Valley. Das Ensemble war etwa zwei Meter hoch und 18 Meter lang und wurde im San Francisco Museum of Modern Art ausgestellt.

Das war aber bei weitem nicht das ganze Werk. Zusätzlich fanden kurze Präsentationen in Hörfunk und Fernsehen statt. Über die ganze Stadt verteilt hingen Plakate mit elf verschiedenen Motiven, die alle mit der Frage begannen: »Was wäre z.B., wenn ...«, und alle endeten mit: »Was ist, wenn diese ganze Bewässerungswirtschaft gar nicht nötig ist?« Nach jeder einleitenden Bemerkung kam ein kurzer Text, der jeweils auf einen anderen Widerspruch aufmerksam machte. In einer Graffiti-Kampagne wurden mit Kreide verschiedene Kommentare auf die Straßen geschrieben wie: »Jetzt sind

In einer Graffiti-Kampagne wurden mit Kreide verschiedene Kommentare auf die Straßen geschrieben.

sie verrückt: Sie legen die Sümpfe trocken und bauen in der Wüste Reis an«, oder: »Wer in einer Flußlandschaft baut, muß damit rechnen, daß er Besuch vom Wasser bekommt.« Mehrere großformatige erdfarbige Plakattafeln trugen jeweils das in Blau aufgedruckte Wort: Wasser. Eine Konferenz der Wasserwerke wurde auf Video aufgezeichnet, und im Kontaktanzeigenteil der Lokalpresse waren »Ratschläge« an eine Reihe wichtiger Mitarbeiter der staatlichen Wasserbetriebe abgedruckt.

Wir wollten eine Vision präsentieren, die im Kopf aller interessierten Menschen wie eine Bombe hochging.

Wir wollten eine Vision präsentieren, die im Kopf aller interessierten Menschen wie eine Bombe hochging. Die ästhetische Aufgabe bestand darin, die passenden sprachlichen Mittel dafür zu finden. Das Werk ist ein Gesang und soll laut vorgelesen werden. Aus Umfanggründen kann hier nur ein kleiner Auszug abgedruckt werden.

Meditation über den Zustand des Sacramento-Flusses, des Deltas und der Buchten von San Francisco

»Vom Satelliten aus ist das Central Valley eine einzige Farm.
Wurde es von ›Visionären‹ geplant, die genial moderne Technik benutzten,
um die Einwohner Kaliforniens vor Flut und Dürre zu schützen,
die den Wasserstrom im Central Valley kontrollierten,
ein untereinander verbundenes System von Reservoirs entwickelten,
von Dämmen, Kraftwerken, Pumpstationen, Gräben und Kanälen,
um das Central Valley zu bewässern und Wasser zu leiten
über die Tehachappi-Berge zum Metropolitan Wasserdistrikt im
Süden, und dadurch das größte Bewässerungssystem der Geschichte
schufen? Ein verbesserungsfähiges, gewinnträchtiges, expansionsfähiges System!
Oder
wurde es von ›Technokraten‹ geplant, subventioniert von den Steuerzahlern der

Nation und durch Geschenke des Staates an Interessengruppen,
hauptsächlich zum Gewinn von ein paar Großgrundbesitzern und der Agrarindustrie,
die das gesamte Einzugsgebiet des Central Valley in ein riesiges Bewässerungssystem verwandelten,
über drei Millionen Hektar aus Dämmen, die durch Verschlammung
nutzlos werden, ein Pumpsystem, das mehr Energie verbraucht als es produziert,
und ein Deichsystem, das ständig repariert werden muß,
und die alle zusammen durch fortschreitende Versalzung die Qualität und langfristige Produktivität des Bodens und des Wassers mindern?
Ein energieintensives, teures, selbstauslöschendes System.«

Ein energieintensives, teures, selbstauslöschendes System.

In Abschnitt 9 fahren wir fort:
»Wenn
kultureller Altruismus (die Interessen des einzelnen im Tausch gegen das Überleben der Gesellschaft) funktionierendes Gemeinschaftsinteresse im Sinne der Arterhaltung ist,
und wenn
das Einhalten der Gesetze der Energieerhaltung funktionierendes
Gemeinschaftsinteresse im Sinne der Arterhaltung ist,
dann
würden im Interesse der Arterhaltung die Ressourcen gemeinsam treuhänderisch bewahrt und gemäß den Gesetzen zur
Energieerhaltung genutzt werden.
Deshalb werden neue Paradigmen gebraucht, die zu neuen rechtlichen und
sozialen Codes führen, damit Boden und Wasser intakt an die nachfolgenden Generationen übergeben, nicht erneuerbare Ressourcen sparsam verwendet und erneuerbare Ressourcen nicht
erschöpft werden.«

Diese Arbeit war im Grunde die Geschichte der industriell betriebenen Landwirtschaft, die inzwischen globalen Modellcharakter hat. Es war gewissermaßen die Geschichte der globalen Industrialisierung allgemein, bei der die Wirtschaftsbilanz zum fundamentalen Zweck geworden ist. Die Folge ist der Zusammenschluß unzähliger kleiner lokaler Betriebe hin zu immer größeren Konzernen, deren Stabilität durch staatliche Subventionen gewährleistet wird. Für die Erhaltung der ausgebeuteten Ressourcen oder für die Kommunen, in denen sie ansässig sind, engagiert sich gemeinhin kaum jemand. Der Gewinn wird in den Profitfluß der Konzerne geleitet und mit sowohl ökologischen als auch kulturellen Verlusten in eine unsichtbare, von anderen gezahlte Steuer transferiert. Im kalifornischen Central Valley wurden das Ökosystem der Wüste und die Ökosysteme der Flüsse dadurch buchstäblich zu Tode besteuert. Die Kosten für diese massive Nahrungsmittel- und Warenproduktion spiegeln sich nicht nur in den Gewinn- und Verlustbilanzen wider, sondern im Verlust der kleinen familienbetriebenen Farmen, die früher nachhaltig wirtschafteten.

Wir hatten also eine gewaltige Kritik vorgelegt. Das physikalische Gesetz, das besagt, daß jeder Kraft ihre Gegenkraft begegnet, erhielt mit den *Sacramento-Meditationen* sozusagen seinen kulturellen Kontext. Das Werk verschwand jedoch unter einer Lawine gleichgültigen Schweigens. Immerhin wurde die dafür unternommene Forschungsarbeit zur Grundlage für spätere Werke, in denen wir unter anderem für eine umweltbewußte Landwirtschaft plädieren, die die Ertragsfähigkeit des Bodens in ihre Anbaumethoden einbezieht und die Abwässer adäquat recycled.

Das Werk verschwand jedoch unter einer Lawine gleichgültigen Schweigens.

Sri Lanka und Buddhas Achtfältiger Pfad

Wir bewegen uns zeitlich immer weiter vorwärts zum transeuropäischen Diskurs über Landbau, wir denken über seine Zukunft nach, sehen die in den *Sacramento-Meditationen* dargestellten Probleme als Prophezeiung dessen, was auf der Halbinsel Europa sowie andernorts geschieht. Wir stellen uns die weiteren Konsequenzen chemischer Agrarwirtschaft vor. Stellen uns vor, was passiert, wenn die enorme einheimische Artenvielfalt unserer Ertragspflanzen eliminiert wird und nur die Arten übrigbleiben, deren genetisch veränderte Samen sich von der Industrie gewinnträchtig kontrollieren lassen. Stellen uns den fortschreitenden Qualitätsverlust des Mutterbodens vor, bedingt durch intensive Überdüngung. Stellen uns das fortschreitende Verschwinden von Heckenreihen und Randstreifen, Dorfgemeinschaften und kleinen Bauerngemeinden und Jobs und einzigartigen lokalen und landestypischen Eßkulturen vor – als weitere ökokulturelle Verluste. Stellen uns landwirtschaftliche Großbetriebe vor, die von den ökonomischen Wertvorstellungen der weltweit operierenden Konzerne angetrieben werden, unterstützt durch Handelsabkommen von NAFTA und GATT. Stellen uns die Abkommen der Europäischen Union zum freien Agrarhandel vor, die Kultur und Natur ungeschützt lassen, den Gewinn aber schützen. Fragen uns, ob dies der rechte Augenblick für die europäische Halbinsel ist, etwas zu ihrem eigenen Schutz zu tun. Überlegen, wie sie sich selbst schützen kann.

Einige Jahre später erarbeiteten wir ein Werk mit dem Titel *Die Sechste Lagune: Über Metapher und Diskurs*. Dabei ging es darum, die unendliche Arroganz der Moderne zu diskutieren, wie sie sich in dem technologischen Monolog widerspiegelt, der an die ständige Erneuerungskraft der Technik und an die geplante, künstliche Veralterung (den Verschleiß) von Gütern glaubt, die zu immer neuem Profit führen. Und der glaubt, was immer wir heute tun, sei *a priori* schon besser als alles vorausgegangene. Indem wir das endlose Bemühen um Innovation betrachteten, das die Weisheit der Vergangenheit *ad acta* zu legen versucht, wollten wir einer der wenigen Denkstrukturen nachspüren, die alles Leben ebenso achtet, wie sie dafür Achtung fordert.

Wir meinen hier den von Buddha beschriebenen Heiligen Achtfältigen Pfad und die Frage der Achtung und Aufmerksamkeit für jeden Teilbereich des Lebens. Er scheint uns eher ein ethischer Verhaltenskodex als ein religiöser Kommentar zu sein, dazu bestimmt, den durch Gier und Verlangen geschaffenen Schmerz zu lindern. Das Beckensystem auf Sri Lanka, auf das wir uns bezogen, hatte diese Überzeugungen während der vergangenen 2.000 Jahre im Alltag gelebt und dabei gleichzeitig zum Wohl des Ökosystems wie der menschlichen Kultur gewirkt. Leider hat die Modernisierung zu einer großen Veränderung geführt. Und der schreckliche gegenseitige Vernichtungskrieg zwischen den Tamilen und der singhalesischen Regierung hat wohl vieles unumkehrbar zunichte gemacht.

Der schreckliche Krieg zwischen den Tamilen und der singhalesischen Regierung hat vieles zunichte gemacht.

Was war geschehen? Für das Becken- und Kanalsystem der vorchristlichen Ära wurden Kanäle in der Nähe von Flüssen angelegt.

Es war ein Modell, so wie andere heute praktizierte Strukturen in Stromgebieten, jedoch mit einer völlig anderen ethischen, kulturellen und ökologischen Bedeutung. Diese Kanäle in Sri Lanka, jeder ein Meisterstück der Ingenieurskunst, hatten ein Gefälle von weniger als 30 Zentimetern pro Meile, gerade ausreichend, um den Wasserfluß aufrechtzuerhalten. Die Kanäle speisten große Wasserspeicher, deren Wände aus Erde waren und die während der Regen- oder Monsunzeit das überschüssige Wasser aufnahmen. Jedes Jahr versammelten sich die Menschen in den Dörfern und Städten unter der Führung buddhistischer Geistlicher, um die Erdwände, wenn nötig, wiederaufzubauen, wodurch eine gerechte Verteilung des Wassers bis hinunter zum kleinsten Reisfeld gewährleistet war. So war Hochwasserschutz möglich, ohne dafür die Flüsse zu zerstören. Heute sind auf der Halbinsel Europa und in nahezu allen westlichen und östlichen Ländern die rasch fließenden Flüsse gestaut, begradigt und kanalisiert: zur maximalen Bodennutzung in ihren Uferbereichen, zur maximalen Wasserkontrolle während der Überschwemmungsperioden und wo möglich zur Energiegewinnung.

Die Konstruktion des Beckensystems in Sri Lanka tat das Gegenteil und schuf Kanäle, die parallel zu den Flüssen verliefen, um deren Ökosysteme aufrechtzuerhalten und gleichzeitig in den Kanälen Ökosysteme zu etablieren, die sogar zum Baden genutzt wurden. Ökologisch gesehen wirkten die Becken wie große Seen, deren Biostruktur sich dem unterschiedlichen Wasserstand anpaßte. Auf diese Weise diente das System in Sri Lanka allen Lebewesen. Um dieses Ziel zu erreichen, muß man Achtung für alles Leben empfinden. Wir regen an, daß es einen Gedankenhorizont in den neuen Mustern gibt, den die Halbinsel Europa braucht, um zu begreifen, wie sie von Sri Lanka lernen und Kalifornien vergessen kann.

Mit »vergessen« meinen wir den Prozeß, der sich abspielt, wenn eine Erfahrung mit der Zeit von einer anderen überlagert wird und von noch einer und so fort. Dann geschieht eine Art Ausblendung der Erinnerung an die ursprüngliche Erfahrung. Man kann sagen: »Wenn Vergessen keine Eigenschaft des Verstandes und noch dazu eine gesunde Eigenschaft des Verstandes wäre, könnten wir vielleicht gar nicht weiterexistieren.« Da das Leben aber voller Paradoxa ist, besagt ein anderer Gemeinplatz, daß, »wer die Geschichte vergißt, dazu verdammt ist, sie zu wiederholen«. Daher lernen wir nicht aus unseren Erfahrungen. Und wie unser Jahrhundert überdeutlich macht, sind wir langsam im Lernen und gut im Vergessen.

Wie unser Jahrhundert überdeutlich macht, sind wir langsam im Lernen und gut im Vergessen.

Die Seerosen von Givenchy und andere Geschichten

Nehmen wir zur Veranschaulichung Monets Gemälde *Seerosen in Givenchy*, ein Motiv, dem er sich immer wieder und zu allen Jahreszeiten widmete. Dieser Teich war sein Lehrmeister, sein Thema, sein Forschungsgebiet, er bereicherte sein Leben. An dem Bild läßt sich diese Bereicherung ablesen. Stellen wir uns nun vor, daß plötzlich ein Nährstoff eingeleitet wird, der dazu führt, daß sich die Seerosenpopulation alljährlich verdoppelt. Während der ersten zehn Jahre ist der Teich vielleicht noch stabil, bis die Hälfte der Oberfläche mit Seerosen bedeckt ist. Im elften Jahr verdoppeln sich die Seerosen abermals und bedecken nun die gesamte Teichfläche. Ohne Luft und Sonnenlicht wird der Teich eutroph. Die Seerosen sterben ab. Grünalgen nehmen überhand und behindern andere Lebensformen. Durch die Destabilisierung des Seerosen-Gleichgewichts ist eine wild wuchernde Feedbackschleife entstanden, und dann haben die Dinge ihren Lauf genommen. Monet war vermutlich wachsam und klug genug, um diese Entwicklung zu unterbrechen und seinen Teich wieder auszugleichen. Wer aber gleicht *unseren* Teich aus?

Durch die Destabilisierung des Seerosen-Gleichgewichts ist eine wild wuchernde Feedbackschleife entstanden.

Sind wir wachsam und klug genug, für unsere Meere und unsere gesamte Biosphäre das gleiche zu tun? Oder müssen wir abwarten, bis zum Nachteil von uns allen eine sogenannte negative Vernetzung zu wirken beginnt, als Antwort auf Abholzung, Raubbau, Desertifikation, rasch voranschreitendes Artensterben, z.B. in der sibirischen Tundra und in der Planktonmasse, in Korallenriffen und im Fisch- und Meerestierbestand der Weltmeere? Müssen wir auch abwarten, bis diese Geschehnisse sich mit anderen Reaktionen in Meeren und Atmosphäre vernetzen, wie z.B. dem Abbau der Ozonschicht und dem Treibhauseffekt? Insgesamt werden sich diese Geschehnisse gegenseitig verstärken und ineinander rückkoppeln. Wollen wir einfach abwarten und zusehen?

Im Moment scheint es so, als ob sich eine ähnliche Katastrophe in Teilen der Dritten Welt abspielt, die dabei ist, ihre zukunftsträchtigen Ressourcen rasch zu erschöpfen. Sehen wir uns nur die Reaktion auf den Börsenkrach in Asien an. Kann ein Ökokrach unser Wohlergehen nicht ebenso massiv beeinflussen? Wo bleibt unsere Betroffenheit? Wo bleibt unsere Empathie? Wo bleibt unsere Kreativität? Wo bleiben Zivilisiertheit, Altruismus und das Interesse am Gemeinwohl?

Wir meinen, daß der Verlust daran größtenteils auf einem Mangel an Vertrauen beruht, der von dem Denkmuster »jeder Mensch, jeder Staat, jeder Konzern für sich« noch bestärkt wird. In unserer Gesellschaft muß sich jeder irgendwie immer rechtfertigen, nach dem Motto: Weil ich dir nicht traue, daß du so bist, wie du zu sein vorgibst, mußt du dich rechtfertigen! Indem du dich rechtfertigst, hilfst du mir natürlich, mich ebenfalls zu rechtfertigen, und natürlich auch jenem, dem ich Rechenschaft schuldig bin, sich zu rechtfertigen. Haben wir es hier etwa mit einer irregewordenen positiven Feedbackschleife zu tun?

Der Prozeß des Geschichtenerzählens ist ein Prozeß der Vertrauensbildung.

Vertrauen zwischen den Menschen aber wird durch Geschichtenerzählen aufgebaut, wie es in der asiatischen und arabischen, familiären Geschäftskultur und in lateinamerikanischen Familien verbreitet ist und früher auch in unseren kleinstädtischen Kulturen verbreitet war. Der Prozeß des Geschichtenerzählens ist ein Prozeß der Vertrauensbildung! Umgekehrt werden durch den Prozeß des Rechenschaftablegens Mißtrauen, Angst und Furcht befördert.

»Kultur« – Kunst, Musik, Theater, Film, Dichtung, Darstellung in all ihren Formen – agiert immer auf der Grundlage des Erzählens, nicht der Rechenschaftspflicht. Genau dieses Merkmal des Geschichtenerzählens ist oft an den Rand gedrängt worden, trivialisiert, als reine Unterhaltung behandelt, ausgenutzt und verfälscht worden, so daß seine wichtige Rolle für die heutige Gesellschaft und für den Wandel in der Kultur zweitrangig geworden ist.

Geschichten sind der erzählerische Austausch zwischen Menschen, wobei jeder Geschichte ein Eigenleben zukommt und jede Geschichte den Erzähler und die Person, der die Geschichte erzählt wird, beeinflußt. Ihre Funktion ist aber nicht nur der Austausch von Informationen, nicht einmal vorrangig. Dieser Austausch ist im Grunde ein Teilen, bei dem die Menschen gefühlsmäßig aufeinander eingehen, gegenseitiges Erleben und das Vertrauen schaffen, das aus gemeinsamem Erleben natürlicherweise resultiert. Oft verbinden sich Erzählungen miteinander, bilden Paare, schmiegen sich vielleicht ineinander ein. Um diese Eigenschaft einer Geschichte, immer wieder neue Kombinationen einzugehen und sich selbst zu erweitern, geht es hier.

Ein Ökokorridor an der Save

Es war im Jahre 1988. Wir hatten ein Stipendium in Berlin. Dort begegneten wir Dr. Ern, dem ehemaligen Forschungsleiter des hiesigen Botanischen Gartens. Unsere erste Begegnung war sehr förmlich. Wir hatten eine öko-chatologische Arbeit im Sinn: etwas Dada, etwas Kritik, etwas Ironie und das Ganze ziemlich witzig. Unser Gedanke war folgender: Wir hockten ja schließlich im isolierten West-Berlin, das seinen Müll nach Ost-Berlin schickte, um ihn dort kostengünstig loszuwerden. Die Ostdeutschen warfen einen Teil dieses Mülls offenbar halbaufbereitet in die Spree, die wieder nach West-Berlin zurückfloß und die Rückstände dahin brachte, wo sie hergekommen waren – eine echte Tragikömodie.

Dafür interessierte sich Dr. Ern aber überhaupt nicht, sondern meinte, viel wichtiger sei Jugoslawien, wo es eine ursprüngliche Flußlandschaft gebe, in der noch traditionelle Anbaumethoden praktiziert würden. Und als Folge davon gediehen dort Schwarzstörche und Löffler, Vogelarten, die anderswo vom Aussterben bedroht seien, und es gebe außerdem alte Dörfer, wo noch Eichenholzhäuser in der alten Zapfenbauweise stünden. Das Ökosystem der Flußaue sei intakt, und auf den Feuchtwiesen gediehen üppige Eichenwälder. Die Anbaumethoden hätten sich im Lauf der Jahrhunderte nicht sehr geändert. Ern fragte uns, ob wir nicht in Worten und Bildern eine Vision erarbeiten wollten, mit der dieser etwa 280 Quadratkilometer großen Gegend geholfen werden könnte, zu einem Naturschutzgebiet zu werden. Wir willigten ein und flogen mit ihm nach Jugoslawien.

In Jugoslawien gebe es alte Dörfer, wo noch Eichenholzhäuser in der alten Zapfenbauweise stünden.

Er mietete ein Auto und fuhr uns vier Tage lang durch das Gebiet des geplanten Naturreservats, das in Kroatien lag, etwa eine Autostunde von Zagreb entfernt. Die ganzen vier Tage lang redete er unermüdlich von morgens um sieben bis abends um zehn auf uns ein. Er erzählte uns, das 280 Quadratkilometer große Gebiet liege im einstigen Niemandsland zwischen der Österreich-Ungarischen Monarchie und dem Osmanischen Reich und sei deshalb nur spärlich besiedelt und seit Jahrhunderten relativ unberührt geblieben. Ein Teilstück dieser historischen Kulturlandschaft existiere immer noch in den Flußauen des Save-Flusses und eines seiner Zuflüsse etwa 30 Kilometer flußabwärts von Zagreb. Es bestehe aus einer intakten, ursprünglichen Flußauenökologie, einem nativen Eichenwald und kleinen Dörfern und Bauernhöfen, die so zusammenarbeiteten, daß alle Teile sich gegenseitig stärkten und nachhaltig unterstützten. Der Wald werde über einen Zeitraum von 100 bis 150 Jahren immer wieder ausgeholzt. Das Vieh weide im Frühling, Sommer und Herbst freilaufend in der bewaldeten Flußaue. Die Schweine bekämen ein paarmal in der Woche Mais gefüttert, damit sie nicht alle Eicheln fräßen, sondern sie statt dessen im Boden feststampften und dadurch zur Erneuerung des Waldes beitrügen.

Wir hatten viele Leute kennengelernt, die uns fast alle ihren selbstgebrannten Slibowitz anboten.

Als er fertig war, waren wir erschöpft, aber fasziniert und seltsam aufgeklärt über eine exzentrische, komplexe Sicht, die mit unserer eigenen im Einklang stand. Wir hatten das Gelände aus unterschiedlichen Perspektiven gesehen – ökologisch, historisch und sozial. Wir hatten viele Leute kennengelernt, die uns fast alle ihren selbstgebrannten Slibowitz anboten. Leicht besäuselt sagten wir natürlich ja, wir wollten das Werk erarbeiten.

Das vorgesehene Naturschutzgebiet war von landwirtschaftlichen Großbetrieben umgeben. Es wurde also von den Abwässern der »Agroindustrie« in Mitleidenschaft gezogen. Wir schlugen nun vor, das Gebiet und seine Umgebung mit verhältnismäßig natürlichem Bewuchs von Sumpf über Wald bis Wiese zu verbinden, die am Fluß entlang bereits existierten. Ziel war es, die Flutebene der Save, das Land am Flußufer und den Fluß selbst zu einem natürlichen Korridor und zu einem Naturschutzgebiet zu machen.

Wir entwickelten eine großformatige Installation aus handkolorierten Landkarten, raumhohen Tafeln mit Photos, Zeichnungen und Texten, die wir *Atempause für den Save-Fluß* nannten. Das Werk wurde äußerst positiv aufgenommen. Es reiste nicht nur in fünf Länder, sondern war auch das Herzstück einer Wanderausstellung in Amerika mit dem Titel *Zerbrechliche Landschaften*. 1991 gewann es auf der Biennale in Nagoya in Japan einen Preis für ökologische Kunst.

Die Arbeit wies darauf hin, daß es noch nicht zu spät war, die Flußebene der Save zu retten, die zwar schon gestört, aber immer noch relativ gering belastet war. Ein paar Industriebetriebe mit ernstzunehmender Verschmutzung waren zwar ein Dorn im Auge: eine Düngemittelfabrik, eine Papiermühle. Aber wenn man sie sanierte, bestehende Feuchtgebiete erweiterte und neue anlegte, die toten Flußschleifen wiederherstellte und wie früher als Klärsysteme und flußnahe Nebenspeicher zum Hochwasserschutz einsetzte, könnte die Flußebene vielleicht ein Bioreservat bleiben. Vor unseren Augen entstand das Bild des Flusses und seiner Ufer als geknotetes Seil, wobei der Fluß das Seil und alle ökologisch mitwirkenden Gebiete entlang seines Laufes, auch Teile des alten Waldes, die Knoten darstellten.

Sollte es Hoffnung für die Save geben, müßten Slowenien, Kroatien und Serbien (mit Bosnien-Herzegowina) sich bereit erklären, die Verschmutzung durch eine Düngemittelfabrik in Kroatien, eine Papiermühle in Serbien, ein Kieswerk und ein Kohlebergwerk in Slowenien zu reduzieren. Des weiteren müßte das Vieh daran gehindert werden, am Flußufer zu weiden, und es müßten an den Rändern des Flusses Sumpfgebiete angelegt werden. Gleichzeitig müßten kleine Anbauflächen geschaffen und die toten Flußschleifen wiederhergestellt werden als Habitat und zum Schutz gegen Verschmutzung und Hochwasser. Die Hoffnung bestand. Ein Textauszug:

»Noch ist Zeit für eine neue Geschichte der Save,
die, obwohl durch Deiche eingeengt,
noch nicht in ein Betonbett gezwängt ist.
Noch ist Zeit für eine neue Geschichte der Save,
denn ihre feuchten Niederungen,
wenn auch geschrumpft,
sind doch größer als alle in Westeuropa.
Noch ist Zeit für eine neue Geschichte der Save,
denn ihre Dämme sind bescheiden und begrünt.
Noch ist Zeit für eine neue Geschichte der Save,
denn ihr Lauf ist noch nicht versunken oder umgekehrt worden.
Noch ist Zeit für eine neue Geschichte der Save,
die, wenn auch verschmutzt, doch noch nicht vergiftet ist.
Noch ist Zeit für eine Geschichte der Save,
denn die Gestalt der Katastrophe
ist zugleich die Gestalt der Chance.«

Die Struktur aus Naturschutzgebiet, Wald, Fischteich und Wiese, die die Flußauen der Save sprenkeln, wirkte auf viele anziehend. Renaturierung heißt leider oft , sich aus dem Staub zu machen und der Natur ihren Lauf zu lassen. Sogar die Weltbank interessierte sich für die Sanierung einiger Fabriken entlang des Flusses.

Sogar die Weltbank interessierte sich für die Sanierung einiger Fabriken entlang des Flusses.

Wir lernten Itzok Geister kennen, einen Ökologen aus Slowenien. Das Gespräch mit ihm wurde der erste Text in unserem Werk:

»Ihn interessierten existentielle Fragen.
Er sagte, er glaube, daß in gewisser Weise alles,
was existiert, empfindungsfähig sei und Respekt verdiene.
Ich sagte, man könne das Universum als komplexes, wenn auch
endliches Gespräch zwischen seinen verschiedenen Teilen begreifen,
aus dem sich eine unendliche Zahl von Improvisationen ergebe.
An der Quelle fragte ich ihn, ob er nicht befürchte,
daß das Leben des Flusses gefährdet werde durch die Art,
in der der Mensch in seiner Begehrlichkeit eingreift.
Er sagte, die Natur lebe an geheimen Orten und in
unsichtbaren Räumen und werde Wege finden, daneben zu bestehen.«

Der Gedanke an Itzok Geisters Bemerkung, die Natur lebe in unsichtbaren Räumen und an geheimen Orten und werde überleben, half uns, ein Werk zu erarbeiten, in dem wir die Save als Ganzes betrachteten, um verborgene Orte zu finden, an denen weitere Schutzgebiete eingerichtet werden konnten: mit dem großen Naturschutzgebiet als Krönung sozusagen.

Traurige Improvisation

Nur wenige sind sich darüber im klaren, wie destruktiv die Schaffung einer Kulturlandschaft ist.

Nur wenige sind sich wirklich darüber im klaren, wie enorm destruktiv die Schaffung einer Kulturlandschaft über weite Gebiete hinweg ist. Sie beginnt gewöhnlich mit dem Abholzen des Waldes. So weit wir wissen, fing man damit vor Tausenden von Jahren im Nahen Osten an. Die erste, schriftlich aufgezeichnete Geschichte darüber trug sich vor fast 5.000 Jahren in Uruk zu, einem der frühen Stadtkönigreiche im südlichen Mesopotamien.

Im *Gilgamesch-Epos*, benannt nach dem Herrscher jenes Stadtstaates, erzählt die Episode »Zug gegen den Herrscher des Zedernwaldes« von dessen Wunsch, seinem Namen dauerhaften Ruhm zu verschaffen, indem er seine Stadt zur Stadt der Städte küren wollte. Um dieses Ziel zu erreichen, brauchte er Holz. Holz war der Hauptbaustoff jener Zeit, da sich über die Hügel und Berge, die den sogenannten Fruchtbaren Hügel umgaben, ein riesiges Urwaldgebiet ausbreitete. Es war so groß, daß niemand wußte, wo es endete. So dicht, daß kaum Licht durchfiel. So gefährlich, daß ihn noch niemand durchquert hatte. Der sumerische Hauptgott Enlil wollte den Wald vor der Zerstörung durch den Menschen bewahren, und um sicherzustellen, daß ihn niemand betrat, benannte er Chumbaba, einen furchterregenden Halbgott, als Wächter. Doch Gilgamesch war ein Held, und es gelang ihm, das furchterregende Ungeheuer zu köpfen, den ganzen Wald zu fällen und seine Stadt zu bauen. Daraufhin belegte der Gott Enlil die Stadt mit einem Fluch: »Möge die Speise, die du ißt, vom Feuer gefressen werden, möge das Wasser, das du trinkst, vom Feuer getrunken werden.« So endeten die bedeutenden, auf Wasserbau beruhenden Reiche des Nahen Ostens in der vorhergesagten Katastrophe, und der heutige Nahe Osten ist ihr Erbe. Immer wieder in der Geschichte hat die Zerstörung der Umwelt den Keim für die Zerstörung der Kultur in sich getragen.

Der sumerische Hauptgott Enlil wollte den Wald vor der Zerstörung durch den Menschen bewahren.

Wir betrachten das heutige Anlegen einer Kulturlandschaft als Akt der menschlichen Improvisation, doch ist es eine traurige Improvisation, die meistens auf Habgier und Ignoranz beruht. Sie mag kurzfristig von Vorteil oder gar notwendig sein, doch ist sie langfristig für alle Arten und alle Systeme, die einst auf der Erde waren, uns selbst eingeschlossen, höchst ungünstig. Sehen wir uns an, was gerade in Tibet geschieht!

Friedenspark Tibet

Unser alter Freund Robert Livingston, ein Neurophysiologe an unserer Universität, erzählte uns vor einigen Jahren von einem Friedenspark in Tibet. Der Dalai Lama hatte in einer seiner Schriften erklärt: »Es ist meine Hoffnung und mein Traum, daß eines Tages die gesamte tibetische Hochebene in ein echtes Refugium des Friedens umgewandelt wird: in eine vollkommen entmilitarisierte Zone und in den größten Naturpark oder die größte Biosphäre der Welt.« Er bat uns, dem Dalai Lama eine Grußbotschaft zu schreiben. Also entboten wir ihm einen Gruß und zitierten aus dem Schlußtext des Lagunen-Zyklus:

»Wir denken, der Ozean ist ein großartiger Zeichner.
In Erwiderung auf unsere Jahrtausende der Manipulation von Feuer
hat der Ozean sanft geantwortet,
indem er langsam gestiegen ist.
Und ganz allmählich
ziehen sich die Küsten der Welt neu.
Und während die Meere sanft anschwellen
und alle Grenzen
und Produktionsmittel verändern,
werden sich die Lebensweisen aller Wesen ebenfalls verändern.

Können wir auf dieses ständige sanfte Ziehen und Neuziehen reagieren,
indem wir uns ebenso sanft zurückziehen
auf die Hochebenen?
Sich Tibet als Weltpark vorzustellen,
sicher eine Hochebene,
scheint uns ein Akt von ebensolcher Sanftheit.«

Es begann ein Briefwechsel, in dem wir etwas später schrieben: »Wir stellen uns vor, daß alle stromab von Tibet gelegenen Länder entlang der sieben Flüsse, die dort ihren Ursprung haben, entlang dem Indus, dem Brahmaputra, dem Ganges, dem Salween, dem Mekong, dem Hwang-Ho (auch Gelber Fluß genannt) und dem Yangtse gemeinsame Interessen haben. Diese beziehen sich direkt auf die Auswirkungen von Überweidung, landwirtschaftlichem Raubbau, Abholzung und Desertifikation von Tibet, da diese flußabwärts liegenden Länder die unerwünschten Folgen wie Bodenerosion und die Verschlechterung von Flußleben, Küstenhabitat und Wasserqualität erleiden.«

Für unser Projekt schlugen wir vor, ein riesengroßes Modell von Asien zu bauen.

Für das Projekt schlugen wir vor, ein großes Modell von Asien zu bauen, auf dem Tibet als Hochebene hervorgehoben ist und die sieben Hauptflüsse deutlich markiert sind. Dieses Modell könnte klar demonstrieren, welche Folgen Abholzung und Umweltzerstörung des tibetanischen Hochplateaus und des tibetanischen Nebelwaldes für die vielen Nationen haben, die sich diese Flüsse teilen, auch die Probleme und für die eine Lösung Vorteile bringen würde.

Um einen konzeptionellen Entwurf für die Erneuerung des tibetanischen Wald-, Farm- und Wiesenlandes zu entwickeln, schlugen wir ein Kunstwerk vor, das teils Modell, teils Ort der Begegnung, teils Diskurs ist. Hier geht es um mehr als nur einfache Regenerierung. Ökologisch gesehen verknüpft der Wald Tibet, China, Nepal, Kaschmir und alle benachbarten Länder. Die Flüsse, die in Tibet entspringen, sind dieselben Gewässer, die diese Länder miteinander verbinden.

Wenn wir Tibet als Hochebene betrachten, wenn wir uns einen neuen Wald für Tibet und seine Nachbarländer vorstellen, wenn wir uns vorstellen, wie so eine Waldarchitektur aussehen und sich verhalten würde, wenn wir uns die Vorteile für die Länder stromabwärts von Tibet oder all die mächtigen Flüsse vorstellen, die Tibet entströmen, können wir uns das Hochplateau als Beispiel für einen Zukunftsgarten für das Himalayagebirge, einen Friedenspark vorstellen, wie er dem Dalai Lama vorschwebt.

Wir denken diesbezüglich auch an den einst zusammenhängenden Wald, den transeuropäischen Wald, der sich von der Atlantikküste bis weit nach Asien erstreckte. Wir begreifen, daß dieser Wald, der nach dem Rückzug der Gletscher im Westen wiederauftauchte, dann erneut verschwand, ausgebeutet wurde, um über Jahrtausende hinweg die unterschiedlichen Bedürfnisse vieler Kulturen zu befriedigen. Wir wissen, wie heute viele wissen, daß Wald am leichtesten dahin zurückkehrt, wo Wald einst existierte. Wir fragen uns, wie man diesen Wald wieder zum Leben erwecken könnte. Wir blicken zurück auf andere Erfahrungen, die uns vielleicht leiten könnten.

Wir denken auch an den Tod des gemäßigten Küstenregenwaldes in Nordamerika, an die Totalrodung von etwa 55.000 Quadratmeilen, die zum Großteil innerhalb der letzten 50 Jahre erfolgte. Wir begreifen, daß dieses Abholzen nicht nur den größten Teil dieses einst gewaltigen und einzigartigen Nadelwaldes zunichte machte, Heimat einiger der ältesten, mächtigsten und heute hochgefährdeten Bäume der Welt, sondern auch Wasserläufe in einer Länge von 70.000 Meilen Luftlinie störte.

Wir denken auch an den Tod des gemäßigten Küstenregenwaldes in Nordamerika.

Nachdem wir begriffen hatten, daß die meisten Europäer im Gegensatz zu Afrikanern, Asiaten oder Südamerikanern noch selten die Auswirkungen von massiver Umweltzerstörung erlebt haben, fingen wir an, über Möglichkeiten nachzudenken, wie dies zu beschreiben wäre.

Muster, die sich ergeben

Das Serpentinen-Gitter

1993 wurden wir von der Douglas F. Cooley Memorial Art Gallery am Reed College in den pazifischen Nordwesten nach Oregon eingeladen, um ein Gebiet von etwa 55.000 Quadratmeilen fast vollständig abgeholzten, gemäßigten Regenwaldes näher in Augenschein zu nehmen.

Daraus entstand ein Werk mit dem Titel *Das Serpentinen-Gitter*. Es begann als Museumsinstallation mit interagierenden Texten und Bildern. In einer zweieinhalb auf zehn Meter großen Diaprojektion mit 55 Tafeln von jeweils drei nebeneinanderliegenden, langsam ineinander übergehenden Panoramabildern wurden der majestätische Anblick des nordwestpazifischen, gemäßigten Regenwaldes und die Katastrophe seiner Zerstörung von Nordkalifornien bis in den Süden Alaskas gezeigt. Eine zehn Meter breite, handgezeichnete Landkarte vervollständigte die sich langsam voranbewegende Diaprojektion, die den Tod des Regenwaldes vor Augen führte.

Die Abholzung hat die chemische Zusammensetzung des Bodens verändert.

Dieser dichte Nadelwald mit den uralten Riesen, von denen einige 3.000 Jahre alt und so dick sind, daß ein Auto durchfahren kann, und viele so hoch sind wie sonst keine anderen Bäume der Welt, bedeckte bis vor kurzem die pazifischen Küstengebirge von der Bucht von San Francisco in Kalifornien in Richtung Norden durch Oregon, Washington und British Columbia bis zur Yakatat-Bucht in Alaska. Die Abholzung hat die chemische Zusammensetzung des Bodens verändert, das Leben im Mutterboden zerstört, zu einer Klimaveränderung geführt und einen ungefähr 2.000 Meilen langen Korridor von etwa 50.000 Quadratmeilen vielfach gestörten Terrains hinterlassen. Hier einige Auszüge aus dem Text:

»Vom Süden Alaskas nach Nordkalifornien
liegt Nordamerikas letzter großer, gemäßigter Regenwald im Sterben.
Alle wissen, daß weniger als zehn Prozent
des alten Bewuchses übrig ist
zwischen San Francisco und Vancouver Island.

Nun ist genügend neue Information verfügbar

und genug alte Weisheit,
so daß alle, die sich über solche Dinge Gedanken machen,
wissen können, daß der Tod eines mächtigen Waldes
eine globale Tragödie ist.

Denken wir an diesen Wald,
der sich an der Küste entlangzieht,
von der Western-Hemlock-Tanne im Süden Alaskas
hinunter über die Sitka-Rot-Tanne,
die Western-Rot-Zeder
und die Douglas-Kiefer
nach Nordkalifornien,
wo es mit den Küsten-Redwoods weitergeht.
Wir
waren dankbar für die Einladung, in dieses gefahrvolle
Gespräch einzustimmen,
und begannen uns einen Akt der Wiedergutmachung
vorzustellen,
Du sahst eine Serpentine,
ich sah ein Gitter.

Du sahst eine Serpentine, ich sah ein Gitter.

Wir
begannen uns Nord/Süd-Kontinuitäten vorzustellen,
von der Yakatat-Bucht
nach San Francisco,
Kontinuitäten, die der Öko-Poetik
des Ganzen Ausdruck verleihen würden.

Nun sehen wir gesunde Sukzession,
sehen alten Bewuchs bestehen,
überlegen uns eine Matrix,
in die wir eine neue Vision einfügen können,

plötzlich:
Du sagtest, ein Gitter,
und ich sagte, eine Serpentine.
Und du sagtest, die Einzugsgebiete vernetzen
und ich sagte, ein Go-Spiel.«

Ein Prozent des Bruttosozialprodukts für ein Ökoversicherungssystem

Ein Vorschlag wurde ausgearbeitet. Wenn wir ein Prozent unseres Bruttosozialprodukts »recyclen« und ein Ökoversicherungssystem ähnlich unserem Sozialversicherungssystem einrichten, dann stehen jährlich ungefähr 57 Milliarden Dollar für Sanierung und Rückgewinnung zur Verfügung. Wenn jetzt zehn Prozent des vorgeschlagenen Ökoversicherungssystems, also 5,7 Milliarden Dollar im Jahr, über einen Zeitraum von 25 Jahren dem Regenwald des Nordwestpazifiks zur Verfügung gestellt werden könnten, wären das etwa 140 Milliarden Dollar für die Regenerierung dieser Wälder, Flüsse und Feuchtgebiete.

Damit könnten die Kammlinien, die jetzt nicht in staatlichem Besitz sind, gekauft werden, Flüsse und ihre Einzugsgebiete könnten in einen ursprünglicheren Zustand zurückversetzt, Monokulturen diversifiziert und Gebiete mit altem Bewuchs erweitert werden. Schließlich könnten die Gebiete saniert werden, damit das Ökosystem zur Fläche und die menschliche Nutzung mit ihren politischen, sozialen und Wirtschaftsstrukturen darin zur Form werden, denn alles zusammen macht unsere ökokulturelle Entität aus.

Am interessantesten für uns als Künstler war das Muster, das sich herausbildete oder geschaffen wurde, während wir uns die Landkarte ansahen und ihre Beziehung zu den Erfahrungen vor Ort, zur Forschung und den laufenden Debatten erkundeten. Das Muster wies gewisse Merkmale auf, wenn man es erst einmal erkannt hatte. Es illustrierte die Dimension des Problems. Es forderte eine Sanierung in einer Größenordnung, wie sie nie zuvor angedacht worden war, mit sowohl ökologischen als auch kulturellen und natürlich langfristigen ökonomischen Werten. Sobald diese Fragen also gestellt und das Format festgelegt waren, ergab sich das neue Muster quasi aus der Wahrnehmung der offenkundigsten topographischen Eigenschaften – Hügelketten, Küstenstreifen und Verlauf der Flüsse, die zu kleinen, blattförmigen Einzugsgebieten gruppiert waren. Und für uns Menschen gehörte das Erlebnis, uns zwischen diesen Bäumen zu bewegen und unsere Psyche wieder ganz neu einzustimmen, zu den gewaltigsten und eindrücklichsten Erfahrungen unseres Lebens. Wir sehen darin auch ein Erneuerungsmuster, das sich ähnlich, aber anders für die europäische Hochebene anbietet.

Mobile Obstgärten (Portable Orchard) von 1971/72, Survival Piece Nr. 3, Kunstgalerie des California State College in Fullerton.

Die Salzwasserkrebsfarm, Survival Piece Nr. 2, Los Angeles County Museum of Art 1971.

Greenhouse Europe: Der Garten heißer Winde und warmer Regenfälle

Greenhouse Europe ist eine Art Mäander durch ein Glashaus, der mögliche Bilder unserer gefährdeten Zukunft präsentiert. Die Installation beherbergt eine vielschichtige Geschichte, die mit Hilfe von Kunst- und Medienobjekten, Texten und lebenden Materialien erzählt wird. Alle zusammen haben direkt etwas mit der Zukunft eines Treibhauses zu tun, dessen Klima durch einen Temperaturanstieg von fünf bis sechs Grad für die nächsten 100 bis 150 Jahre gekennzeichnet ist. Auf diese Weise macht das Treibhaus seine eigene Zukunft allen menschlichen Sinnen unmittelbar zugänglich.

Der Besucher wird durch eine Reihe von Installationen geführt, die die Erzählung bilden. In ihr werden »Zukünfte« dargestellt: Treibhauseffekt, Bedrohung der Wälder, Artenverlust im Wasser und zu Land.

Die beiden Hauptinstallationen zeigen ein subtropisches Klima, wie es in Mitteleuropa herrschen könnte, wenn der Treibhauseffekt stärker zum Tragen kommt. Das Klima hat sich erwärmt, und der Meeresspiegel ist gestiegen. Die eine der Zukünfte stellt ein trockenes, die andere ein feuchtes Klima mit starken Niederschlägen dar.

Die Zukunftsvisionen werden Informationen aus der Vergangenheit ebenso wie aus der Gegenwart einbeziehen. Die Flora umfaßt Arten, die in Europa in Phasen des Pliozäns (im Jungtertiär) bei ähnlicher Temperatur vorherrschten, in der Zeit also, bevor die große Vereisung zu massivem Artenverlust führte.

Die Aufgabe, die wir uns bei dieser Arbeit gestellt haben, ist die Erkundung von Formen des Zusammenwirkens von Ökologie und Kultur, die eine nachhaltige Zukunft garantieren könnten. Trockene und feuchte Gärten zeigen beispielhaft die Nahrungsproduktion für den menschlichen Verbrauch. Die Gärten künden von einer möglichen Zukunft, wenn ein bewußtes Zusammenwirken zum wechselseitigen Nutzen zwischen menschlicher Kultur und Natur stattfände.

Im Rahmen dieser Zukunftsvisionen werden in kleinen Treibhäusern eine Reihe beunruhigender, zuweilen schockierender Ausblicke in andere Zukunftsmöglichkeiten erscheinen. Fazit: Greenhouse Europe ist eine physische und metaphorische Exkursion durch Zukunftswelten, in denen der Besucher auf Vertrautes und Überraschendes stößt: das Humorvolle, Tragische, Empirische und Spielerische.

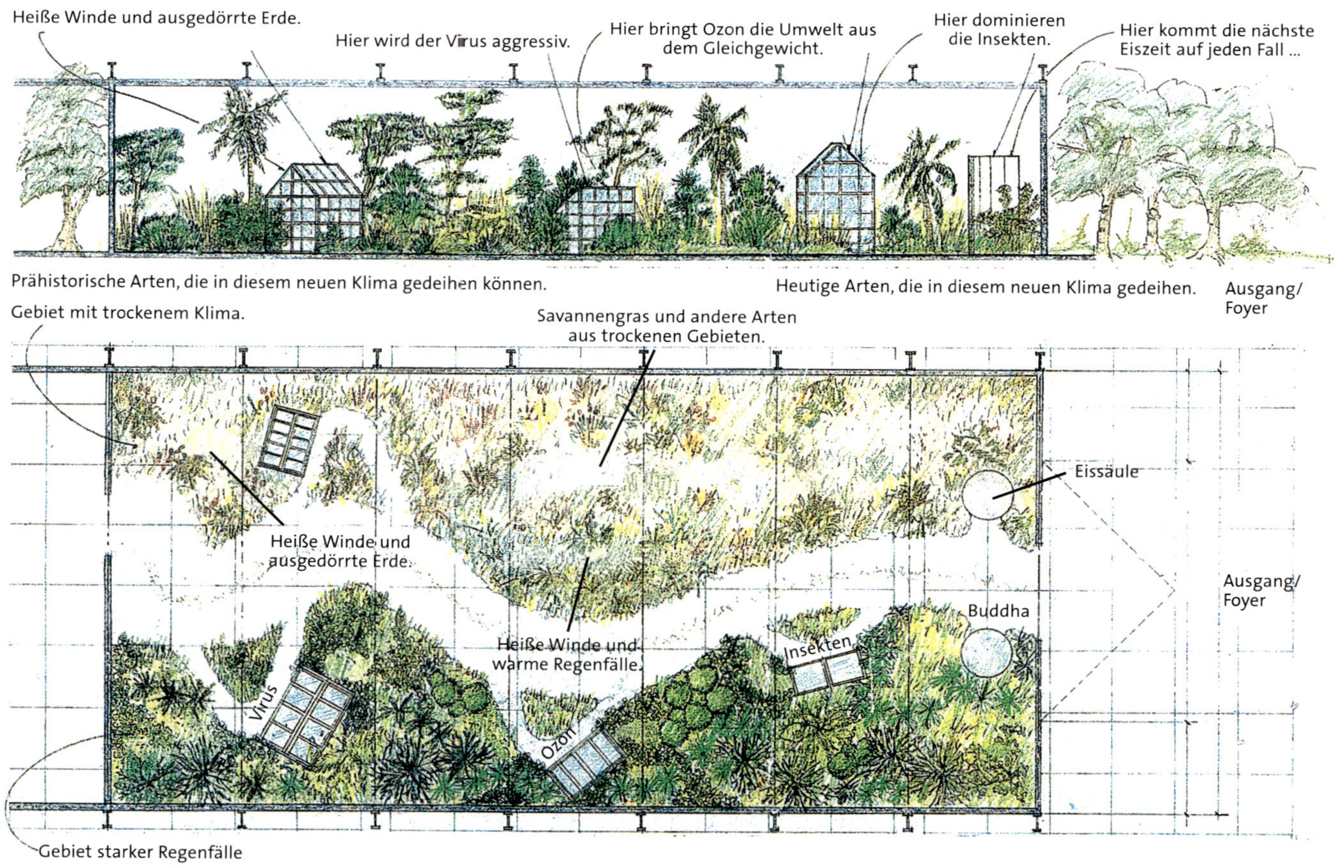

Heiße Winde und ausgedörrte Erde.
Hier wird der Virus aggressiv.
Hier bringt Ozon die Umwelt aus dem Gleichgewicht.
Hier dominieren die Insekten.
Hier kommt die nächste Eiszeit auf jeden Fall ...
Prähistorische Arten, die in diesem neuen Klima gedeihen können.
Heutige Arten, die in diesem neuen Klima gedeihen.
Ausgang/ Foyer
Gebiet mit trockenem Klima.
Savannengras und andere Arten aus trockenen Gebieten.
Eissäule
Heiße Winde und ausgedörrte Erde.
Ausgang/ Foyer
Buddha
Heiße Winde und warme Regenfälle.
Insekten
Virus
Ozon
Gebiet starker Regenfälle

Hier lassen sich die enormen Unterschiede in der Topographie gut erkennen, mit denen sich die Halbinsel Europa an den Flüssen Djnestr und Weichsel von der großen russischen Tiefebene abgrenzt. Man kann sich gut vorstellen, wie dieses äußerst verzweigte, verschlungene Ensemble aus Bergkette, Einzugsgebiet, Fluß und Mündungstrichter mit der Zeit allmählich komplexe und vielfältige Ökosysteme bilden konnte, welche die Entwicklung und Ausreifung von komplexen und vielfältigen Kulturen ermöglichten.

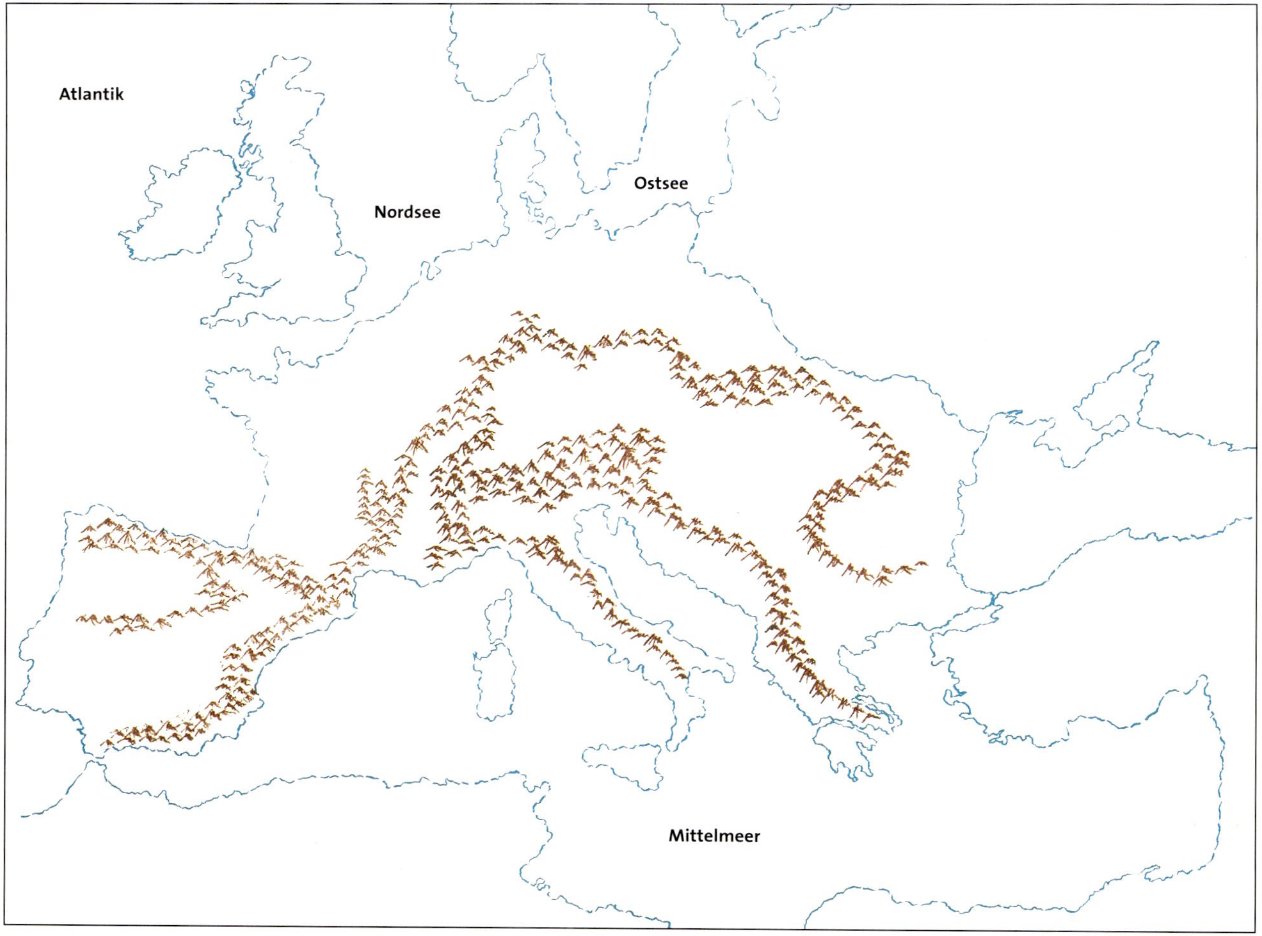

Es ist nicht schwer, sich sämtliche Gebirgsketten der Halbinsel Europa bildlich als Ikon vorzustellen. Dieses Ikon wird zum Schauplatz eines transeuropäischen Ballungsraums – ein nicht aus Städten zusammengesetztes, sondern aus einem hochgelegenen Wald/Grünland-Ökosystem gebildetes Netzwerk.
Viel schwerer ist es allerdings, sich vorzustellen, weshalb Eroberer – von der Römerzeit bis in die Gegenwart – versucht haben, Gleichförmigkeit zu verbreiten und die Vielfalt der Kulturen zu einer einzigen, nämlich ihrer eigenen Kultur zu vermischen.

Ein Ökokorridor an der Save

Leitende Mitarbeiter der Düngemittelfabrik führten uns an die Stelle, wo das verseuchte Klärwasser als dickflüssige Brühe herausfloß, sich mit den ungeklärten Abwässern der Stadt Kutina vermischte und von dort in die Save gelangte. Sie erklärten, aus Geldnot bliebe ihnen nichts anderes übrig, und ob wir uns vielleicht in den USA nach einer Methode zur Abfallaufbereitung erkundigen könnten.

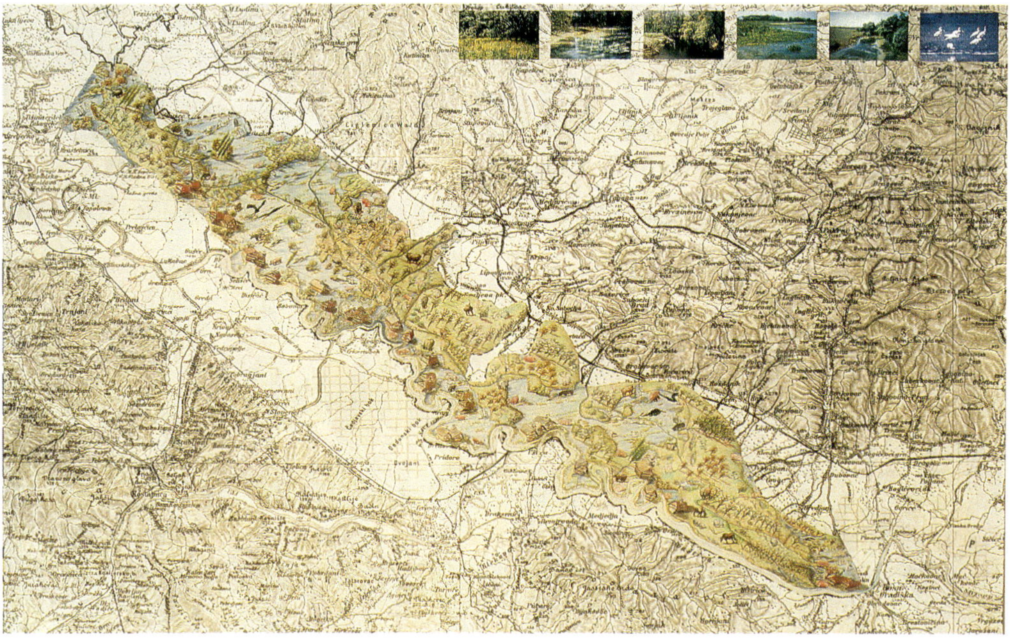

Das Naturschutzgebiet
auf einer alten Karte neu eingezeichnet.

Die in Zapfenbauweise errichteten Eichenholzhäuser
hatten zahlreiche Störche angelockt.
Die Eichenwälder in den Feuchtgebieten strotzten nur so vor Gesundheit.
Die Gewässer konnten ungehindert fließen.
Viele Arten von Wild- und Haustieren bewohnten das gefährdete Terrain.
Es war ein einzigartiger Ort.

Fotos: Dr. Martin Schneider-Jacobi

Wiesen-Stories

Die Bürgermeisterin der früheren Hauptstadt Bonn, Dorothee Paß-Weingartz, auf der Vernissage.

Im Laufe der Jahre kamen etwa 200.000 Besucher, um die Wiesen-Stories zu lesen.
Heu wurde geerntet.
Samen wurden gesammelt und im Bonner Rheinauenpark ausgestreut.
Die Wiesen-Stories wurden mitsamt ihrer Konstruktionen vom Dach in den Park transportiert, und die gefährdete Wiese erhielt ein zweites Leben.

Die Monokultur auf dem Dachgarten wurde durch eine Wiese ersetzt.

Dachgarten der Kunst- und Ausstellungshalle Bonn, Zeichnung von Vera Westergaard

Auf der linken Seite der Installation ist die Landkarte von Holland auf 4 x 4 Meter spiegelverkehrt abgebildet, und die etwa 300.000 darauf eingezeichneten Häuser sollen zeigen, wie die Erschließung das grüne Zentrum Hollands zerstören würde.

Grünes Herz Holland

Das Grüne Herz ist eine 80.000 Hektar große Farm.

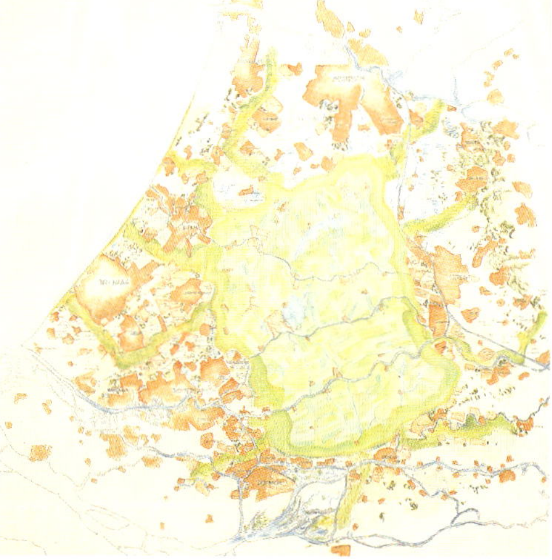

140 Kilometer umfaßt der Biodiversitätsring um das Grüne Herz herum.

Auf der rechten Seite taucht ein neues Bild auf – ein riesiges Sonnenzeichen, das sich über die Landkarte von Holland breitet und die Grenzen des Grünen Herzens mit einem Biodiversitätsring definiert, der mit seinen ausgestreckten Armen die Städte der Randstad durch gewundene Punkte voneinander abgrenzt. Ein weiteres, hier nicht abgedrucktes Bild beweist, daß im Umkreis des Grünen Herzens genügend Platz für den benötigten Wohnraum existieren würde.

Totalrodung der gemäßigten Küstenregion in Nordamerika

Ein Streifzug von Nordkalifornien aus entlang der Oregonküste.

Fotos: Trygve Steen

Der Regenwald stirbt: Eine Spur der Verwüstung zieht vom Bundesstaat Washington, dem Olympic National Park, Vancouver Island, British Columbia bis nach Alaska.

Ein Grünes Netz auswerfen: Sehen wir da etwa einen grünen Drachen?

Wir entdecken den Drachen, indem wir die Flußmündungen zusammenführen, die nördlich und südlich verlaufenden Römerstraßen markieren und die Nord- und Südparks des Penninischen Gebirges umreißen und uns dann mit dem dazwischenliegenden Raum befassen.

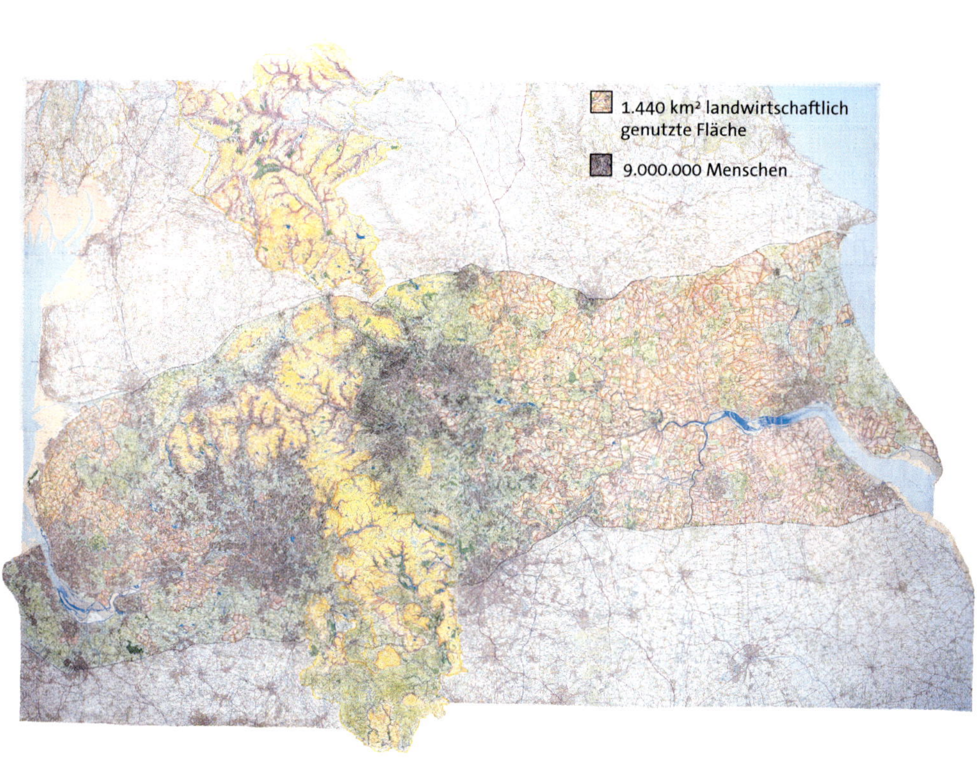

Wir denken über die Entstehung einer 900 Quadratmeilen großen grünen Farm nach, die in dieses Netz eingebettet ist.

Wir entwerfen ein großes Grünes Netz zwischen den Küstenstreifen im Osten und im Westen.

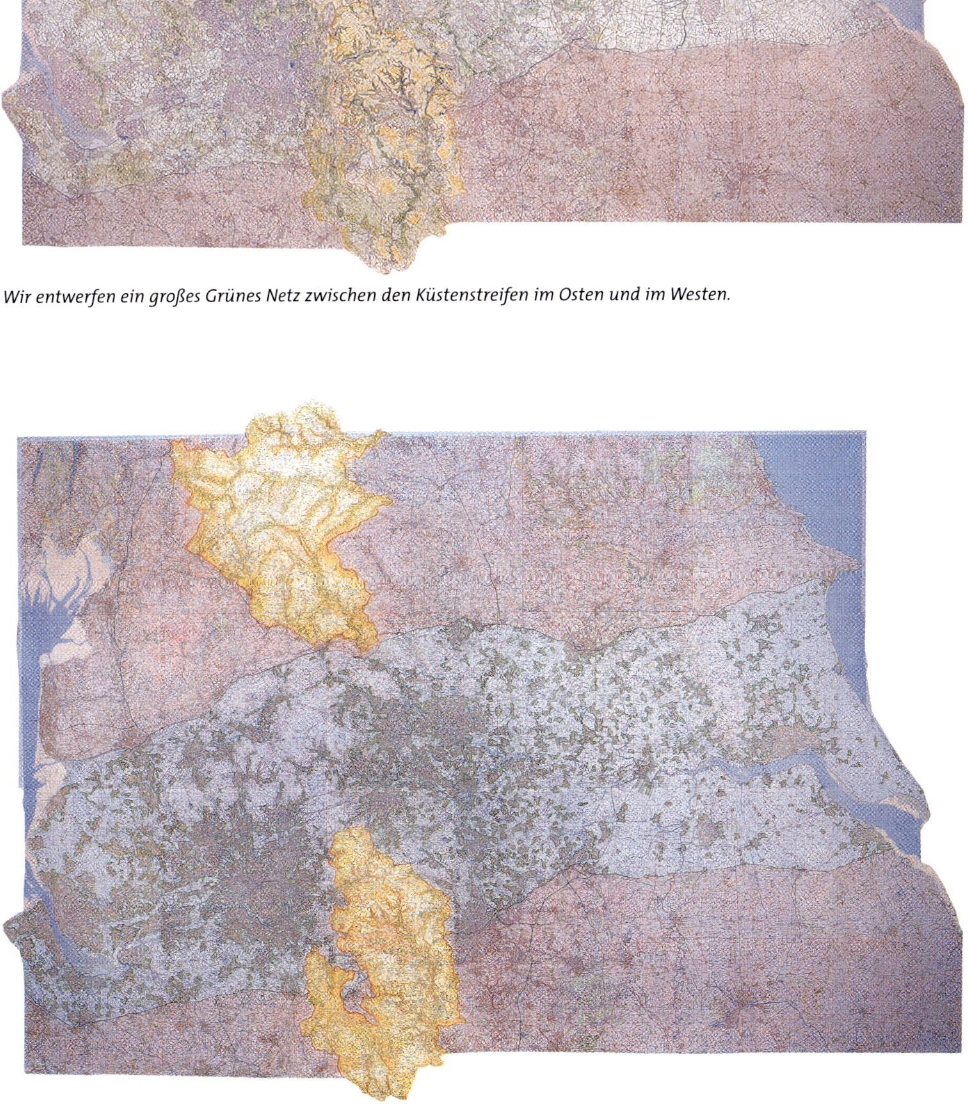

Wir entwickeln ein öko-urbanes Konzept, in dem sich Wildnis und ausweitende urbane Muster miteinander vermischen.

Wir sehen aus der Luft auf eine Stadt, die zwar wächst, aber von Ackerland und Weideland umgeben und begrenzt ist …

… es schien keine unerhört schwierige Aufgabe zu sein, wieder zu Feldhecken und Randstreifen zurückzukehren und die Rinnen und Flußauen zu bewalden.

Das Schachbrett und der Fleck

Immer mehr füllt sich unser Erkenntnispuzzle, in dem wir die Einzelstücke ineinanderfügen, so daß irgendwann ein Gesamtbild für die Halbinsel Europa entsteht. Wenn wir weiter darüber nachdenken, stoßen wir auf die Wiedereinführung traditioneller Verfahren zur Futtergewinnung für Vieh, auf die Rückkehr zu alten, biologisch vielfältigen Mustern in Verbindung mit Weiden und Landbau auf der Halbinsel Europa. Wir sprechen dann von der Erneuerung traditioneller Gras-, Weide- und Wiesenlandschaften sowie der Möglichkeit, neue Formen der Kulturlandschaft zu entwickeln, die die Wiese als Modell benutzen. Vom ökologischen Standpunkt aus gesehen stellen die Wiesenlandschaften Europas, einst weit verbreitet, ein relativ junges Phänomen dar, das sich infolge der Waldabholzung in den letzten vier- bis fünfhundert Jahren entwickelt hat.

Vom ökologischen Standpunkt aus gesehen stellen die Wiesenlandschaften Europas ein relativ junges Phänomen dar.

Die Wiesen werden in ihrer gegenwärtigen, stark reduzierten Form immer noch durch Beweidung und/oder die ein- bis zweimal jährlich stattfindende Mahd aufrechterhalten. Wir nehmen Wiesen wahr als eine Art von landwirtschaftlichem Modell für ein spontanes, ursprünglich unbewußtes Zusammenwirken von Viehpflege und dem ökologischen Muster des Lebensnetzes, das automatische Nebenprodukt eines nachhaltigen Systems. Beweidung und/oder Mahd haben quer durch Europa die Grundlagen für ein bemerkenswert komplexes und stabiles Ökosystem geschaffen. Die Geschichte des Zusammenwirkens zwischen Mensch und Ökosystem ist für uns daher von großem Interesse. Wir glauben, daß sie Vorbild für andere nahrungsproduzierende Vorgänge sein kann. In diesem Verhaltensmuster schützt der Ertrag das System, während beim heute üblichen energieintensiven, chemisch abhängigen Monokulturanbau der Ertrag das System ausbeutet.

Unser Verständnis für die Bedeutung der Wiese begann 1993, als der Direktor der Kunst- und Ausstellungshalle der Bundesrepublik Deutschland, Wenzel Jacob, uns fragte, ob wir für den Dachgarten seiner Ausstellungshalle eine Arbeit entwerfen könnten. Wir machten den Vorschlag, als Kunstwerk eine Wiese zu installieren, die als Miniatur-Universum von ungewöhnlichem ästhetischen und ökokulturellen Wert wirken würde. *Zukunftsgarten, Teil I: Die gefährdeten Wiesen Europas* entstand als komplexe, erweiterte Erzählung, ein sich ständig veränderndes, lebendiges Farbfeld, das die etwa 6.000 Quadratmeter in der Mitte des Dachs bedeckte.

Am Anfang der Arbeit stand eine 400 Jahre alte Eifelwiese, die es zu retten galt. Wir schafften sie auf das Dach, statt zuzulassen, daß sie aufgerissen und durch ein Wohnungsbauprojekt ersetzt wurde. Später kamen Teile von anderen gefährdeten Wiesen dazu – eine Feuchtwiese, eine Trockenwiese und eine Steinwiese –, um ein vielfältiges Ensemble zu bilden. Gespräche zwischen den Künstlern, Botanikern und Ökologen, den sogenannten »Wiesenmeistern«, spiegelten sich in einer komprimierten, auf Englisch und Deutsch verfaßten Sammlung von Texten wider, die auf Holztafeln entlang einer Art Zaunkonstruktion angebracht wurden. Auf Kacheln reproduzierte Photos von Wiesen aus anderen Teilen Europas wirkten als Echo der Texte und setzten sich mit der lebenden Wiese auseinander. Die Zaunkonstruktion beherbergte die Geschichte und die bildlichen Darstellungen und fungierte gleichzeitig als Rahmen und Sitzgelegenheit. Diese Zusammenstellung konfrontierte die Betrachter mit der lebenden Wiese und verband beide miteinander, indem sie ein Schauspiel erschloß, das sich vor den Spazierenden auf dem begrünten Fußweg um die Wiese herum entfaltete.

Intakte Wiesenökosysteme sind im Normalfall eine stabile Lebensgrundlage für einen Mikrokosmos wirbelloser Tiere und Insekten, zahlreicher Pflanzen, Reptilien und Amphibien, kleiner Säugetiere und Vögel sowie grasendes Vieh und Wild. Interessanterweise war früher die jährliche oder halbjährliche Mahd zeitlich genau so festgelegt, daß nach dem Sameneintrag aus verschiedenen Blumen und Gräsern das Blühen im nächsten Jahr sichergestellt war. Die Mahd war es auch, die das System erhielt und verhinderte, daß die natürliche Sukzession der Gehölze sich wieder ausbreiten konnte. So ist *Die gefährdeten Wiesen Europas* als Kunstwerk im künstlerischen Sinn entstanden und hat eine ganz eigene Welt mit sich gebracht.

Die Wiesen-Stories entfalteten sich als Gespräch.

Die Wiesen-Stories entfalteten sich als Gespräch unter uns beiden und mit anderen, die sich besser auskannten als wir und die unsere Sorge um die Werterhaltung ganzheitlicher Strukturen reflektierten.

Wiesen-Stories, Text VI: Steppenwiese in Ungarn

»Er war Botaniker
und arbeitete an einem interkontinentalen Projekt über die Artenmigration früher und heute.

Er sagte,
dies hier ist eine Steppenwiese in Ungarn.
Wenn Sie sich die Ökologie der Steppe ansehen,
sollten Sie etwas über die Geschichte wissen,
denn die Verbreitung der Pflanzen
zeichnet die Wanderung der Völker nach.
Er sagte,
mit den Hunnen kamen vor dem 3. Jahrhundert aus den asiatischen Steppen auch bestimmte Federgräser und andere Pflanzen.
Auch mit den Heeren Dschingis Khans breiteten sich Pflanzen aus.
Die Römer führten auf ihren Reisen in den Norden
nicht nur Weinreben ein.
Als sich das Klima erwärmte,
zogen bestimmte Orchideenarten aus dem Nahen Osten ein
sowie mit den Getreidepflanzen der Mohn Richtung Norden.
Wanderungsströme aus dem Osten und Süden
folgten den Flußauen der Donau und der Rhone,
und die Wiesen in den flußnahen Gebieten
weisen die größte Vielfalt an eingewanderten Pflanzenarten auf.
Und obwohl sich nur wenige darüber im klaren sind,
stellen diese Einwanderer einen beträchtlichen Teil dessen dar,
was wir heute als heimische Umwelt betrachten.«

Wiesen-Stories, Text XV

»Viele fragten uns, was wir mit dieser neuen Metapher meinten.
Die Wiese ist Lehrmeisterin für die Zukunft und Vorbild.
Du sagtest,
die Wiese steht für eine alte Weisheit.
Sie ist demütig und bescheiden.
Und doch ist sie eine vielschichtige Kulturlandschaft,
eine sinnliche und ansprechende, vielseitig nutzbare Landschaft,

Die Wiese ist Lehrmeisterin für die Zukunft und Vorbild.

im Lauf von Jahrtausenden angelegt,
eine Ästhetik, die in Vergessenheit geraten ist,
eine Informationsbasis, die uns immer schneller verlorengeht.
Und du sagtest,
stell dir einen neuen Wald vor, der nach dem Vorbild der Wiese schrittweise mit Bedacht angelegt wird.
So daß dieser neue Wald
wie die Wiese
zu einer kulturellen Struktur wird
und Mensch und Vieh Nahrung bietet und Holz und vieles andere
sowie reinigendes Wasser und Luft.
Und dieser neu angelegte, vielseitig vernetzte Lebensraum
wird vielen Arten nützlich sein,
den Amphibien, den Reptilien, den Vögeln,
den Insekten
und allem Leben im Erdreich.
Und so kommt es schließlich,
sagte einer von uns,
daß die Wiese ein Vorbild für die Zukunft wird.
Und der andere sagte,
in ihrem gegenwärtigen Zustand,
angefüllt mit Informationen,
kündet die Wiese von der Möglichkeit,
das Zusammenwirken einer Vielzahl von Arten aufzubauen
und uns selbst und alle anderen darin einzubeziehen.
Und so ist die Wiese Lehrmeisterin und Vorbild und Prophetin.«

Dieser neu angelegte, vielseitig vernetzte Lebensraum wird vielen Arten nützlich sein.

Später entwickelte diese Arbeit viele Lebensformen. Sie führte zu Projekten in Österreich, in anderen Teilen Deutschlands und in Dänemark. Als unmittelbar nächstes Projekt ergab sich der Transport der Stories, Zaunkonstruktionen und Wiesensamen vom Dach des Museums in den Bonner Rheinauenpark, um ein neues Wiesenwerk zu erarbeiten, das sich über die Bonner Parkanlagen ausbreiten und allmählich neue Elemente biologischer Vielfalt in die Stadt zurückbringen wird.

Mosaik und Patchwork

Aus Platzgründen können wir hier nur kurz über eine Aquakultur-Anlage berichten, die wir 1974 in einem Werk aus dem Lagunen-Zyklus mit dem Titel *Die Vierte Lagune* ziemlich detailliert und mit einer Reihe von Arten bestückt entworfen hatten.

Die Arbeit daran war eigentlich ein Nebenprodukt der Suche nach einem widerstandsfähigen Lebewesen, das unter Museumsbedingungen existieren konnte. Die Frage war, ob es uns gelingen würde, ein ganzes System zu erfinden, das sich ähnlich wie ein Lebensnetz verhalten würde, dessen Überproduktion aber zum Verbrauch abgeerntet werden kann.

Die Zutaten waren: Intelligenz, Wasser, Licht und Wärme – und als Option zusätzliche Nährstoffe. Ranil Senanayake zeigte uns ein widerstandsfähiges Lebewesen, die Krabbe Scylla Serrata Forskål. So begannen wir über Möglichkeiten nachzudenken, wie sich in Amerika und Südostasien Aquakultur-Anlagen einrichten ließen. Wir berechneten, nachdem unsere Krabbe innerhalb von etwa zehn Monaten von 30 Gramm auf ein Pfund gewachsen war, daß sich ein Gehege von einem halben Hektar bestens realisieren ließe. Wir suchten daraufhin ein salzwasserhaltiges Binnenmeer mit kostengünstigem Gelände und Salzwasserzufuhr sowie ein geeignetes Hügelgelände.

Wir begannen darüber nachzudenken, wie sich Aquakultur-Anlagen einrichten ließen.

»So
schlagen wir vor, an den Ufern des Salton-Sees
mitten in der kalifornischen Colorado-Wüste eine Aquakultur anzulegen.
Diese Anlage würde sich verhalten wie eine Ästuarlagune mit Süßwasser
aus dem All-American-Kanal und salzhaltigem Wasser vom Salton-See,
die angereichert mit Abfällen aus der Landwirtschaft
das nährstoffreiche Wasser ersetzen, das normalerweise in allen Flüssen entsteht,
bis sie schließlich zu ihrer Mündung gelangen.
Diese Lagune soll aus insgesamt 15 in Dreiergruppen
angeordneten Teichbecken bestehen. Struktur und Strömung

in jeder Gruppe werden in einem schematischen Plan
jeder Sektion dargestellt.
Jede Gruppe ist so konstruiert, daß sie als endlos
wiederholbares Einzelsystem funktioniert. Diese
Lagune
stellt den Entwurf für eine kombinierte Biokette dar, deren
Teile voneinander getrennt sind, deren Beziehung jedoch
durch das Wasserdurchlaufsystem
die Entwicklung einer selbstversorgenden Polykultur
ermöglicht,
bei der die Struktur durch Abernten aufrechterhalten wird.«

Wir denken an die Entwicklung kleiner Biotope.

Übertragen auf die Halbinsel Europa beginnen wir, uns Aquakultur-Anlagen vorzustellen, die auf der Erhaltung des Systems durch Abernten überschüssiger Erträge aufgebaut sind. Wir denken an die Entwicklung kleiner Biotope, an das Einrichten von Nischen in der Kulturlandschaft. Das Einfügen solcher Einheiten in die Umgebung würde sich automatisch ergeben, wenn die Vögel sich vom Ertrag bedienen dürften, wenn Schilfrohr und andere Pflanzen am Gewässerrand zur Teilnahme am System aufgefordert sowie Wiesen und Waldränder so gestaltet würden, daß Kühe und Schafe nicht am Rand grasen und mit ihrem stickstoffreichen Mist das Wasser übermäßig mit Düngemitteln anreichern dürften, und wenn diese Ränder auch natürliche Pflanzennährstoffe fördern und die Schlammflora am Grund ausgleichen würden.

Wir stellen uns vor, daß ein solches Aquafarm-System nicht wie die Wiese als Mosaik funktioniert, sondern als Patchwork, als eine Reihe von Flecken im Wasser, die durch Vögel, Insekten und Amphibien verbunden sind und den vielen landbewohnenden Arten nützen. Solche Systeme sind für den gesamten ökokulturellen Bereich von allerhöchstem Wert. Sie fügen sich in einheimische Ökosysteme ein und bieten hochwertige Nahrung und befriedigende Arbeitsmöglichkeiten. Wenn wir von der Wiese als dem verbindenden Element sprechen, meinen wir auch die Umschichtung gegenwärtiger Agrarsubventionen hin zu kooperativen Netzwerkstrukturen, bei denen die höchsten Subventionen an Systeme mit dem höchsten Grad an Kreativität und Improvisation gehen und die Kreativität vom umweltschädlichen Verhalten in den heute allgegenwärtigen landwirtschaftlichen Großbetrieben umlenken.

Unerwartete Korridore, geheime Orte und unsichtbare Räume

Wir stellen uns die Halbinsel Europa vor, suchen nach Möglichkeiten über das Wiesenmosaik und die Aquakultur-Flächen hinaus, und über die ganze Halbinsel hinweg eröffnen sich erstaunliche Chancen für botanische Korridore. Sie existieren im Gelände entlang der Eisenbahnlinien und Autobahnen und könnten von einer Pflanzengesellschaft in die andere übergehen oder manchmal auch als Heimat für gefährdete Arten aus den benachbarten Gebieten dienen.

Das Spitzenband

Wie die Wiese tauchen die Tagebauminen des Schwarzen Dreiecks in unserem Werk wiederholt als Thema auf. 1994 wurden wir mit anderen Künstlern von der Kulturstiftung des Freistaats Sachsen und dem Kulturprogramm des Siemens-Konzerns eingeladen, ins Grenzgebiet zwischen Polen, der Tschechischen Republik und Deutschland zu reisen, um uns die Braunkohletagebauminen anzusehen und zu überlegen, wie wir als Künstler auf diese Umgebung reagieren. Das Terrain war uns nicht neu, denn Ende der 80er Jahre hatten wir uns in der damaligen Tschechoslowakei an der Prager Kunstakademie und in den frühen 90er Jahren am Bauhaus Dessau (damals mit Bitterfeld) bereits mit Ideen für derartige Räume auseinandergesetzt.

1994 wurden wir eingeladen, uns die Braunkohletagebauminen anzusehen.

Trotzdem waren wir erneut beeindruckt von der Größe und Anzahl dieser riesigen Restlöcher, die wie Wunden in der Landschaft lagen, dicht an dicht und in nächster Nähe zu den Städten und den drei Ländergrenzen. Diese düstere, alptraumhafte Landschaft verfolgte uns mit ihren tiefen Gruben von ausgeschachteter Erde, dem Scheppern der Loren auf den Fließbändern und vor allem den riesigen, wie gigantische Insekten aufragenden Fördermaschinen, die die Erde auffraßen und dann Braunkohle ausspuckten.

Wir waren tief erschüttert über die Tatsache, daß vom praktischen Standpunkt aus überhaupt keine umfassende Vision zur Stillegung und Sanierung dieser Zechen existierte, sondern einzeln, Zeche für Zeche vorgegangen wurde. Wir begannen uns dieses von Restlöchern fragmentierte Terrain anzusehen und suchten nach einem Ensemble, das sich durch das Streben oder Bedürfnis oder Potential auszuzeichnen hätte, zu einem geeinten Ort zu werden, an dem sich irgendwie verspielte, neue Muster riechen oder ertasten oder spüren ließen, die vielleicht unter dem Oberflächengetöse ökokultureller Verzweiflung tanzten.

Solch ein Ensemble sahen wir in der Gegend südlich von Leipzig im Tagebau, der dort betrieben worden war und immer noch betrieben wurde. Die Gestalt der Katastrophe schien – unter bestimmten Bedingungen – geeignet, umgewandelt und der Gestalt einer Chance angepaßt zu werden.

Die Gestalt umgewandelter Erde: Ein Braunkohlepark für den Südraum Leipzig

Ich sagte, daß dieser Park als Denkmal wirken würde.

»Wir begannen, uns einen 300 Quadratkilometer großen Park vorzustellen,
der seine Gestalt und Bedeutung von der ›umgewandelten Erde‹ übernehmen würde,
die wir gesehen hatten, auf der wir spazierengegangen waren und auf der wir gesprochen hatten.
Ich sagte, daß dieser Park als Denkmal
wirken würde.
Du sagtest, daß der Park als Rückgewinnung
wirken würde
und als eine Art, die Kulturlandschaft neu zu erschaffen,
so daß sie als ein Ort gesehen werden kann,
als der Ort, an dem alle wissen,
daß die Erde umgewandelt worden war.
Und
du nanntest es
Die Gestalt von Braunkohle/ Ein Park für den Südraum Leipzig.«

Der Kreis schließt sich – oder: neuen Raum schaffen

1994 kam vom Kulturrat in Südholland eine Einladung. Es war die Bitte, das große »grüne Herz« Hollands zu definieren und seinen Wert herauszuarbeiten, um es vor der Zersiedlung zu bewahren. Das Grüne Herz umfaßt im wesentlichen ein 900 bis 1.200 Quadratkilometer großes Landbaugebiet und offene Flächen, gesprenkelt mit zahlreichen kleinen Dörfern und ein paar wachsenden Städten, dem Zentrum, um das sich die Städte Amsterdam, Rotterdam, Haarlem, Den Haag, Dordrecht, Utrecht u. a. gruppieren. Dieser Ring aus Städten mit einer Bevölkerung von insgesamt etwa 5,5 Millionen Menschen wird Randstad genannt. Das Problem, mit dem sich das Gebiet konfrontiert sah, waren Erschließung und Zersiedlung.

Es waren eigentlich ganz direkte Fragen. Die in den Niederlanden durchgeführten demographischen Untersuchungen besagen, daß im Lauf der nächsten 20 Jahre 600.000 oder mehr Häuser mit der dazugehörigen Infrastruktur gebaut werden müßten. Wir zählten zusammen. Der Bau von 600.000 Häusern und den dazugehörigen Lebensbedingungen würde wirtschaftliche Antriebskräfte im Wert von etwa 120 Milliarden Dollar mobilisieren. Unter Planern, Politikern und großen Teilen der Öffentlichkeit herrschte Verzweiflung, daß die Kräfte des Marktes, wie man damals befürchtete, direkten Einfluß auf die Verwendung dieser Gelder nehmen könnten. Es schien offenkundig, daß die Erschließer sich für das billigste, den höchstmöglichen Profit versprechende Gebiet entscheiden würden. Und dafür böte sich das Grüne Herz an. Das würde bedeuten, das historische grüne Zentrum zu fragmentieren, das für die dichtbesiedelten Städte bisher als »grüne Lunge« gedient hatte, aber von wachsendem Verkehrsaufkommen und steigender Luftverschmutzung belastet wurde. Die historisch gewachsene holländische Lebensform von Deich/Kanal/Farm/Dorf in dieser Gegend würde gefährdet, wenn die in solchen Situationen üblichen, massiven Geldmittel hereinflössen und ebensoviel Profit herausflösse, aus dem Land hinaus in die Kassen für internationale, globale Entwicklung. Das Ergebnis wäre die wild wuchernde Zersiedlung der Landschaft.

Das Ergebnis wäre die wild wuchernde Zersiedlung der Landschaft.

Anfang 1995 erarbeiteten wir eine Installation, eine Kombination aus großformatigen, detaillierten Bildern, Landkarten und Zeichnungen mit Anregungen, Reflexionen, Geschichten, Diaprojektionen und einem Videofilm, mit Formen, die wir »dem Format angepaßte kulturelle Ikone« nennen und die zusammen ein Werk mit dem Titel *Das Grüne Herz Hollands – Eine Vision* ergaben. Die Installation bestand aus zwei jeweils vier Quadratmeter großen Landkarten von Holland, von denen eine spiegelverkehrt wiedergegeben war, und fünf jeweils zwei Quadratmeter großen zeichnerischen Darstellungen, sieben Texten und einer Luftaufnahme von sieben Metern Durchmesser, die auf Kacheln reproduziert und auf den Boden plaziert wurde, damit alle Besucher ihren Wohnort im Verhältnis zu den vorgestellten Konzepten sehen konnten. Auch Video war als Element vertreten: ein achtminütiger, aus der Luft aufgenommener Film zeigte, daß das Grüne Herz noch existierte und kein Hirngespinst war, wie manche behaupteten. Außerdem wurden Lichtbilder vorgeführt von Gegenden, in denen sich die verschiedenen Arten von natürlicher Sukzession, die wir für die Polder prognostizierten, bereits abspielten – noch dazu sehr ansehnlich, wodurch die Behauptung einiger Leute entkräftet war, es wäre ein Schandfleck! Die Landkarten selbst wurden ausführlich bearbeitet.

Die Installation bestand aus zwei jeweils vier Quadratmeter großen Landkarten von Holland.

»Und aus dieser Vorstellung
entsteht ein neues Bild,
bei dem sich das Grüne Herz
in langen miteinander verbundenen
Ansammlungen von
Polder und Farmland und Feuchtwiesen
durch die ganze urbane Landschaft
zu winden scheint,
die gleichzeitig
als Trennung und Grenze
und
als vom Grünen Herzen ausgestreckte Arme fungieren.
In dieser Zukunft
sichern die Städte ihre kulturellen Identitäten
durch den Zugewinn von angrenzenden Parklandschaften
und verbessern so die Qualität des Raumes,
den sie zum Häuserbau brauchen,
indem sie sich durch großflächige Parkgebiete

an das Grüne Herz
und aneinander anschließen
und von der sauberen Luft
und schöneren Aussicht profitieren,
die die weiten offenen Flächen
der Stadtlandschaft bieten können.
Gleichzeitig erscheint in dieser Zukunft
das Grüne Herz als eine Insel
teils von wassergefüllten,
teils von trockeneren Poldern begrenzt, von Torfpoldern
und Lehmpoldern und gemischten Marschlandformen,
die größtenteils
dem Naardemeerbusen nachgebildet sind
und alle von selbst
oder mit etwas Hilfe
nachwachsende Ökoformen entwickeln,
so daß schließlich
ein Ring biologischer Vielfalt, ein Biodiversitätsring entsteht,
der dafür konzipiert ist,
das gesamte Spektrum ökologischer Möglichkeiten
im holländischen Flachland auszudrücken.
Und dadurch gewinnt
das Grüne Herz eine klare Definition,
sowohl auf dem Boden
als auch auf der Landkarte,
und wird
von diesem ein bis zwei Kilometer breiten
und etwa 140 Kilometer Umfang messenden
Biodiversitätsring
umgeben,
einer nie zuvor konzipierten,
ökokulturellen Struktur,
die auch als Luftreinigungssystem
und als Wasserklärsystem
und als Wasserauffangsystem fungiert.
Ein Biodiversitätsring,
der als Übergang

In dieser Zukunft erscheint das Grüne Herz als eine Insel.

zwischen der zunehmend urbanisierten Randstad
und einem klar definierten Grünen Herzen fungiert.

Zugleich klärt sich mit diesem neuen Konzept
das Grüne Herz selbst,
als Dorf-Deich-Kanal-Lebensstruktur,
die vielen gefällt
und durch Wachstum gefährdet ist.
Das Grüne Herz klärt sich
als 80.000 Hektar große Farm,
mit Dörfern und Städten als kleinen Figuren darin
reflektiert es die Geschichte Hollands,
eine Farm, die heute
durch Bevölkerungsdruck
und wirtschaftlichen Druck gefährdet ist
und Wertschätzung und Schutz braucht.

Das Grüne Herz klärt sich
als offener Raum, der die Randstad zentriert
und sie definiert,
so wie die Randstad das Grüne Herz definiert.
Das Bild vervollständigt sich,
alterniert zwischen Form und Fläche,
ein einzigartiges ökokulturelles Merkmal,
das die Randstad
und das Grüne Herz
als globale Stadt
mit einer einzigartigen Topologie kennzeichnet.

Das Bild vervollständigt sich, alterniert zwischen Form und Fläche.

Schließlich
wird in dieser neuen Vision
eine einzige Gestalt vorgeschlagen,
die
die Landform von Holland direkt einbezieht,
die kulturelle Vielfalt
schützt und verstärkt,
und dabei gleichzeitig
eine Steigerung der biologischen Vielfalt zuläßt.«

In der Vision *Grünes Herz* haben alle Grenzen eine klare Existenz und genau festgelegte Verwendung. Zusätzlich sind alle Grenzen untereinander verbunden und bilden eine neue ökosoziale, ökopolitische, ökowirtschaftliche und ökoästhetische Gestalt, die wir zunächst »ein kulturelles Ikon« nannten. Das Ikon machte unmittelbar deutlich, daß es reichlich offene Erschließungsflächen zwischen den Ringstädten der Randstad gab, ohne daß ins Grüne Herz eingegriffen werden mußte. Es brauchte auch nicht in das riesige neue Parksystem eingegriffen zu werden, um die 600.000 für nötig erachteten Häuser zu bauen. Sowohl das Grüne Herz als auch die Randstad werden bildlich und poetisch als ein einziger Ort dargestellt, im wechselwirkenden Form-Boden-Verhältnis, in einer allumfassenden Yin/Yang-Beziehung. In Unterscheidung zu den üblichen Kartierungsverfahren sind die Aspekte Biodiversität und Kultur/Ökonomie hier mit der Struktur verwoben.

Die Fähigkeit zur Arterhaltung im umfassendsten Sinn ist davon abhängig, wie die gemeinsame Entwicklung von kultureller und biologischer Vielfalt vor sich geht. Wenn die Vision vom Grünen Herzen – und die neuen Muster, die ihr Ausdruck verleihen – als eine Art ökokulturelle Stabilitätsdomäne und neuartige dissipative Struktur verstanden wird, dann wird der Biodiversitätsring zusammen mit der Agrarsiedlung im Zentrum und der städtischen Gartenbausiedlung zum verfügbaren Lebensumfeld, aus dem sich eine neue Struktur bilden kann. Das Terrain des Ringes bietet Platz, damit sich die selbstordnenden, selbstnährenden und autarken Kräfte des Lebensnetzes als Folge von typischem, ökosystembezogenem Sukzessionsverhalten entfalten können.

Um das System stabil zu erhalten, müssen drei Hauptaspekte erfüllt sein: automatische Wassersammelpunkte, ein gewisser Schutz vor negativen Umwelteinflüssen aus Stadt und Landwirtschaft und der Respekt der Öffentlichkeit vor den Grenzbedingungen. Deren Rückkoppelung in die kulturelle Domäne sind: unerläßliches und wirtschaftlich wertvolles, sauberes Wasser in großen Mengen, klar definierte Rand- bzw. Grenzbedingungen sowohl für das Grüne Herz als auch für Teile der Städte der Randstad sowie neue Informationen über die ökosystembezogene Renaturierung der diversen Bodenarten. Das letzte, oft vernachlässigte Element ist eine neue Ästhetik, die darauf beruht, die Kontrolle aufzugeben und die zufälligen Anordnungen zu akzeptieren, die eine kontinuierliche Sukzession hervorbringt.

Um das System stabil zu erhalten, müssen drei Hauptaspekte erfüllt sein.

Grüne Netze auswerfen

Das Bild des Drachen

Vor einiger Zeit wurden wir von der Tate Gallery in Liverpool und der Henry-Moore-Stiftung eingeladen, eine Betrachtung Mittelenglands vorzunehmen. Ursprünglich erging die Aufforderung, den gedanklichen und physischen Raum zu umreißen, zu konstruieren oder zu schaffen, in dem sich die Städte Liverpool und Leeds gebietsübergreifend über das Penninische Gebirge hinweg durchschneiden oder verbinden ließen. Aus gewissem Abstand die Landkarte Englands betrachtend und das Terrain durchschreitend, schlugen wir ein Werk vor, das die beiden Mündungstrichter auf beiden Seiten der Insel – des Mersey in Liverpool und des Humber in Hull – in harmonischen Zusammenklang bringen würde.

Aus gewissem Abstand die Landkarte Englands betrachtend ...

Das Wort-Bild-Muster, das sich aus unserem Arbeitsprozeß ergab, trug den Titel: *Ein Grünes Netz auswerfen: Sehen wir da etwa einen grünen Drachen?* In diesem Werk geht es um das, was wir mit folgendem Ausdruck meinen: »Jeder Ort erzählt die Geschichte seiner Entstehung; jeder Ort erschafft in jedem Augenblick seine eigene Geschichte.«

Es entstand ein neues Kunstwerk, gebildet aus Wort/Bild/Erzählung, eine für unsere Herangehensweise typische Interaktion. Es verkörperte einen konzeptionellen Entwurf, das penninenübergreifende Gebiet in Nordengland zusehens autark zu machen, einen Wandlungsprozeß vorzuschlagen, der die Landschaft dieser vorwiegend monokulturellen Landmasse eine gesteigerte biologische Vielfalt entwickeln ließ, ohne daß dabei ihre diversen Subkulturen oder deren Fähigkeit zur Aufrechterhaltung ihrer eigenen ökologischen Integrität beeinträchtigt würden.

Das Bild eines Drachen brachte die Mündungstrichter des Mersey in Liverpool und des Humber in Hull so zur Übereinstimmung, daß die Vielzahl von fragmentierten, tatsächlich oder potentiell biologisch vielfältigen Gebieten von Liverpool bis Hull identifiziert, vergrößert und – wo möglich – miteinander verbunden werden konnten. Es schälte sich ein grünes Netzwerk von Gebieten oder Flächen heraus, die sich über eine Breite von etwa 55 Kilometer und eine Länge von 175 Kilometer über die Mitte des Penninischen Gebirges in Nordengland hinzogen. Das Bild vom »Grünen Netz« untermauerte Ideen über die Entwicklung wirtschaftlicher und kultureller Vielfalt sowie biologischer Verbindungsfähigkeit. In der Figur des »Drachen« waren diese Vielfältigkeiten geschichtet, gegenseitig abhängig und potentiell selbstverstärkend.

Das Gebiet, östlich und westlich durch die beiden Küstenstreifen und ihre Ästuarien begrenzt, war ökologisch also definiert. Die Nord- und Südränder, Überreste der ehemaligen Römerstraßen nördlich von Manchester quer durch York und südlich durch Chester markierten gewisse historische und kulturelle, wenn auch etwas willkürlich gewählte Grenzen. Als diese Grenzlinien gezogen und die beiden Penninen-Parks eingezeichnet wurden, entstand ein erstaunliches Bild vor unseren Augen. Es ließ sich als seltsamer, ungewöhnlich gestalteter, fliegender Drache deuten, mit einem See als Auge. Sein Kopf lag in Hull und zeigte nach Osten. Sein Schwanz war am Mündungstrichter des Mersey leicht gekrümmt, zeigte aber mehr oder weniger direkt in Richtung Westen auf die Irische See und den Atlantik. Die Penninen-Parks erschienen als Flügel. Die Erscheinung des Drachen eröffnete ein neues Muster, das zusehens überzeugender wirkte, je mehr sich durch die Erzählung die Ikonreihe Bild für Bild entfaltete.

Der Kopf des Drachen lag in Hull und zeigte nach Osten.

Diese Ideen wurden auf fünf Landkarten vorgestellt, von denen jede etwa dreieinhalb auf fünfeinhalb Meter groß war. Ursprünglich amtliche topographische Karten oder Generalstabskarten von Nordengland waren so bearbeitet worden, daß die Straßen in den Hintergrund traten und Flüsse, Berge, Naturreservate und urbane Muster akzentuiert wurden. Das auf den Karten dargestellte Areal beherbergte etwa neun Millionen Menschen, die in den Städten, Kleinstädten, Dörfern und Weilern und auf den ungefähr 1.450 Quadratkilometern Farmland wohnten. Der über die Landkarte fliegende Drache kann auch als Metapher für eine neu eingezeichnete Route für Handel und wirtschaftliche Erschließung durch die Europäische Union zwischen Limerick und Sankt Petersburg gesehen werden.

Jede Karte wurde so umgewandelt, daß sie eine Informationsschicht trägt, die sich in einer Sammlung von poetischen Erzählungen ausdrückt. Diese deuten den Körper des Drachen teils als Ökonetz, teils als große grüne Farm, die in der Lage ist, mit herkömmlichen landwirtschaftlichen Großbetrieben zu konkurrieren. Der Drache spiegelt ein neues, öko-urbanes Konzept wider, in dem die spezifische Identität des Ortes und die Integrität der Penninen geschätzt und bewahrt wird. Im Rahmen dieser Vision ergeben sich durch die Förderung der Erschließung auch noch zahlreiche, harmonisch ablaufende wirtschaftliche Vorteile.

Der Prozeß des Neukartierens diente dazu, einen Pfad hin zu einer entstehenden neuen Geschichte auszuweisen.

Dieser Prozeß des Neukartierens diente dazu, einen Pfad hin zu einer entstehenden neuen Geschichte auszuweisen, die den übergreifenden kulturellen und ökologischen Geist des Ortes auszudrücken vermochte. Auf diese Weise bildete sich eine neue, vielschichtige, die Kultur im weitesten Sinn umfassende Gestalt, mit den urbanen, landwirtschaftlichen, ökonomischen, sozialen, geographischen und natürlich ökologischen Werten, die miteinander verflochten eine Drachengestalt schufen, also ein mit dem Potential für Stabilität gesättigtes Ikon.

Die Große Grüne Farm

»Aus etwas Abstand die Landkarte betrachtend,
die der Domäne des Drachens Ausdruck verlieh,
markierten wir alles: Ackerland und Weideland
und kamen auf 1.450 Quadratkilometer urbares Land,
sahen die verschiedenen Terrains
und die unterschiedlichen Felderbewirtschaftungen.
Dachten daran, wie all diese anorganischen Düngemittel
das Pflanzenwachstum verstärkten
und dabei den Mutterboden zerstörten.
Wußten, daß eine langfristige positive Feedbackschleife
eingeführt worden war
und funktionierte.
Ich sagte:
›Und wenn wir es nun zunächst als eine einzige Farm sähen,
in der alle Farmer
ungeachtet der Unterschiede in Kultur,
Denkstrukturen,
wirtschaftlichen Ebenen
oder der Größe ihres Terrains
übereinkämen,
daß die zunehmende Verbesserung ihres Mutterbodens
bei zunehmender Verminderung ihrer Abhängigkeit
von petrochemischen Zugaben
langfristig

der fundamentale Pfad hin zur Nachhaltigkeit wäre?‹
Und so
beschlossen wir zunächst
darüber nachzudenken,
wie man auf etwa 1.450 Quadratkilometer bebauter Felder,
was aufgerundet ungefähr 233.000 Hektar ausmacht,
den Mutterboden aufwerten könnte.
Nun
scheint es so, daß alle Farmer, mit denen wir sprachen,
ob es die paar Biobauern
oder die vielen von Agrochemie abhängigen
oder die im kleinen Rahmen Hackbau betreibenden
oder Biobauern mit bis zu 800 Hektar Ackerland waren,
sich der Folgen der Nichtbeachtung dieser Themen sehr
bewußt waren .
Wir befaßten uns mit den Eigenschaften und der Qualität
ihres Mutterbodens: Seiner Gesundheit, seiner Krümeligkeit,
seiner Fähigkeit, Feuchtigkeit zu speichern,
und seinem organischen Gehalt, also seinem Humusgehalt.
Wenn zum Beispiel
etwa 9.000.000 Menschen in der Domäne des Drachen leben,
ob in den Städten, Kleinstädten, Dörfern, Weilern,
die sich von Liverpool im Westen
bis Hull im Osten
über die Penninen erstrecken,
und diese insgesamt 9.000.000 Menschen
jährlich pro Person etwa 1.000 Pfund Hausmüll produzieren,
wovon zwei Drittel kompostierbar sind,
dann haben wir es mit
insgesamt jährlich
2.970.000 Tonnen kompostierbarer organischer Abfallstoffe
zu tun,
abgesehen von Dung und Klärschlamm,
die, wenn man von etwa 40 Prozent Volumenverlust
während des Kompostierens ausgeht,
Rückstände von etwa 16 Tonnen pro Hektar hinterlassen,
die über eine dreijährige Fruchtfolge

Wir befaßten uns mit den Eigenschaften und der Qualität des Mutterbodens.

auf die 233.000 Hektar Ackerland ausgebracht werden.
Und wenn mit Industrieabfall verantwortlich umgegangen würde,
bevor er mit häuslichem Abwasser vermischt wird,
dann hätten wir es mit etwa 20 Tonnen pro Hektar zu tun.
Was wäre der Wert eines solchen Ausstoßes
für die Nahrungsmittelproduktion?
Um das zu erfahren,
fragten wir unseren von Agrochemie abhängigen Bauern,
was es bedeuten würde, wenn er in einem Dreijahreszyklus
cirka 20 Tonnen humushaltigen Komposts
auf seine Felder verstreuen würde.
Und er antwortete,
angenommen, der Humus sei frei von Krankheiten und nicht säurehaltig
und enthalte keine Schwermetalle über die zulässigen Grenzen hinaus,
und angenommen, es existierte ein Verteilungssystem,
das sich, wie er meinte, leicht aufbauen ließe,
dann könnte er je nach Bebauung
seinen Einsatz von Phosphaten und Pottasche
vollständig eliminieren
und die Stickstoffgaben um 60 – 80 Prozent reduzieren, und
dann wäre der finanzielle Wert für ihn beträchtlich
mit dem zusätzlichen Bonus verbesserter Bodenlockerheit,
der Wasserspeicherungsfähigkeit des Bodens
und der vermutlichen Qualitätssteigerung der angebauten Nahrungsmittel.
Der Prozeß, die Abfallmenge zu kultivieren und zu recyclen,
mit unseren Abfallmengen so umzugehen,
wie die Natur mit ihrem Abfall umgeht,
ist nicht so furchtbar schwierig.
Verfahren in der erforderlichen Größenordnung werden von Autoindustrie, Energieindustrien, Telefongesellschaften und den meisten größeren internationalen Konzernen betrieben.
Es ist sicher selten, daß eine einzelne Aktivität,

Mit unseren Abfallmengen so umzugehen, wie die Natur tut, ist nicht so furchtbar schwierg.

wie das Sammeln und Wiederverwerten von organischen Abfällen,
solche Auswirkungen haben kann,
eine Konsequenz, die dazu führen könnte, daß
sich ein 1.450 Quadratkilometer großes Anbaugebiet
zum Grünen bewegt,
wodurch andere Bereiche der Kommunen
ökonomisch und intelligent profitieren,
indem die Zahl der Mülldeponien um 60 – 70 Prozent reduziert wird,
indem die Abwassereinleitung ins Meer um 100 Prozent reduziert wird
und organisches Obst und Gemüse angebaut wird
und neue Nahrungsmittelindustrien entstehen.
Es gibt heute Technologien,
die aus Abfall Humus produzieren können,
und die unterstützenden Strukturen gibt es ebenfalls.

Deshalb schlagen wir eine große grüne Farm vor.

Deshalb schlagen wir eine große grüne Farm vor,
mit dem Ziel der Nachhaltigkeit,
durch Verbesserung der Gesundheit des lebenden Mutterbodens,
des Erdreichs,
dem alles Wachsende entspringt
und der sich verhält,
wie die Natur sich über Jahrtausende hin verhalten hat.
Ich sagte:
›Wenn nicht hier,
dann anderswo.‹
Du sagtest:
›Und wenn hier,
dann wird man anderswo wissen, wie man vorgehen soll.‹

Der öko-urbane Rand,
wo Marktkräfte im ökokulturellen Kontext neu gerahmt werden.
Zum Beispiel, stell dir eine neue Form der Verteilung von Menschen,

Geld und Ressourcen vor,
wo
die Erschließung mit der Schaffung von
biologisch vielfältigem Lebensraum einhergeht,
so daß nicht eines sich das andere unterordnet,
wie es heute der Fall ist.
Stell dir vor, daß diese Entwicklung sich so über das ganze Land erstreckt,
daß keine Anbaufläche und kein grünes Netz unterbrochen oder in eine Insel verwandelt wird.
Zum Beispiel, stell dir vor, daß jeder Rand
all der neugebauten Häusersiedlungen
ein Wildnisrand, ein Biodiversitätsrand ist,
die nach dem Prinzip funktionieren,
daß urbane bewachsene Randstreifen sich
genauso verhalten wie der Randstreifenbewuchs auf dem Land.
Dann würde der über die nächsten 20 Jahre geplante Bau von 450 Häusern,
ein enormer wirtschaftlicher Motor von
67 Milliarden Pfund mit den dazugehörigen Jobs
und Industriebetrieben, die dieses Vorhaben mit sich brächte,
sich verstärkt rückkoppeln,
sich je nach Bedarf in die zahllosen Unternehmen der lokalen Kommunen rückkoppeln,
statt in die wenigen internationalen Baufirmen zu fließen,
die im großen Maßstab arbeiten.
So könnten Arbeit, Gewinn, Wohlergehen und kulturelle Vielfalt
gewahrt und vielleicht sogar gesteigert werden,
während die Abfallagerung die bestehenden Grüngürtel respektierte
und eine neue verbindende Schicht
das grüne Netz stärken würde.«

Drachen sind groß und furchterregend.

Im Bild des Drachen klingen verschiedene Assoziationen an. Drachen sind groß und furchterregend. Sie können Macht repräsentieren. Sie können Reichtum repräsentieren. Sie bewachen oft große Schätze und sind selbstgenügsam. Sie sind der Erde verbunden, denn sie hausen in Bergen, auf oder in oder unter ihnen. Sie werden steinalt und können altersweise und klug werden. In fast jeder Zivilisation, ob im Osten oder im Westen, waren Drachen der Gegenstand von Mythen und Legenden.

Obwohl Drachen gefährlich, schrecklich und furchterregend sein können, waren sie auch das Symbol von Königen und Königreichen. Da gibt es den roten Drachen als Wahrzeichen von Wales, und seit der Tudor-Zeit ist der goldene oder schwarze Drache das Wahrzeichen des englischen Königshauses. Und da die Ankunft der Tudors das Ende des Rosenkrieges markiert, sehen wir einen neuen Drachen mit einer Botschaft – ein Symbol für die wachsende Stärke und Kraft dieser seltsam definierten Region.

Seit der Tudor-Zeit ist der goldene oder schwarze Drache das Wahrzeichen des englischen Königshauses.

Wirkt dieses merkwürdige Wesen, ein Drache, in einer ganz eigenen Kategorie als geistiges Geschöpf seiner Planer, nämlich von uns selbst? Kann er aus der systembezogenen oder netzwerkbildenden Perspektive als ökologische Feedbackschleife gesehen werden, ins Leben gerufen von zwei kulturellen Organisationen? Der Drache braucht, um existieren zu können, in seinem Organisationsmuster den ständigen Zufluß menschlicher (kultureller) Kreativität und den ständigen Durchfluß sich gegenseitig durchdringenden Biomaterials. Deshalb muß sich der Drache ständig schaffen und neu schaffen. Nur dann kann er von den ikonischen Oberflächen wegfliegen und ein Eigenleben entwickeln, um sein physisches Fortbestehen sicherzustellen und mit der Zeit Komplexität und damit Stabilität zu gewinnen.

Kann der Drache gewisse Bewußtseinsmerkmale haben, um sich mittels eines ständigen Diskurses über sein eigenes Wohl immer wieder neu zu schaffen? Und währenddessen komplexere Strukturen zur Selbsterneuerung aufbauen, ähnlich der Feedbackschleifen einer Zelle, also eine Funktion aller Biosysteme? Das Recyclen seines Abfallstroms zur Verbesserung des Mutterbodens in der Nahrungsproduktion und der durch kulturellen Entschluß herbeigeführte Aufbau eines grünen Netzes deuten in jedem Fall darauf hin.

So hat der Drache das Potential, fortlaufend Strukturen in Einklang zu bringen und wieder aufzulösen. Er vermeidet Abfallstoffe, indem er sie als Nahrung im Landbau einsetzt, was an sich schon wieder ein System zur Nahrungsproduktion darstellt. Er speist in den Abfallstrom zurück, der wiederum in den Mutterboden zurückspeist, der dafür verbesserte Nahrungsmittel für die Kulturen schafft, die innerhalb und außerhalb der Domäne des Drachens leben. Er schafft Teile von sich in kontinuierlichem Kreislauf immer wieder neu, so daß sich die Effektivität der Verwertung seines Abfalls mit der Zeit sogar steigern kann. Ist der Drache – ganz ähnlich wie eine Zelle oder irgendeine komplexe Lebensform – von ausreichender Größe, um seine Grenzen oder Randbedingungen für das, was ihm zuträglich ist, durchlässiger zu machen, weniger durchlässig jedoch für das, was für sein allgemeines Wohl Gift wäre?

Zeichnet sich die Domäne des Drachen durch bestimmte Eigenschaften von Biostrukturen aus, besonders in bezug auf ihre Stoffwechselprozesse? Steht z.B. das Konzept vom öko-urbanen Rand als Grundlage für Erneuerung, Erhaltung und manchmal Verstärkung sowohl kultureller als auch biologischer Vielfalt in metaphorischer Beziehung zu der Art, in der Stoffwechselprozesse funktionieren?

Können wir den Drachen im ökokulturellen Zusammenhang als Gabelungspunkt verstehen? Können wir ihn als eine ganz eigene Art von neu entstehendem Anziehungspunkt verstehen? Kann er als Organisationsmuster verstanden werden, gebildet als neue dissipative Struktur, deren Prozesse als kollektives Einvernehmen zwischen einer Vielzahl von Gleichgesinnten ablaufen, so daß das Organisationsmuster stabil bleibt, so lange dieses Einvernehmen besteht?

Diese Fragen lassen sich zu einer einzigen Frage zusammenfassen. Kann der Drache im Zustand der kreativen Unsicherheit agieren, da Unsicherheit ja in der Natur der Dinge liegt?

Ikone, Netzwerke, Feedbackschleifen

Es geht uns um eine Methode, ein Text-Bild-Ensemble zu schaffen.

Mit unseren neuesten Arbeiten erforschen wir also das, was wir als »ökokulturelle Ikone« bezeichnen (stilisierte Abbildungen der Umwelt, die dieser aber immer ähnlich sind). Dahinter steht die Absicht, einen Wandel im großen Maßstab anzustoßen, den wir als Künstler für dringend erforderlich und im öffentlichen Interesse liegend halten, natürlich immer so gut, wie wir es momentan definieren können. Es geht uns um eine Methode, ein Text-Bild-Ensemble zu schaffen und zugänglich zu machen, wobei in einem sehr kurzen Zeitraum äußerst komplexe, vielschichtige und sich gegenseitig bedingende Fragen begriffen und bedacht, erfühlt und beantwortet werden können. Wir schätzen uns sehr glücklich, daß wir als Künstler die Freiheit haben, unsere eigene Agenda aufzustellen, und noch glücklicher, daß wir von anderen dazu eingeladen werden.

Frühe Ikone bzw. »Ikonen«, von den prähistorischen Fruchtbarkeitsstatuetten bis zu den religiösen Darstellungen der Renaissance, waren mit Informationen gesättigt, zum Verständnis aber von einem bereits im Gedächtnis der Menschen vorhandenen Text oder einer Erzählung abhängig. Das Ikon, die »Ikone«, wurde durch die jeweiligen Unterschiede in Erzählung oder Erzählschichten gelesen, die der Betrachter mitbrachte. Dabei waren Geschichte und Bild aber immer miteinander assoziiert.

Wir werden nie erfahren, welche Bedeutung die Venus von Willendorf für die spezifischen Denkstrukturen des Umfelds hatte, aus dem heraus sie geschaffen wurde. Sicher ist die nächstliegende Antwort – Fruchtbarkeit – nur der Anfang der Geschichte. Oder der heilige Franziskus, der vor etwa 700 Jahren lebte: Die »Ikone« des St. Franziskus ist, wenn auch jetzt aus einer anderen gedanklichen Perspektive heraus betrachtet, weitaus leichter zugänglich, da die meisten den biblischen Text kennen, der mit seinem Leben in Verbindung gebracht wird. Die Buddha-»Ikone« übermittelt für Hunderte von Millionen Gläubige immer noch einen auch in unserer Zeit verständlichen Text, obwohl der Buddha vor weit über 2.000 Jahren lebte. Jede dieser »Ikonen« verkörpert ein vielschichtiges System von ethischen Überzeugungen, die eine Weltsicht ausdrücken, nach der man sein Leben ausrichten kann. Beide werden in Texten und Informationen auseinandergesetzt, die in zeitgenössische religiöse Praktiken eingebettet sind und daher heute aktuell und folglich bedeutungsvoll sind. Obwohl der Text selbst von einer Generation zur anderen neu interpretiert werden mag, ist es nicht nötig oder vielleicht nicht einmal möglich, seine volle Bedeutung zu erfassen, um das zu verstehen, was wir als den Sinn der Botschaft begreifen.

Als Künstler schaffen auch wir Texte und Ikone. Allerdings handelt es sich dabei um auslösende Ikone ohne bereits existierende, vorgeschriebene Erzählung in der Kultur, auf die sie sich beziehen. Von den Problemen, auf die sie sich beziehen, und den Fragen, die sie aufwerfen, haben viele zwar keinen originären Bezug zu uns,

Als Künstler schaffen auch wir Texte und Ikone.

wohl aber die Vision, in die sie eingebettet sind. Wir bieten als Künstler deshalb Text und Geschichte in poetischer Form an, damit die Oszillation von Wort/Bild oder besser von Text/Bild ihre Wirkung entfalten kann. Wir kombinieren diese älteste Kulturform mit ihrer vielleicht 40.000jährigen Geschichte mit einigen der neuesten Formen des Denkens, die wir kennen. Die Präsenz von Ikon und Text spiegelt Muster wider, die aus chaotischen Situationen heraus entstehen, nachdem die Grenzbedingungen festgelegt sind.

Unsere Arbeit mit Ikonen reflektiert unseren eigenen Werdegang, in dem es um Suchen, Forschen und Entdecken geht, um Begeisterung und Freude, gepaart mit einem starken Interesse an Komplexität, Schichtung und Vernetzung. Es ist ein Gedankenspiel.

Das Herausarbeiten von Stabilitätsdomänen

Das Verfahren nennen wir »das Herausarbeiten von Stabilitätsdomänen«.

Das Verfahren, das wir für Gebiete erdacht haben, in die wir eingeladen werden, um uns mit ihnen auseinanderzusetzen, nennen wir »das Herausarbeiten von Stabilitätsdomänen«. Diese stellen wir uns als herausragende Gestalt in der Kulturlandschaft vor. Die Ikone sind Darstellungen der ursprünglichen Elemente, von denen wir annehmen, daß sie autarke, selbstregenerierende und selbsterweiternde Feedbackschleifen werden. Mit der Zeit und aufgrund von kulturellem Konsens sind sie in der Lage, sich zu verästeln und zu gabeln. Dabei nehmen sie an einem oder mehreren selbstgenerierenden Prozessen teil, wie sie unseres Wissens biokulturelle Entitäten oft teilen, denen am Wohl alles in ihnen Lebenden gelegen ist.

Das sind die Bedingungen, die gegeben sein müssen, um eindeutige Stabilitätsdomänen herausarbeiten zu können:

1. Eine Stabilitätsdomäne entwickelt sich nur dann, wenn sich ausreichend Ressourcen identifizieren lassen, um einer kollektiv wahrgenommenen Umweltkrise begegnen zu können. Eine solche Formation kann neue Ressourcen schaffen oder unerkannte Ressourcen sichtbar machen.
2. Eine Stabilitätsdomäne entwickelt sich nur dann, wenn die beteiligte Kultur oder die – auch unterschiedlichen – Kulturen im großen und ganzen darin übereinstimmen, daß das wirt-

schaftliche, ökologische oder kulturelle Wohl gefährdet ist, und wenn klar ist, daß etwas getan werden muß.

3. Eine Stabilitätsdomäne entwickelt sich nur dann, wenn in einer kohärenten, einfach formulierten Vision dargelegt wird, worin sie besteht, was sie sein muß und was die Konsequenzen sind, wenn sie nicht eintritt. Die Vision selbst muß folgende Merkmale erfüllen:
   a) Sie muß aus kulturell glaubhaften Quellen kommen und von ihnen gespeist werden.
   b) Die in der Vision ausgedrückten Werte müssen auf vielen Ebenen als vorteilhaft wahrgenommen werden und die erkannten Nachteile zu bewältigen sein.
   c) Sie muß frei von Eigeninteresse sein, dem prüfenden Blick und Kommentar der Öffentlichkeit standhalten und innerhalb ihrer Struktur veränderbar sein.
   d) Sie kann nicht ausschließlich aus dem internen Funktionieren der Kultur selbst erwachsen.
   e) Sie muß Fragen in deren Größenordnung ansprechen, und der vorgeschlagene Wandel muß nach Wunsch für alle sichtbar (d.h. erkennbar) sein.
   f) Das Format muß groß genug sein und ausreichend Freiraum bieten, um Ambiguität, Belastung und Dissonanz aufzufangen, ohne das ordnende Muster zu negieren.
   g) Sie muß die Kreativität oder die neue Erfindung sichtbar machen.
   h) Sie darf nur minimal kritisch sein und muß mit bereits existierenden Strukturen zusammenarbeiten.
   i) Sie braucht anfänglich eine Präsentation neutraler Art bzw. eine neutrale Ausstellungssituation, damit in ausreichend Raum und Zeit eine nichtlineare Erfahrung der ikonischen Reihe stattfinden kann, mit linearer Textlesung als zweiter Reaktion.
   j) Die Präsentationsform als ikonische Reihe muß so gestaltet sein, daß sich äußerst komplexe Themen rasch verstehen lassen. Dies erlaubt in einem kurzen Zeitraum die Bildung einer auf die »Dringlichkeit des Augenblicks« eingestimmten Interessengemeinschaft.
4. Eine Stabilitätsdomäne wird *nicht* entstehen aus den nächstliegenden Lösungen heraus, die mittels einer einzigen Methode oder Perspektive gefunden werden. Ein erster Blick zeigt, daß für

Eine Stabilitätsdomäne entsteht nicht aus den nächstliegenden Lösungen heraus.

die Bildung eines angewandten Stabilitätsmusters folgende Elemente in einem einzigen Bild oder einer Folge von Bildern zusammentreffen müssen, die wir Nachhaltigkeitsikone genannt haben und die eine neue Wahrnehmung des Ortes als Stabilitätsdomäne ermöglichen:

a) Die Bilder müssen ikonischer Natur sein und die Grenzbedingungen des gesamten Diskurses reflektieren, und dabei gleichzeitig den Diskurs der Mit-Ikone wiedergeben, aus denen sich das Ganze zusammensetzt.
b) Jedes Nachhaltigkeitsikon betreibt, während es sein individuelles Thema ausdrückt, ein oder mehrere andere Ikone seiner Art oder ist in sie eingefügt.
c) Jedes Nachhaltigkeitsikon muß eine strukturelle Flexibilität aufweisen, damit es sich bei der Umsetzung oder in Beziehung zu anderen Systemen, in die es eingefügt ist, bewegen kann, vorausgesetzt, daß das Muster seine Stabilität bewahrt.
d) Jedes Nachhaltigkeitsikon ist in seiner eigenen Funktion und in seinem Verhältnis zu anderen seiner Art komplex.
e) Jedes Nachhaltigkeitsikon muß infrastrukturelles Wachstum, Konstanz und/oder Schrumpfen zulassen.
f) Ein Nachhaltigkeitsikon muß wirtschaftliche Themen direkt ansprechen.
g) Ein Nachhaltigkeitsikon muß die Neufestlegung oder Bewahrung ökosystembezogener Werte zulassen, die auf die Herstellung von sauberer Luft, sauberem Wasser und gesundem Erdreich für alle abgestimmt sind.
h) Ein Nachhaltigkeitsikon trägt in sich die Fähigkeit, kulturelle und subkulturelle Entitäten innerhalb des Ganzen zu bewahren.
i) Ein Nachhaltigkeitsikon bringt zwangsläufig die Sensibilität für Bestätigung, Fürsorge und Pflege mit sich.

Ein Nachhaltigkeitsikon bringt zwangsläufig die Sensibilität für Bestätigung, Fürsorge und Pflege mit sich.

Halbinsel Europa

Präambel

Wir betrachten die Halbinsel Europa als potentielles Gebilde. Wir sehen sie als etwas, das entstehen will und doch in einem Zustand des Ungleichgewichts verharrt, da der von unerbittlichem Eigeninteresse angetriebene Markt die Interessen der Gemeinschaft destabilisiert. Diese Interessen würden – wenn man sie gewähren ließe – dafür sorgen, daß sich die Halbinsel Europa in eine – wie wir es nennen – Stabilitätsdomäne verwandelt.

Wir betrachten die Halbinsel Europa als potentielles Gebilde.

Zusammen mit vielen anderen sind wir der Meinung, daß sich sowohl die kulturellen Formen, nämlich durch die ständig aus dem Diskurs fließende Umwandlung, als auch die Formen in der Natur, nämlich durch die Prozesse von Sein und Werden, zwingend in einem fortwährenden Prozeß der Veränderung befinden. Trotz des Fließens, der Nichtfestgelegtheit und der fortlaufenden Veränderung behalten beide – die kulturellen Systeme und die Ökosysteme – einzeln oder im Zusammenwirken ihre Stabilität und ihre Weiterexistenz dadurch, daß sie sich aus ihrer Umwelt das holen, was ihnen für ihre Aufrechterhaltung notwendig erscheint. Wer jedoch nimmt, kann nicht umhin, auch zurückzugeben: Alles, was nicht benutzt wird, also der Abfall, wird wieder in die Umwelt zurückgeleitet. Dort kann der Abfall recycled und weiterverwendet werden. Ökosysteme tun dies gut und hinterlassen wenig oder keine Rückstände. Die meisten kulturellen Systeme tun dies schlecht, weil sie das natürliche Gleichgewicht in ihrer Umgebung ausbeuten oder anderweitig zerstören. Und in jüngster Zeit beschleunigen sie dieses Ungleichgewicht sogar noch, indem sie Abfallstoffe produzieren, die giftig und nicht durch natürliche Abläufe recycelbar sind. Die gleichzeitigen Entwicklungsprozesse von Kultur und Natur bewegen sich daher hier und jetzt unaufhaltsam auf einen immer ungesünderen, potentiell gegenseitig zerstörerischen Zustand des Ungleichgewichts zu.

Diese Geschichte wird durch die Chance des Augenblicks von den Menschen neu geformt. Sie verästelt sich, verändert sich, bestätigt sich durch ständiges Wieder- und Neuerzählen. In einem oft unausgesprochenen Konsens der Überzeugungen darüber, was richtig oder was falsch ist, was wünschenswert ist und was nicht, erscheint die Geschichte immer wieder neu. Wir glauben daher, daß das Mittel der Sprache, selbständig sich verändernd, unendlich vielfältig und selbstkomplizierend, einen Prozeß der Erzeugung und der Selbsterzeugung darstellt. Wir sehen Sprache als Medium oder Diskurskontinuum, das die Kreativität und Improvisation fördert, mit denen Kulturen sich selbst und ihre natürlichen Lebensräume schaffen. Sich gruppieren und immer wieder neu gruppieren, regenerieren, benutzen, aufgeben – alles Prozesse, die ursprünglich auf Sprache basieren, sind die Prozesse, die unsere Kulturlandschaft seit jeher hervorgebracht haben.

Auf unendlich komplexere Weise nimmt auch die gesamte Biosphäre Teil an einem sich gegenseitig verstärkenden Feedback-Ensemble, in dem zwischen allen Kulturen und allen kulturellen Erfindungen vermittelt wird. Doch nun sehen wir, zusammen mit vielen anderen, wie sich neue Muster entwickeln, die für das Wohl des Ganzen höchst gefährlich erscheinen und dringend der Neugestaltung aus ökologischer, bzw. biokultureller Sicht bedürfen.

Diese neuen kulturellen Muster, auf die wir uns hier beziehen, sind Bestandteil des sogenannten globalen Marktes. Sogar da, wo – wie gegenwärtig im früheren Jugoslawien – ideologisch bedingte Gewalt die normale Marktaktivität stört und unterbricht, bleiben die Kräfte des Marktes intakt, nur daß sie sich kurzerhand zugunsten der Rüstungsindustrie verschieben. Diese Phänomene haben eines gemeinsam: Sie kennen keine Grenzen, sie widerstehen den Wachstumsgrenzen durch ständige Kreativität und Improvisation, sie sind unablässig selbsterhaltend, selbstnährend und selbstwachsend. Es ist das ureigene Merkmal von ungebremstem Eigeninteresse, sich so zu verhalten. Auch die ersten Stufen eines auf Sukzession basierenden Ökosystems verhalten sich so. Reife Ökosysteme hingegen neigen gewöhnlich dazu, diesen Prozeß umzukehren. Der globale Markt ist – von einigen wichtigen Ausnahmen abgesehen – im Gegensatz zu natürlichen Systemen gegenwärtig nicht darauf angelegt, in der Biosphäre eine Nische ausfindig zu machen, in der seine Abläufe und Formen Grenzen akzeptieren und dadurch unschädlich oder auch erhaltend werden, während seine Abfallstoffe zu Nahrung für andere Lebensformen werden. Der freie Weltmarkt ist demnach alles andere als frei, da er die Kosten für das Ganze nicht in Betracht zieht, die dadurch entstehen, daß seine Prozesse die kreativen Potentiale sowohl der kulturellen als auch der biologischen Vielfalt mindern.

Der freie Weltmarkt ist alles andere als frei.

Beim Nachdenken über die transeuropäischen Kulturen stellen

wir eine allgemeine Ausbreitung globaler Modelle fest: für die Schaffung und Manipulation von Reichtum, für das Aufgeben, Überwachen und Einschränken von Sprachvorgängen und für die Reduzierung der Vielfalt in der Kommunikationsindustrie sowie in lokalen, nationalen und internationalen Planungsabläufen. Lassen sich diese auch so verändern, daß sich die Replikationsmuster in unseren Kulturen zu Prozessen entwickeln, die von Ort zu Ort Vielfalt schaffen?

Die Wirkung, die diese zunehmende Gleichförmigkeit – von den Architekturstilen über die Medienstile bis zu den Anbausorten – auf die kulturelle Vielfalt im allgemeinen und auf die transeuropäischen Kulturen im besonderen hat, läuft auf eine Zunahme von Monokultur hinaus. Uns drängte sich dabei das Vorbild der Bakterienkulturen ins Blickfeld, die weltweit Muster, Prozesse und Formen produzieren, während sie je nach Ort eine spontane Vielfalt bilden, die die Arterhaltung als Wert ins Ganze zurückspeist. Bakterien, die ältesten, am weitesten verbreiteten und erfolgreichsten aller Biokulturen, agieren immer noch in einem selbstentworfenen Muster, wobei trotz der Gleichförmigkeit dieses Musters als Ergebnis der Interaktion mit der Umwelt rasch, lautlos und wirkungsvoll Vielfalt erzeugt wird. Wenn man Kultur durch diese Linse betrachtet, bieten sich auf einmal ganz neue Perspektiven. Wie gelingt den Bakterien das? Können wir ihrem Beispiel folgen?

Bakterien sind die ältesten, am weitesten verbreiteten und erfolgreichsten aller Biokulturen.

Die Antwort liegt – wie jeder Biologiestudent weiß – auf der Hand. Bakterien bilden Vielfalt als Überlebensreaktion, abgestimmt auf den jeweiligen Ort, indem sie mit der Umwelt in Wechselwirkung stehen und auf sie reagieren. Auf diese Weise verleihen sie sowohl dem Ganzen als auch dem jeweiligen Ort Vitalität, Stabilität und Kontinuität. Sie tun dies auf unendlich vielfältige Weise, angefangen von ihrer stabilisierenden Rolle in Planktongemeinschaften in der Meeresökologie bis zu ihrer symbiotischen Beteiligung an den Verdauungsprozessen von der Termite bis zum Menschen. Ihre Aktivitäten beleben den Waldboden und bieten der darunter liegenden Erdmatte Stabilität.

Von welcher Schlichtheit dies alles doch ist! Indem sie dafür sorgen, daß eine Reihe von komplexen Molekülen in einfachere, leichter verdauliche Komponenten zerfallen, bewirken die Bakterien ausgefeilte und komplexe Ergebnisse. Durch Abspaltung des Wassermoleküls zur Speisung des Wasserstoffatoms haben Bakterien das ausgeklügelte und komplexe Phänomen der Erdatmosphäre

Die symbiotische Beziehung der Bakterien zu allen anderen Lebensformen ist die Grundlage des Lebens.

geschaffen. Die symbiotische Beziehung der Bakterien zu allen anderen Lebensformen ist die Grundlage des Lebens, wie wir es kennen. Einige dieser ältesten Kulturen haben schließlich Formen gebildet, um die heutigen Abfälle und Abwässer zu entgiften.

Dieses Konzept der einfachen Mittel versuchen wir nun auf die Kultur anzuwenden, die wir jetzt und heute schaffen. Dieses Konzept der gemeinsamen Kreativität bedeutet, in Wechselwirkung mit dem und als Reaktion auf den *genius loci* zu agieren, den Schutzgeist des Ortes, den wir erschaffen. Können diese Erkenntnisse und Intuitionen dabei helfen, die Entstehungsprozesse wenig sinnvoller Industrien der Gleichförmigkeit zu verändern? Was für die Prozesse der industriellen Massenproduktion sinnvoll sein mag, muß schließlich nicht unbedingt auch für die Planungsprozesse sinnvoll sein. Wie lassen sich diese Erkenntnisse auf das Ziel anwenden, die Sprachenvielfalt zu erhalten, in die die Kultur eingebettet ist? Können sie dabei helfen, die künstlerische Vielfalt in den lokalen, nationalen und internationalen Planungsprozessen zu fördern? Wie lassen sich diese Replikationsmuster in unseren Kulturen so umformen, daß sie auch zu Vielfalt schaffenden Prozessen werden?

Wir sehen die Atempause, den Augenblick der Selbstreflexion oder der kollektiven Reflexion vor dem Handeln als jenen Augenblick – wie lang oder wie kurz er auch sein mag, wie viele sich an ihm auch beteiligen mögen –, der den Unterschied zwischen unserer Gemeinschaft und der von Bakterien ausmacht. Trotzdem glauben wir, daß »das Gespräch« – gleich in welcher Sprache, ob nun chemisch oder verbal – und dessen Ergebnis die Grundlage für alle Entscheidungen darstellt. Die diversen Handlungsformen, zu denen es führt, setzen sich immer wieder neu zusammen und bilden die Kulturlandschaft. Und dieser Prozeß ist die Entstehungsgeschichte unseres Jetzt und Heute.

»Und aus unserer Wahrnehmung unseres Jetzt und Heute
haben ihre Geschichte,
ihr Lied,
ihr Panorama,
ihre dramatischen Eigenschaften,
ihre Improvisation und Kreativität,
monotone Züge angenommen,
weil Gleichförmigkeit wieder Gleichförmigkeit erzeugt.«

In dieser Atempause, in diesem Augenblick der Reflexion kann das Gespräch dann, wie es das so oft auch tut, in eine andere Richtung driften. Die andere Richtung, für die wir hier plädieren, oder der andere Gedankenhorizont, den wir hier anregen, öffnet sich mit der schlichten Frage, wie die Bakterienkulturen ihre Welt, die ja unsere Welt ist, erschaffen haben. Welche Möglichkeiten bestehen eigentlich im Jetzt und Heute, damit sich Gleichförmigkeit und Vielfalt gemeinsam zum gegenseitigen Vorteil entwickeln können?

Für die Halbinsel Europa schlagen wir eine neue Form vor – eine Stabilitätsdomäne. Diese ließe sich auf den Prinzipien aufbauen, die wir in unseren Werken bereits zum Ausdruck gebracht haben. Sie regen auf unterschiedliche Weise, manchmal nur implizit, neue Formen des Nachdenkens an – über Nischen in der Biosphäre, in denen kulturelle Prozesse und Formen nach und nach nährende Eigenschaften annehmen und Abfallstoffe entweder unschädlich gemacht oder aber in Nahrung für andere Lebewesen umgewandelt werden können. In diesen Werken regen wir auch Wege und Möglichkeiten an, wie richtig angewandte, sinnvolle Ernteverfahren so verändert werden können, daß sie das Leben im Boden und den Wachstumskreislauf schützen und erhalten.

Für die Halbinsel Europa schlagen wir eine neue Form vor.

Diese Erkenntnisse in die Tat umzusetzen, erfordert die Anerkennung der Grenzen des Wachstums. Der Gedanke an Lebensqualität und Wohlbefinden muß unserer Auffassung nach von der modernistischen Idee abgekoppelt werden, ständiges Wachstum sei der einzige Weg zum Wohlergehen. Wir glauben, daß eine Neubewertung unserer kulturellen »Währung« stattfinden muß, bei der die »Währungseinheiten« Wachstum und Anhäufung von Vermögen in ihrer Wechselbeziehung zu den »Währungseinheiten« intrinsischen Werts und Wohlbefindens in ein neues Gleichgewicht zu bringen sind.

Der nun folgende Vorschlag für die Halbinsel Europa ist unsere erste Annäherung an dieses Ziel.

Teil I: Garten als Metapher

Wir nehmen die Metapher vom gepflegten, genährten, geliebten Garten zu Hilfe und bedienen uns ihrer wie eine Linse, um durch sie die Landschaft der Halbinsel Europa zu betrachten. Eine Metapher ist ein Akt sprachlicher Koppelung oder Verbindung. Im hier

So erscheint die Landschaft der Halbinsel Europa wie ein Zukunftsgarten.

verwendeten Sinn ist sie zudem auch die Trägerin von Empathie, Mitgefühl und Liebe und eines Gefühls der gegenseitigen Verbundenheit alles Lebenden. Durch diese Linse erscheint uns die Landschaft der Halbinsel Europa wie ein Zukunftsgarten, wie ein Garten der Möglichkeiten, die bisher nur in unseren Gedanken existieren.

»Indem sie gemäß dem handelt,
was durch die Linse des Gartens zu sehen ist,
gewinnt die ökologisch aufgespaltene
Kulturlandschaft Europas
ihre Einheit, Vollständigkeit und Ausgeglichenheit zurück,
während
die Planungswerte und ökologischen Werte,
botanischen Werte und ästhetischen Werte,
kulturellen Werte und menschlich-persönlichen Werte
vom Rahmen des intimen Gartens,
der die Interessen des Einzelnen reflektiert,
erweitert werden
auf den größeren Rahmen
der Landschaft, der Halbinsel,
die die Interessen der Gemeinschaft reflektiert.
Auf diese Weise wird die Kulturlandschaft als
Poesie des Ganzen gesehen,
so wie der persönliche Garten als
Poesie des Teils gesehen wird.
Durch diese Linse werden
daher
die Flußsysteme des Ganzen
ebenso hoch bewertet wie der Bach,
und
die Waldgebiete des Ganzen
ebenso hoch wie die einzelnen Bäume oder Wäldchen
des persönlichen Gartens.
Und
die Blumengärten
erweitern sich und werden

die Wiesen und kleinen Täler,
die Lichtungen und Parks
des Ganzen.
Und die Städte werden neubewertet
und begrünt,
neu entworfen auf Arten,
die sie inmitten der Gärten auf dem Lande
sanft existieren lassen,
mit Anklängen an die Hängenden Gärten in Babylon.
Und
der Übergang von der Dichte der Innenstädte
zum freien Land geschieht ganz allmählich,
und der Duft der freien Landschaft
durchdringt die Stadt,
und das Grün auf dem Lande
hallt wider in der Stadt,
und die biologische Vielfalt des freien Landes
reflektiert sich in diesem Grün.
Und
in dieser Landschaft werden
die Bauernhöfe des Ganzen
ebenso hoch bewertet wie der Küchengarten,
der Obstgarten und der Fischteich.
Und hier gibt es
in ausreichendem Maß
Platz, damit Improvisation
und neue Muster entstehen können.
Es gibt Platz zur Kontrolle
und Platz, die Kontrolle aufzugeben.
Und durch das Aufgeben von Kontrolle
gibt es genügend Platz für die Wildnis
und für den Wiederaufbau von Ökosystemen,
welche zulassen und fördern, daß die
immense Vielfalt der Arten, die nicht offen unseresgleichen
sind,
dieses Terrain
mit der Vielfalt von Kulturen teilt,

Es gibt ausreichendem Platz, damit Improvisation und neue Muster entstehen können.

die offen unseresgleichen ist.
Worin diese Vielfalt,
Achtsamkeit, Intelligenz, Leidenschaften,
Intuitionen, Freuden, Weisheit
und biologische Erkenntnis
und
vor allem
Pflege und Ausdruck von Fürsorge,
die den Teil stabil halten,
so wie du und ich das Wohlergehen
deines und meines Gartens sicherstellen,
sich auch erstreckt
auf die Arbeit des Neubetrachtens und Neukultivierens des Ganzen.«

Die Metapher der Welt als Garten hat uns den Blick auf das Ganze eröffnet.

Wir sind uns der Grenzen bewußt, die der Gebrauch von Metaphern als Maßstab zur Neubewertung komplexer Strukturen hat, denn zwei Dinge können nie vollständig miteinander übereinstimmen! Und doch hat uns die Metapher der Welt als Garten die Möglichkeit eines Blicks auf das Ganze eröffnet, der uns einen Augenblick lang von den Zwängen und Einschränkungen befreit, welche bereits bestehende planerische, politische, juristische und ökonomische Systeme auf die Gedanken ausüben, Systeme, die die Bildung einer Kulturlandschaft heute so stark beeinflussen. Wir unterstellen allerdings auch nicht, daß diese Systeme keine sinnvollen Formen darstellen, die auf die Bildung der Landschaft weiterhin Einfluß nehmen können. Wir setzen uns vielmehr mit den Folgen dieser Einflußnahme im Jetzt und Heute auseinander.

Die bildhafte Vorstellung sowohl von der Landschaft der Zukunft als Garten als auch von der europäischen Halbinsel als einem eigenständigen Gebilde bieten, wie wir glauben, Gelegenheit zu einer veränderten Wahrnehmung. Die Konsequenzen aus den Metaphern geben gleichermaßen den Anstoß zur Verantwortung und zu den Möglichkeiten, diese in die Tat umzusetzen.

Teil II: Sieben Schritte hin zur gemeinsamen Wesenheit

»Die Halbinsel Europa bewegt sich hin zur gemeinsamen Wesenheit,
wenn ein vielschichtiger transeuropäischer Diskurs entsteht,
zugänglich für alle, die daran teilnehmen möchten,
über Charakter und Entwicklung
ihrer Zukunft.

Die Halbinsel Europa bewegt sich hin zur gemeinsamen Wesenheit,
insofern, als sie nicht nur unterscheiden kann,
was gut für sie ist und was schlecht für sie ist,
und dies freier akzeptieren oder ablehnen kann,
damit ihre Grenzbedingungen
nach und nach immer durchlässiger werden
für das, was sie
als gut für sich erachtet,
und
nach und nach immer undurchlässiger
für das, was sie als schlecht erachtet.

Die Halbinsel Europa bewegt sich hin zur gemeinsamen Wesenheit,
wenn ihr Diskurs
sich auf die Belastungsfähigkeit ihres Terrains richtet,
für Industrie, Landbau, Fischerei,
Informationserzeugung
und kulturelle Verschiedenheit.

Die Halbinsel Europa bewegt sich hin zur gemeinsamen Wesenheit,
während sie ihre Belastungsgrenzen für die Bevölkerung erkennt,
indem sie Anreize zum Bevölkerungsrückgang schafft
und gleichzeitig Lebensqualität und Zivilität steigert,
während sie die Fluktuation ihrer Bevölkerung
in einem machbaren Ausmaß stabilisiert.

Die Halbinsel Europa bewegt sich hin zur gemeinsamen Wesenheit ...

Die Halbinsel Europa bewegt sich hin zur gemeinsamen Wesenheit,
während sie ihre Abfälle umwandelt
in das, was brauchbar und wertvoll ist,
und gleichzeitig nach und nach die Abfälle reduziert,
die für sie schädlich sind.
Und wenn
ihre Entsorgung organischer Abfälle
zu einem riesigen System der Bodenerneuerung wird
und umweltschonende Bewirtschaftung
in einem noch nie gesehenen Maßstab sicherstellt,
und dabei ihre Nahrungsproduktionssysteme
den Systemen in der Natur nachbildet.

Die Halbinsel Europa bewegt sich hin zur gemeinsamen Wesenheit,
wenn ihre Flußsysteme, Ästuarien, Meeresränder,
Wälder, Feuchtgebiete, Wiesenflächen und Ökokorridore
ausreichend hoch bewertet werden
und ihre symbiotische Einfügung in eine komplexe,
vielfältig vernetzte Biokette sichergestellt wird,
die selbsterhaltend ist,
ein Ökonetz des Ganzen.

Die Halbinsel Europa bewegt sich hin zur gemeinsamen Wesenheit,
wenn ihre vielfältigen Kulturen geschützt sind,
als solche hoch bewertet werden
und als selbstschaffende Gebilde gefördert werden,
die dem kulturellen Netz Improvisation und Kreativität,
Vielfalt und Einzigartigkeit verleihen
zusammengesetzt aus allen, die das
Terrain dieses Gartens der Zukunft bewohnen.«

... wenn ihre vielfältigen Kulturen geschützt sind, als solche hoch bewertet werden ...

Teil III: Ein paar deutlich in der Landschaft erkennbare Zahlen

Die Halbinsel Europa umfaßt ein Gebiet von 3.317.547 Quadratkilometern, in dem 425.316.000 Menschen leben und arbeiten und gemeinsam ein transnationales Bruttosozialprodukt von 7.711.673.000.000 Dollar erwirtschaften. Es gibt 1.400.000 Quadratkilometer landwirtschaftliche Nutzfläche, 1.460.000 Quadratkilometer Waldfläche, so daß also noch 957.547 Quadratkilometer übrigbleiben. Von den Berggebieten abgesehen, werden sie für Infrastruktur, Großstädte, Kleinstädte, Dörfer, Weiler und andere Siedlungen genutzt, dazu für Parkgelände und Industrie. Jede Person verfügt über einen Wasservorrat von 4.530 Kubikmetern. Die geophysikalischen Grenzbedingungen, die das Terrain einrahmen, werden von Gewässern festgelegt – auf drei Seiten von Ozeanen und Meeren und auf der vierten Seite von Flüssen und dem Schwarzen Meer.

Jede Person verfügt über einen Wasservorrat von 4.530 Kubikmetern.

Wir behaupten hier außerdem, daß einige Grenzbedingungen existieren, zusammengesetzt aus den Kulturen, die sich als europäisch betrachten, aber nicht auf der Halbinsel liegen. Doch ist diese Grenze im Gegensatz zur geophysikalischen flexibel und umfaßt die Britischen Inseln, Korsika, Sardinien, Sizilien, die kleineren Mittelmeerinseln, die Inseln im Ärmelkanal sowie Norwegen, Schweden und Finnland, die Baltischen Staaten und Teile anderer Länder außerhalb der Wassergrenzen. Diese Anordnung kann sich ausweiten oder zusammenziehen, wie sie es in der Vergangenheit schon wiederholt getan hat.

Teil IV: Über ein Ökonetz

»Wenn
die Gesamtbevölkerung von mehr als 425 Millionen
Menschen, die auf dem Terrain der Halbinsel Europa leben
und arbeiten, ein transnationales Bruttosozialprodukt von
annähernd 7.712 Milliarden Dollar erwirtschaftet
und
wenn ein halbes Prozent dieses transnationalen Brutto-
sozialprodukts für ein Ökonetz bereitgestellt würde
dann

würden diese Gelder, die im Grunde als wirtschaftlicher Motor für ein Ökosicherheitssystem fungieren, eine Summe von etwas mehr als 38 Milliarden Dollar pro Jahr nach heutiger Rechnung ergeben. Über einen Zeitraum von 50 Jahren könnten 1.090 Milliarden Dollar zu den gegenwärtig für Umweltbelange bereitgestellten Geldern dazukommen.

Es wären Geldmittel verfügbar, um die Nationalparks zu verbinden und zu erweitern.

Es wären Geldmittel verfügbar, um die Nationalparks zu verbinden und zu erweitern, die heute vereinzelt auf den verschiedenen Hochflächen der Länder der Halbinsel Europa erscheinen.

Es würde ein hochgelegenes Wald-Grünland-Gebiet entstehen, das sich über die Pyrenäen, die Alpen, die Karpaten und angrenzende Bergketten erstreckt. Es wäre biologisch vielfältig, in Vegetation und Muster abwechslungsreich je nach Bodenbeschaffenheit, Klima und bisheriger Vegetation und würde zur Reifung, je nachdem, 100 bis 200 Jahre in Anspruch nehmen, obwohl vollständige Reife erst nach 300 bis 500 Jahren erreicht wird.«

Dieser Wald hätte verschiedene Wirkungen:

1. aus der Luft aufgenommenen Kohlenstoff abzuspalten und mit Sauerstoff anzureichern,
2. neuen Mutterboden zu bilden oder verlorenen und/oder geschädigten und/oder erodierten Mutterboden zu verbessern,
3. natürlichen, manchmal fast undurchlässigen Waldboden zu schaffen, der artenreich ist und als riesiges Wasserreinigungssystem fungiert,
4. immer noch komplexere und stabilere, natürliche Lebensräume für andere Arten als uns selbst zu schaffen,
5. über weite Gebiete hinweg eine Fülle an Biomasse zu schaffen, die zahlreiche Großsäuger- und Vogelpopulationen als Lebensraum brauchen,
6. das begrenzte Sammeln von Walderzeugnissen wie Pilzen, Schwämmen, Beeren, Kräutern, Mulch, Moos und Pinienkernen zu ermöglichen und
7. begrenzte Gebiete für Wanderwege und Campingplätze und andere Freizeitaktivitäten zur Verfügung zu stellen.

Die Schaffung eines solchen Hochland-Wald-Grünland-Ensembles würde automatisch die Hochflächen der Haupteinzugsgebiete Europas freihalten. Ein Wald-Grünland-Gebiet dieser Art würde sich mit der Zeit größtenteils durch Sukzessionsprozesse regenerieren.

»Beispielsweise
gibt es etwa 1.460.000 Quadratkilometer Waldfläche auf der Halbinsel Europa, die größtenteils in der üblichen Monokultur mit Baumplantagen bewirtschaftet wird. Den Angaben der UNO nach decken diese Anbauflächen etwa 70 Prozent des Holzbedarfs.

Wenn beispielsweise
mit Unterstützung durch eine Ökosicherheitssteuer
die Hälfte dieser bewaldeten Gebiete, also etwa
700.000 Quadratkilometer,
zur Wiederaufforstung sich selbst überlassen würden,
teils durch natürliche Sukzession,
teils mit Hilfe von ausgesuchten Pflanzungen,
und dadurch vielfältiges Waldwachstum wie früher
widerspiegelten,

Man könnte die die Hälfte der bewaldeten Gebiete sich selbst überlassen.

und wenn
parallel dazu
ein Großteil der verbleibenden Waldgebiete
der Forstkultur überlassen würde,
dann
könnte die Halbinsel Europa
auf lange Sicht ihre Biodiversitätsreserven
um mehr als 700.000 Quadratkilometer vergrößern
in den 150 Jahren, die es braucht,
bis sich ein reifer Wald entwickelt hat,

und wenn
diese 700.000 Quadratkilometer Wald
in einem Zyklus von 150 bis 200 Jahren
umsichtig abgeholzt werden
und ausgewählte Bereiche vom Abholzzyklus

ausgenommen sind,
dann könnten,
da die Vorteile des Abholzens
vor Erreichen der ökologischen Klimax
in der Tatsache liegen,
daß das Abspalten von Kohlenstoff sich verlangsamt,
während ein Wald die Klimax erreicht
und der jährliche Holzeinschlag von etwa 1/2 Prozent der
700.000 Quadratkilometer,
also ungefähr 3.500 Quadratkilometer,
den Diversitätsgehalt nicht wesentlich reduzieren sollte,
dabei jedes Jahr etwa 3.500 Quadratkilometer
von größtenteils erstklassigem Holz erzeugt werden,
dann könnte auch der Sameneintrag meist auf natürliche Art
vor sich gehen,
dann würde das Abholzen auf diese Weise
das Leben des Systems erhalten,
und das 3.000 Jahre alte Muster der Fragmentierung von
Biodiversität würde gebrochen
zum Vorteil von Vielen auf lange Sicht
und
zum Nachteil von Wenigen im Heute und Jetzt.
Allerdings
erhebt sich die Frage,

wenn,
wie die UNO-Zahlen belegen,
daß die Länder der Halbinsel Europa
über 70 Prozent ihres Holzbedarfs selbst produzieren
und

wenn die Hälfte der Ertragswälder
für einen Zeitraum von 150 Jahren
aus der Produktion genommen werden,
wer oder was wird dann
für den Verdienstausfall und den Verlust von Arbeitsplätzen
aufkommen?
Wir regen an, daß die vorgeschlagene Umwandlung

Wir regen an, daß die Umwandlung über einen längeren Zeitraum erfolgt.

über einen längeren Zeitraum erfolgt
und wirtschaftlich gefördert wird.
Im übrigen gibt es auch etwa 957.547 Quadratkilometer Fläche,
die nicht mit Landbau oder Forstbau bewirtschaftet wird
und Stadt-, Industrie- und Transportsysteme enthält
oder andere kulturelle Nutzungen.

Wenn die verbleibenden Gebiete in ertragreiche Baumplantagen umgewandelt werden ...

Wenn nun
die verbleibenden Gebiete,
darunter die nichtproduzierenden, landwirtschaftlichen Randgebiete
in ertragreiche Baumplantagen umgewandelt werden
und
die neue Produktion koordiniert wird
mit der Stillegung anderer Gebiete,
dann steht man,
wenn der Faktor Zeit wegfällt
und der Faktor Subventionen dazukommt,
vor Problemen wie Vertrauen, Politik, Teilen von Ressourcen
und Systemstrukturen.

Wenn nun
flußabwärts von der Hochebene
entlang der größten Flußsysteme
bis zu dem Punkt, an dem sich die kleinen Ströme vereinigen
und eine gewaltige Strömung erzeugen
Waldflächen sich sammeln dürften
und
die traditionelle Rolle von komplexem Waldboden und Grünland
bei der Gewässerreinigung
wieder etabliert und geschützt würde,
dann
hätte jedes mit der Hochebene in Verbindung stehende Land
mehrfache Quellen für reines Wasser.
Obwohl alle von der Ergiebigkeit durch den
Bergabfluß des Wassers abhängig wären,

Die Wiederaufforstung würde helfen, die Klärkosten zu senken.

würde die Wiederaufforstung helfen,
die Klärkosten zu senken
und die Kosten für die Erhaltung von Gesundheit zu senken,
die der langfristige Gebrauch von unsauberem Wasser mit sich bringt,
ebenso wie einige der Kosten,
die durch die Reinigung der Gewässer
in einer Welt schrumpfender Wasservorräte entstehen,
und
der daraus erwachsende Gewinn und Nutzen wäre
zum Teil
für die Amortisierung der Kosten zur Walderhaltung
und zum Teil
für alle, die wirtschaftlich von niedrigeren Wasserkosten profitieren,
verfügbar.

Und weiter, wenn beispielsweise
der transeuropäische Wald das Licht der Welt erblickt
und die Voraussetzungen von Masse und Kontinuität
von Diversität und Redundanz erfüllt,
die ja die Voraussetzungen
für die Entstehung und Weiterexistenz
eines vollständigen vielfältig vernetzten Ökosystems sind,
und

wenn beispielsweise
die bestehenden Möglichkeiten zum genetischen Transport
durch die heute wohlbekannten Korridorphänomene
mit
einem transeuropäischen Wiesennetzwerk genutzt werden,
unterstützt von Autobahnkorridoren,
und
die Randstreifen an Bahnstrecken entlang als Korridore fungieren
und Randstreifen und Heckenreihen um bebaute Felder
unterstützt werden und von
Randstreifen durch Agrarland an Flüssen entlang unterstützt

werden
und wenn
ein gewisses Maß an biologischer Vielfalt durch und um Städte fließt,
dann
wird die Halbinsel Europa
der erste Ort in der Geschichte der Zivilisation sein,
der sich die Prozesse ökokultureller Selbsterzeugung
in dieser Größenordnung vorstellt und sie in die Tat umsetzt.
Und
ein ausgeglichenes Ökonetz wird entstehen,
ein neues Stabilitätsmuster
wird mit der Zeit entstehen,
selbstordnend, selbstnährend, selbsterhaltend,
und die fragmentierten Biotope der Halbinsel Europa
werden dadurch ihre gemeinsame Wesenheit erlangen.«

Es wird ein ausgeglichenes Ökonetz entstehen.

Teil V: Die Große Grüne Farm

»Beispielsweise
wird die Halbinsel Europa zu einer 1,4 Millionen Quadratkilometer
großen, unendlich nachhaltigen grünen Farm,
die Wert und Unterstützung in das Ökonetz speist,
indem sie die Kohlenstoffbelastung in der Atmosphäre reduziert
und gleichzeitig
die Belastung mit Nitraten
und Phosphaten im Grundwasser reduziert
und dabei
organisch angebautes Gemüse,
Getreide und Obst und Vieh
für den Markt produziert
und sogar
eine Vielzahl an Aquakultur-Anlagen einrichtet,
die Protein liefern können.

Dadurch
unterstützt sie das gesamte Lebensnetz
und stellt langfristige Gewinnträchtigkeit sicher,
wenn
alle verfügbaren Mittel eingesetzt werden,
um die Qualität des Mutterbodens
zu erneuern und zu stabilisieren und zu erhalten.

Und wenn beispielsweise
ein halbes Prozent des transnationalen Bruttosozialprodukts
der Halbinsel Europa oder ungefähr 38 Milliarden pro Jahr
zur Subventionierung von Grünbewirtschaftung bereitgestellt würden,
bis eine grüne Farm größeren Ausmaßes ökonomisch machbar wäre,
dann
könnte ein starker Wirtschaftsmotor eingesetzt werden,
um dem Mutterboden wieder zu einem gesünderen Zustand zu verhelfen.

Es könnte ein starker Wirtschaftsmotor eingesetzt werden, der dem Mutterboden wieder zu einem gesünderen Zustand verhilft.

Wenn beispielsweise
445.000.000 Millionen Menschen durchschnittlich etwa 600 bis 1.000 Pfund an kompostierbarem organischen Material
pro Person und Jahr
produzieren (1.000 Pfund ist die annähernde Zahl für England),
und zwar ohne Abwässer gerechnet,
dann
haben wir es beispielsweise
bei einem Durchschnitt von 800 Pfund pro Person mit
340 Milliarden Pfund an organischen Abfallstoffen zu tun,
die sich bei den heutigen fortschrittlichen Kompostierungsverfahren
um etwa die Hälfte auf 170 Milliarden Pfund reduzieren würden,

und wenn
Abwässer von Industrieabfällen getrennt und dieser

Mischung beigefügt würden, könnte diese um etwa 15 bis 20 Prozent oder etwa 200 Milliarden Pfund vergrößert und angereichert werden zu einer Wasserspeicherfabrik, die in einer Größenordnung von 100 Millionen Tonnen pro Jahr Boden in Humusqualität erzeugt.

Und wenn
Systeme zur Erhaltung
und Erneuerung von Mutterboden
eingeführt und wirtschaftlich machbar werden,
indem eine riesige Industrie zur Herstellung von Mutterboden
sich über das Gebiet der Halbinsel Europa erstreckt
und ihre Außengrenzen weniger durchlässig
für Industriedünger macht,
indem ganz einfach nicht-grüne Agrarprodukte besteuert
und Neuerungen wie genetisch veränderte Agrarprodukte
abgelehnt werden,
bis sie oder außer wenn sie sich
unter streng kontrollierten Tests
im Lauf der Zeit als unschädlich erweisen,
dann
könnte die Halbinsel Europa ein Sicherheitsnetz gewinnen
und Stabilität für ihre Agrarkulturen
und großen Nutzen für ihre Umwelt
und Einheit für wichtige Teile ihrer Nahrungsmittel-versorgung,
indem sie einer der größten globalen Märkte mit einem transnationalen
Bruttosozialprodukt von weit über sieben Billionen wird.
Die Halbinsel Europa geht kein
unannehmbares finanzielles Risiko
gegenüber anderen Märkten ein,
deren Produktionsprozesse
die ökologischen und sozialen Kosten der Nahrungsmittel-produktion
nicht berücksichtigen.«

Die Halbinsel Europa könnte ein Sicherheitsnetz gewinnen

Teil VI: Ein Zustand des Wohlbefindens

»Wenn beispielsweise
wie in der Natur
die Prozesse alteingesessener Lebenssysteme,
um zu überleben und weiterzuexistieren,
ihr eigenes, gegenseitig erhaltendes, nahtloses Netz bilden müssen,
dann
täten Handel
und alle an der Herstellung beteiligten Prozesse
gut daran, ihre Verfahren neu zu gestalten,
um wenigstens umweltunschädlich zu sein
und im besten Fall umwelterneuernd
auf eine jeweils ähnliche, übereinstimmende oder analoge Art
zu der Art, in der
die Natur ihre Abfälle jeweils nimmt,
produziert und umwandelt,
die nämlich,
sofern sie nicht durch kulturelles Verhalten beeinflußt werden,
unschädlich in der Umwelt verschwinden.

Wenn wir keine Möglichkeiten finden, um dies sicherzustellen, dann wird der globale Handel die Welt als monokulturellen Lebensraum immer wieder neu erfinden.

Wenn wir beispielsweise
keine Möglichkeiten finden, um dies sicherzustellen,
dann wird der globale Handel die Welt
und alles in ihr nach eigenem Gutdünken
als monokulturellen Lebensraum immer wieder neu erfinden,
zunehmend selbstauslöschend,
mit Abfällen überlastet,
eine Kultur der Gleichförmigkeit.

Beispielsweise
fangen wir damit an,
indem wir uns über Industrieabfälle die Fragen stellen,
die Karl Henrik Robèrt,
der schwedische Wissenschaftler und Umweltfachmann,

über Dioxin stellt.

1. Ist es natürlich?	*NEIN*
2. Ist es stabil?	*JA*
3. Zersetzt es sich in harmlose Substanzen?	*NEIN*
4. Sammelt es sich im Körpergewebe an?	*JA*
5. Ist es möglich, akzeptable Verträglichkeitswerte in unserem Körper und dem anderer Arten verauszusagen?	*NEIN*
6. Können wir weiterhin große Mengen an Dioxin in die Umwelt freisetzen?	*NICHT, WENN WIR ÜBERLEBEN WOLLEN!*

Zweifellos
steht Dioxin einfach für eine Reihe von Substanzen,
die im Umfang von Millionen
und Aberhunderten von Millionen Tonnen
durch die Prozesse von ›Nehmen, Erzeugen und Entsorgen‹
in die Umwelt gepumpt werden.
Und
wie könnte dann eine alternative Vision aussehen?
Wie
könnte sie funktionieren,
in den Strukturen von ›Nehmen, Erzeugen und Entsorgen‹,
die unsere Kulturen fordern,
um im Kontext des Wohlbefindens Nachhaltigkeit zu erzeugen?
Können
die Konzepte,
die sich in der Industrieökologie zeigen
›ein umfassendes Managementwerkzeug zur Verfügung stellen,
das industrielle Infrastrukturen so gestaltet,
als handele es sich um eine Reihe miteinander verzahnter künstlicher
Ökosysteme, die an das natürliche Ökosystem angrenzen?‹
Und

Zweifellos steht Dioxin einfach für eine Reihe von Substanzen.

ist es möglich, daß die Industrieökologie neu einteilt,
was industrielle Prozesse ›benutzen, erzeugen und entsorgen‹
und das dann der Belastungsfähigkeit der Umwelt direkt
anpaßt?

Und der Dialog zwischen uns,
der sich sehr nach einer Litanei anhörte,
entschied wieder einmal,
daß ein glückliches Resultat
unwahrscheinlich wäre, falls ständiges Wachstum
für immer der Maßstab
für den Markt und die Bevölkerung sein sollte.
Und so
fingen wir an, über das komplexe Bild nachzudenken,
auf das wir gestoßen waren,
in diesem Sturzbach von Denken, intuitivem Erkennen und
Grübeln,
von Suchen und Wiedersuchen,
den wir nun im folgenden in einen neuen Kontext stellen.

Es war ein fundamentaler Vorschlag
zur industriellen Reorganisation und zur Abfallentsorgung,
der da
von
der Environment Protection Encouragement Agency
(der EPEA) in Hamburg unterbreitet
und von zwei Leuten entwickelt wurde:
Dr. Michael Braungart und Justus Englefried,
die ein System für ein potentiell regeneratives neues Muster
vorgelegt hatten,
das die Marktwerte und ökologischen Werte einbezog.
Sie plädieren dafür, die Abfallentsorgung ganz zu umgehen,
indem ›sie das Problem an der Wurzel packen‹.
Ziel ist eine vollständige Kreislaufwirtschaft,
die jeglichen Abfall vermeidet.
Dazu
unterscheiden sie drei Kategorien von Produkten:
1) Verbrauchsgüter,

Ziel ist eine vollständige Kreislaufwirtschaft, die jeglichen Abfall vermeidet.

2) Gebrauchsgüter,
3) unveräußerliche Güter.
Wobei fast alles, was überhaupt produziert wird,
irgendwie mit der Zeit
unter eine der beiden erstgenannten Kategorien fiele.
Verbrauchsgüter sind für sie
Produkte, die meist nur einmal gebraucht werden,
deren Abfallstoffe vollkommen abbaubar sind
und die sich, ohne schädliche toxische Rückstände
in Nahrung für andere Organismen verwandeln können.
Gebrauchsgüter sind in ihrer Sicht vor allem dauerhaft.
Hierzu haben sie radikal, aber logisch argumentiert,
daß es bei diesen Produkten nicht darum geht,
daß wir sie besitzen,
sondern daß sie uns einen Dienst erweisen.
Das Auto, der Kühlschrank, das Fernsehgerät, die
Waschmaschine u.v.a.
würden in ihrer Vorstellung
von einem intelligenten Produktsystem
nicht verkauft,
sondern vom Nutzer gemietet,
das Eigentumsrecht bliebe beim Hersteller.
Die Lizenz wäre zwar übertragbar,
doch dürfte das Produkt nicht weggeworfen werden.
Und
sie schlagen vor, Abfall zu vermeiden
indem er an die Quelle zurückgegeben wird,
an den Hersteller oder den Einzelhändler,
der dann für die Wiederverwertung verantwortlich ist.
Sie stellen sich völlig neue Verfahren oder
Gestaltungsprinzipien zur Produktion vor,
die sich an den Vorgängen in der Natur orientieren:
Abfall ist Nahrung.
Einzelhändler von Konsumartikeln verfügten dann
über Systeme, bei denen
das nicht mehr gebrauchte oder überholte Produkt
zurückgegeben und recycled werden könnte

Das Auto, der Kühlschrank, das Fernsehgerät, die Waschmaschine würden vom Nutzer gemietet.

Hersteller müßten recyclen, weil es keine andere Möglichkeit gäbe, die nicht länger gebrauchten Güter loszuwerden.

und als Ersatz dafür vom Benutzer
ein neues lizenziertes Erzeugnis
erworben werden könnte.
Hersteller müßten recyclen,
weil
es keine andere Möglichkeit gäbe,
die nicht länger gebrauchten Güter loszuwerden.
Bei dieser Vorstellung
ist die kreativste Wiederverwertung von Material
gleichzeitig am gewinnträchtigsten
und am umweltfreundlichsten.
Ihre Idee für das, was sie die unverkäuflichen Güter nennen,
also toxische Chemikalien, Strahlungen, PCBs,
Schwermetalle und ähnliche verseuchte Produkte,
ist ebenso dramatisch wie einleuchtend.
Sie sprechen das Naheliegende aus:
völliges Verbot, wenn es keine fortlaufenden
Kreislaufprozesse gibt,
in die diese integriert werden können,
ohne daß großer Schaden entsteht.
Ihre Idee ist, daß das intelligente Produktsystem
einen Neuentwurf von Verbrauchsgütern zum Ziel hat,
so daß sie keine unverkäuflichen Güter mehr enthalten.
Für das Heute und Jetzt aber
schlagen sie vor, daß
für die vorhandenen unverkäuflichen Güter
sichere und effiziente Lagerungssysteme
geschaffen werden müssen.
Diese Lagerungssysteme nennen sie
Parkplätze.
Im Besitz des Staates
würden diese an den Verschmutzer vermietet,
der dann für den benutzten Platz zahlen müßte,
bis eine neue Technik entwickelt ist.
In ihrer Sichtweise ist es so,
wenn der Hersteller
fortgesetzt bis in alle Ewigkeit

für den Parkdienst zahlen müßte,
könnte man eine Prämie aussetzen
auf Produktdesign,
das keinen Abfall produziert.

Man könnte eine Prämie aussetzen auf Produktdesign, das keinen Abfall produziert.

An diesem Punkt kamen Zweifel auf
als eine Art von intellektuell irritierendem Moment.
Nichts war darüber gesagt worden,
wie sich so eine
offenkundig radikale Revision bewerkstelligen ließe
in den Herstellungsprozessen der Dinge,
die wir alle benutzen
und
an denen wir so hängen
und von denen wir auch oft so abhängig sind.
Offensichtlich
müßte
so eine radikale Revision
am Anfang Gewinn abwerfen
und
mit der Zeit
noch mehr Gewinn abwerfen als
heutige Produktionsprozesse.
Offensichtlich
ist ohne solche gewaltigen Anreize
und öffentliche Unterstützung
solch eine radikale Revision
einfach nur ein gut konstruiertes Argument,
obwohl isolierte Beispiele für
diese Praktiken vorhanden sind, wachsen und sich vernetzen.
Offensichtlich
wird weder die Öffentlichkeit noch die Industrie
heute Profitverluste hinnehmen
gegen in weiter Ferne liegende zukünftige Gewinne.
Aber genauso offensichtlich ist,
zumindest aus unserer Sicht, daß die Devise
business as usual *inakzeptabel ist,*

wenn die Halbinsel Europa tatsächlich
eine Stabilitätsdomäne werden soll.

Also
kam uns eine Art Instrumentalisierung in den Sinn,
das heißt Mitwirkung oder Mithilfe durch Steuern.
Beispielsweise
ist eine transeuropäische Währung bereits
Realität geworden.
Es ist daher
nicht so weit hergeholt,
daß eine oder mehrere transeuropäische öffentliche
Einrichtungen
oder sogar die Europäische Union selbst
das Risiko eingehen, Wertpapiere oder Anleihen auszugeben,
was sicher eine wohlbekannte Art der Mittelbeschaffung ist,
um den Übergang zur ›grüneren‹ Industrie zu unterstützen.
Wenn
beispielsweise
sorgfältig verteilte Subventionen
angeboten werden
als Anreiz zur Unterstützung der (im Wandel befindlichen)
Industrie,
dann
könnten vernünftige und möglicherweise sehr
gewinnträchtige Folgen
gezeitigt werden.

Mit sorgfältig verteilten Subventionen könnten vernünftige und gewinnträchtige Folgen gezeitigt werden.

Wenn beispielsweise
diese subventionierten Industrien gewillt und in der Lage
wären,
wiederverwertbare Ersatzstoffe für Dioxin
und andere Giftstoffe zu entwickeln
und zur Erforschung der Möglichkeiten großzügig finanziert
würden,
wie es mit einigen anderen
hochgiftigen Chemikalien bereits geschieht,
und

wenn jeder solche Ersatz gemeinsam
mit der Industrie, die ihn entwickelte,
und der Behörde, die ihn finanzierte, patentiert würde,
und
wenn dessen Nutzung durch eine Steuer auf alle Produktionsprozesse,
die ihn nicht einsetzen, rechtlich verankert würde,
und
ein gewisser Prozentsatz der Gewinne aus den neuen Patenten
den Aktiengesellschaften zukommen würde,
um zuerst die Obligationsinhaber auszuzahlen,
und danach
auf die Subventionierung
von weiterem ›Ergrünen‹ der Industrieprozesse verwendet würde,
dann
könnte ein günstiges neues Produktionsmuster entstehen,
während
die Gewinnträchtigkeit sich hin zur Umweltverträglichkeit
und
weg von
den gegenwärtigen umweltzerstörenden
und gewöhnlich unwirtschaftlichen
Produktionsprozessen bewegte.

... dann könnte ein günstiges neues Produktionsmuster entstehen.

Jemand sagte:
›Haben wir es hier vielleicht wieder mit einem Widerspruch zu tun? Erst fordern wir, daß die Wirtschaft damit aufhört, die Regierung zu ihrem Vorteil zu beeinflussen, und jetzt sagen wir, die Regierung sollte sich darauf verlegen, Handel und Industrie zu beeinflussen.‹
Aber du sagtest oder ich sagte:
›Der Unterschied ist, daß die Wirtschaft die Regierung zum Vorteil der Wirtschaft beeinflußt, wogegen die Regierung die Industrie zugunsten aller Bürger und aller Lebensräume

Es ist ja Sinn und Zweck der Regierung, das Wohl ihrer Bürger zu gewährleisten.

beeinflußt, was im Endeffekt schließlich der Industrie selbst zugutekommt. Schließlich ist es ja der Sinn und Zweck der Regierung, das Wohl ihrer Bürger und deren Umwelt zu gewährleisten.‹

Wenn nun
ein derartiger Handlungskurs eingeschlagen würde,
dann
hätte die Halbinsel Europa
das erste grüne Ensemble
von Industrie-Umwelt-Feedback-Verfahren geschaffen,
in dem
die Luft, die Gewässer, die Erde,
die Gesundheit der Menschen,
die Gesundheit der gesamten Biosphäre,
der biokulturelle Stoffwechsel sozusagen,
durch den Prozeß von ›Nehmen und Erzeugen und nicht Vergeuden‹
gestärkt und geschützt wird.
Und dadurch
wird sich die Halbinsel Europa auf die gemeinsame Wesenheit zubewegen.«

Teil VII: Über die Kultur des Ortes

Wir wollen mit einer Passage aus dem Lagunen-Zyklus (mit der Stimme der Zeugin, 1979) beginnen:

»Und ich dachte:
Eine Kultur ist ein Gemeinschaftsunternehmen, ein komplexes System gemeinsamer miteinander verbundener Denkstrukturen über das Wesen von Wirklichkeit und Ursächlichkeit von Wertvorstellungen, Verhaltenskodizes und Ethik, durch die sich die Menschen gemeinsam definieren und sich individuell einen Platz schaffen.

Sie ist eine empfindliche Struktur, ohne die Dauerhaftigkeit der Meere oder Landmassen, mit denen sie im Diskurs steht und von denen ihr Überleben abhängt. Sie besteht weiter durch Vermehrung und Veränderung. Ihre Stabilität ist ständig bedroht.

Ihre Grenzen wachsen oder werden enger, aufgrund der verfügbaren Energien, des inneren Zwangs zu wachsen, des Zwangs von außen, sich zu verändern.

Nahrungsknappheit kann ihre Population verringern und dabei ihre Verwundbarkeit nach außen vergrößern, ebenso wie der Klimawechsel eine Krankheit oder eine neue Idee einen Wechsel herbeiführen können.

Überfluß kann ihre Population vergrößern und dabei ihre Streßanfälligkeit vergrößern, wenn die verfügbaren Reserven aufgebraucht werden.

Eroberer können eine Kultur erniedrigen, ihre Überzeugungen und ihre Sprache in den Schmutz ziehen und dadurch ihr Verhältnis zur Umwelt zerstören.

Aber Menschen sind zäh und belastbar und sie improvisieren sehr einfallsreich, so gut sie können, mit den verfügbaren Mitteln, aber die Mittel ändern sich ständig. Nur die Improvisation bleibt konstant.«

Der letzte Teil unserer Überlegungen befaßt sich mit der Bewahrung kultureller Identitäten und kultureller Vielfalt. Wir sind uns dessen wohl bewußt, daß die meisten Europäer dem amerikanischen Modell der persönlichen Mobilität bisher kritisch gegenüberstehen, daß viele Menschen in ihrem Herkunftsort oder in dessen Nähe bleiben, sich folglich mehr als die meisten Amerikaner ihrem angestammten Ort verbunden fühlen und sorgfältiger mit ihm umgehen. Europäische Identitäten sind eher mit dem Ort verknüpft. Während die kulturelle Vielfalt intakt bleibt, wird die Kultur der Halbinsel Europa immer mehr von der Produktion von Gleichförmigkeit infiziert. Die europäische Medienproduktion macht ganz allmählich der amerikanischen Produktion Platz oder versucht, dieses Vorbild nachzuahmen. Die übergreifende Globalisierung und die Überproduktion von Gleichförmigkeit läßt sich an der Aus-

Europäische Identitäten sind eher mit dem Ort verknüpft.

breitung von (nicht nur amerikanischen!) Hotelketten und Fast Food-Ketten beobachten – und an der Herstellung von allem, was das Potential für einen globalen Markt zu finden verspricht.

»Beispielsweise
haben wir ein Währungssystem entwickelt,
in dem jede Währung,
die Mark, das Pfund, der Franc,
die Lira, der Gulden, der Schilling, die Pesete,
eine kulturelle Identität widerspiegelt
und jede
einen Teil der Geschichte ihrer Kultur trägt.
Nun
vereinfacht die Schaffung einer Einheitswährung
die Handelsabläufe
für die kommerziellen und industriellen Märkte
und für den internationalen Reisenden gleichermaßen.
Die Schaffung einer Einheitswährung
verstärkt
das Gemeinschaftsgefühl
unter den Nationalstaaten.
Außerdem wird dadurch
die Macht der Geldmarktmanipulationen
zur negativen Beeinflussung der einheimischen Ökonomien
reduziert.
Allerdings
führen die dabei entstehenden Verluste
zum allmählichen Verschwinden eines Aspekts von kultureller Identität,
Region für Region, Ort für Ort,
da jede Währung für sich sowohl Tauschmittel
als auch kulturelle Grenzmarkierung war,
ausgedrückt im alltäglichen Leben.

Die Schaffung einer Einheitswährung verstärkt das Gemeinschaftsgefühl.

Beispielsweise
Gleichförmigkeit bei der Herstellung von Gebrauchsgegenständen
und Gleichförmigkeit in der Verteilung,

in der Uniformität der Produktion von Einkaufszentren
als Verteilungszentren,
die automatisch Ort für Ort Gleichförmigkeit schaffen,
reduziert auch Ort für Ort die Improvisation.
Wer gewinnt? Wer verliert?
Beispielsweise
vereinfacht sich die urbane Ökologie, wenn durch außerhalb der Stadt
geschaffene Einkaufszentren die Innenstadt verödet und die Gelegenheiten des Zusammenhalts der Gemeinschaft
gemindert werden.
Was verloren geht, sind die Kontaktmöglichkeiten,
gefördert durch die günstige Plazierung von Rathäusern,
von Sozialdiensten und Einrichtungen des religiösen Lebens
im gleichen Raum wie die geschäftlichen Aktivitäten,
die das komplexe miteinander vernetzte Gewebe
des Alltags verstärken.

Beispielsweise
sind im Verhältnis von offenen Flächen zu bebauten Flächen
Muster verkörpert und eingefügt, die einzigartig sind
für den Ort, die Menschen, den Mythos und den Ethos,
die lokale Geschichte, die Künste des Ortes und das Gewerbe des Ortes.
Wer profitiert vom aktuellen Trend zur urbanen Konformität
von Ort zu Ort?
Was geht dabei verloren?
Um welchen Preis für die bestehenden reichen Kulturen des Ortes?
Sind diese Verluste an Zivilität zwingend notwendig?
Ist diese Verdrängung der Einzigartigkeit des Ortes
eine zwangsläufige Folge des Gewerbetreibens?

Ist diese Verdrängung der Einzigartigkeit des Ortes eine zwangsläufige Folge des Gewerbetreibens?

Beispielsweise
sind die Produktionskosten in allen Künsten,
vom Theater über Performance bis zu Musik und Tanz,
vom Filmemachen über Videoproduktion bis zur Bildenden Kunst,

dramatisch gestiegen,
da sie allmählich von Privatinteressen
zu vom Ort abgekoppelten Profitzentren werden,
in denen Vermögen und Macht und kulturelle
Entscheidungsträgerschaft
sich in den Händen einiger weniger konzentrieren.
Und so
geraten die Kulturen des Ortes
in der kulturellen Domäne Europas,
die doch immer noch stark und vielfältig sind,
zusehends unter Druck,
zu Teilen der Massenkultur zu werden.

Und so geraten die Kulturen des Ortes in der kulturellen Domäne Europas zusehends unter Druck.

Als Folge davon
sind Kreativität und Innovationsfähigkeit, die einst einen
reichen Erfahrungsschatz in die Kulturen des Ortes
zurückspeisten
und dadurch die Gemeinschaft neu stärkten
sowie Arbeit und Gelder wieder
in sich selbst zurückführten,
über die gesamte kulturelle Domäne Europas hinweg
in großer Gefahr.
Zwar stimmt es, daß
die globalen Produktionssysteme,
die die Gleichförmigkeit bei der Fernsehtechnik schaffen,
auch die Bildqualität
und die Langlebigkeit des Produkts verbessern,
indem sie Fernsehgerät, Telefon
und Computer aufeinander abstimmen,
und dabei Kosten senken.
Aber während dies offensichtlich
eine hochwertige Gleichförmigkeitsoperation ist,
sind Gleichförmigkeit bei Programm und Inhalt
eine ganz andere Sache.
Nun,
da öffentliche Fördergelder für Medien gekürzt werden,
wird die Hauptunterstützung für Programme
von kommerziellen Interessen geleitet.

Und
von kommerziellen Interessen geleitete Programmplanung
hat
als Hauptanreiz
den Gewinn ihrer Anteilseigner, die überall sitzen können.
Ihr Hauptinteresse ist Geld.
Ihre Hauptunterstützung kommt von den Herstellern
der beworbenen Produkte.
Deshalb
werden Programme entwickelt, die in Image und Inhalt
auf eine Art tendenziös sind, die dem Werbenden nicht zu
nahe tritt,
und dabei versuchen, für das beworbene Produkt
die größtmögliche Öffentlichkeit zu erreichen.
Propagiert werden dadurch
Bilder der Gleichförmigkeit für Produkte der Gleichförmigkeit,
mit verallgemeinerten Kulturhelden,
Körpertypen der Gleichförmigkeit, Mythen,
Erzählungen, verallgemeinerten Ausdrücken von Privatheit,
die durch die Kraft der Wiederholung
die Einzigartigkeit des Ortes entwerten
und dabei gleichzeitig
jegliche Besonderheit des Ausdrucks des Ortes verzehren,
die sich irgendwie vereinfachen
und einem Massenpublikum schmackhaft machen läßt.
Wenn beispielsweise

Propagiert werden Bilder der Gleichförmigkeit für Produkte der Gleichförmigkeit.

Programme mit einem Bezug zum Ort ausreichend
subventioniert würden,
damit einheimische Produktionen gegenüber den
Produktionen auf dem Weltmarkt
technisch wettbewerbsfähiger wären,
und
wenn Programme mit einem Bezug zum Ort
in ihrem besonderen Wert
für den Ort und für andere Orte behandelt würden
und

wenn der Wert, den die Interessen kleinerer Publikums-
gruppen
für den Ort haben,
genauso behandelt würde
wie der des Massenpublikums für den Welthandel,
dann
könnte vielleicht ein neues ebenes Spielfeld entstehen,
wo
die Mythen und Erzählungen des Ortes,
die politischen Eigenheiten,
die Einzigartigkeit der Landschaft
und der Stadtlandschaft,
die Psyche des Ortes an sich ihre Stimme finden könnten,
indem es die kulturellen Werte in sich selbst zurückspeist,
den Zusammenhalt der Gemeinschaft stärkt
und Arbeitsmöglichkeiten für viele entwickelt.

Es ginge darum, die Kulturen des Ortes ständig neu zu schaffen.

Mit einem Wort: Es ginge darum,
die Kulturen des Ortes
ständig zu schaffen
und wieder neu zu schaffen.
Wenn der Architektur des Ortes
ähnliche Bedeutung beigemessen würde,
wie international entwickelte
Produktionssysteme wegen ihrer Effizienz geschätzt werden,
aber nur insoweit, als sie die Vielfalt des Ortes unterstützen,
und wenn die Künste des Ortes,
die sich zuerst an das Publikum des Ortes wenden
und dann erst an größere Publikumsgruppen,
so unterstützt würden, daß ihre Produktionswerte
mit den internationalen Stilen konkurrieren könnten,
die den Massenmarkt auf Kosten des einheimischen Marktes
begünstigen,
dann
würde die heute vorhandene, heute gefährdete
Vielfalt der Kulturen in der transeuropäischen Region
geschützt und gefördert werden

und in den Ort und die Regionen wieder Wert zurückspeisen.
Wer kann es
beispielsweise den Franzosen verübeln,
daß sie versuchen, etwa 50 Prozent dieses Marktes
der einheimischen Produktion vorzubehalten?
Und wer kann es den Basken verübeln, daß sie für die Bewahrung
ihrer Sprache kämpfen, oder den Iren, oder den Walisern?
Da Sprache eine Hauptkulturträgerin für die Region ist,
wer kann es den Regionen dann verübeln, wenn sie kämpfen
für das, was ihre besondere Einzigartigkeit ausmacht?

Wer kann es den Basken verübeln, daß sie für die Bewahrung ihrer Sprache kämpfen?

Nun
haben das Internet und andere, zukünftige Netze
einen virtuellen Diskurs geschaffen,
bei dem alle Teilnehmer kleine virtuelle Gemeinschaften bilden können,
die, je nach Belieben der Gesprächspartner,
existieren oder aufhören zu existieren, expandieren oder schrumpfen.
Das Internet fungiert als nichtlineares, sich ständig erweiterndes System
zum Austausch von Ideen, Geld und Erfahrungen jeder Art,
die sich auf einem Bildschirm ausdrücken oder darstellen lassen.
Wie eine immer größer werdende Informationssuppe nährt es alle,
die an ihm teilnehmen,
und wird von ihnen genährt.
Allerdings
verschafft es denjenigen einen Vorteil, die daran teilnehmen
und denjenigen einen Nachteil, die nicht daran teilnehmen.
Und während die Vorteile,
mit und in der virtuellen Welt zu spielen, offenkundig sind,
sind die Nachteile für die Kulturen des Ortes es nicht.
Beispielsweise
sich auf die virtuelle Domäne einzulassen,

geschieht hauptsächlich von Person zu Person
durch Konfrontation mit einem Bildschirm.
Dieser Prozeß von Engagement, Reaktion und Gegenreaktion
schränkt die meisten sinnlichen Reaktionen auf das ein,
was der Verstand sich erwünscht.
Und dieser Prozeß von Geben, Nehmen und Produzieren
durch Einschränkung der Eigenschaften des Verstandes
also durch abtasten,
riechen, berühren, hören,
hereinkommen und reagieren
und Reaktion erfahren,
in Kontakt sein mit der physischen Umgebung,
schafft eine seltsame Form von Entfremdung,
von dem ,was nicht seinesgleichen ist.
Da die Gleichförmigkeit von Prozessen und Form,
die so sehr Teil der Erfahrung der elektronischen Welt sind,
eine Distanz schafft zwischen Mensch und Mensch und
Mensch und Ort,
kann eine Art Bindungsauflösung erfolgen und erfolgt auch oft,
wenn das Sensorium den Blickwinkel verengt
und allzu ausschließlich von der virtuellen Welt
das Erscheinungsbild von Wohlbefinden annimmt.«

Alle Fragen münden in die *eine* Frage: Was kann angesichts dieses neuen Phänomens der Gleichförmigkeit und der Ortlosigkeit eine Mittlerfunktion ausüben, damit die sich rapide entwickelnde virtuelle Welt gleichzeitig auch die Vielfalt der Kulturen von Ort zu Ort ermöglicht? Wir meinen, allerdings ohne letzte Sicherheit, daß eine substantielle Bereicherung der Lebensqualität des Ortes in der realen Welt mit dem damit verbundenen kulturellen Engagement möglich ist. Dies jedoch nur, wenn ein adäquates kulturelles Sicherheitssystem eingerichtet wird. Damit gelänge ein Gegengewicht zu der fortgesetzten Schaffung nichtphysischer Orte in der virtuellen Welt. Dann ließen sich die Werte von Neuschöpfungen in der virtuellen Welt auf die Werte der Kulturen des Ortes abstimmen.

Wir meinen, daß eine substantielle Bereicherung der Lebensqualität des Ortes in der realen Welt möglich ist.

Wir schreiben dem heutigen Kulturnetz, das von Stadt zu Stadt, in den Ländern und Regionen und kulturellen Zentren quer durch die oft neu gezeichnete Landkarte Europas verläuft, große Bedeutung zu. Daß diese auf unterschiedliche Weise tatkräftige Unterstützung erfahren haben, ist offenkundig. Und bisher wurde ihre gemeinsame Wesenheit auch geschützt. Allerdings sehen wir aus den genannten und zahlreichen anderen Gründen das starke Zivilitätsnetzwerk Europas einem gefährlichen Vereinfachungsdruck ausgesetzt, den bestimmte Kräfte – insbesondere, aber nicht ausschließlich die Kräfte des Marktes – von außen auf dieses Netz ausüben. Wir glauben nicht, daß der potentielle Verlust von Zivilität, Kreativität und Einzigartigkeit jedes einzelnen Ortes die zwangsläufige Voraussetzung, die unvermeidliche Folge des »Fortschritts« oder das unausweichliche Resultat einer hereinbrechenden neuen Weltordnung ist.

Wir sehen das starke Zivilisationsnetzwerk Europas einem gefährlichen Vereinfachungsdruck ausgesetzt.

Wir regen daher die Schaffung eines transeuropäischen kulturellen Sicherheitssystems an, ähnlich dem bereits erwähnten Ökosicherheitssystem, das in ausreichendem Maße in der Lage ist, sich mit den anstehenden Themen und den zu lösenden Problemen auseinanderzusetzen.

»Wenn beispielsweise
ein halbes Prozent des transnationalen Bruttosozialprodukts
der Halbinsel Europa,
etwa 38 Milliarden Dollar jährlich,
für so ein Sicherheitssystem bereitgestellt würde,
dann
könnte ein wirtschaftlicher Motor in Gang kommen,
der zuerst einen transeuropäischen Diskurs
über Art, Wert, Gegenwart, Zukunft und Vergangenheit
ihrer heute gefährdeten kulturellen Netzwerke des Ortes
antreibt.
Und dann
wäre es seine Aufgabe,
einfach formuliert, aber kompliziert in der Umsetzung,
eine Gegenkraft oder einen Ausgleich zu schaffen
für die Überproduktion von Gleichförmigkeit.

Wenn wir beispielsweise
für einen Moment die Verteilung der Finanzmittel als ein

Strukturproblem beiseite lassen, das sich im Grunde nicht von der Struktur anderer Verteilungssysteme für Finanzmittel unterscheidet,
und die Kritik beiseite lassen, daß Bürokratien sich ihre eigenen Probleme schaffen, was sicher zutrifft,
und das Argument als irrelevant beiseite lassen, öffentliche Finanzierung in den von uns vorgeschlagenen Bereichen sei unfairer Wettbewerb gegenüber dem freien Unternehmertum,
was nicht zutrifft,
da die Kultur das gleiche Recht hat, ihr Wohl zu verteidigen, wie das private Unternehmertum,
und öffentliche Gelder gemäß dem öffentlichen Willen ausgegeben werden können,
so wie private Gelder gemäß privater Interessen
verteilt und eingesetzt werden können und werden sollen,
dann kann ein gewagtes, neues kulturelles Experiment,
dessen Auftrag das Wohl der Kulturen des Ortes ist,
ausprobiert werden.

Es könnte ein neues kulturelles Experiment ausprobiert werden.

Man stelle sich einmal die Rückkopplung an Geldern vor,
die dieser wirtschaftliche Motor von 38 Milliarden Dollar
in Bewegung setzt, damit die Kulturen des Ortes
mit dem amerikanischen Filmproduktionssystem
konkurrieren können,
das nach Belieben zehn oder 100 Millionen Dollar
in einen einzigen Film stecken kann,
und man stelle sich einmal vor, zehn Prozent dieses
38 Billionen Dollar-Motors
würden 38 regionalen Zentren zur Verfügung gestellt
und jedes würde mit 200 Millionen Dollar finanziert,
dann könnten 38 Regionen auf der Halbinsel Europa die Programme
des einheimischen Theaters und Kinos und Fernsehens
mit einheimischen Schauspielern, Technikern, Autoren,
Regisseuren unterstützen,
wo die Stimme des Ortes
die Kreativität des Ortes,

das Publikum des Ortes,
die besonderen Themen und Mythen des Ortes
und die ganz charakteristischen Themen,
die anderswo vielleicht oder vielleicht nicht interessant wären,
sich Ausdruck verschaffen könnten.
Und das gälte auch für all die anderen Künste des Ortes,
die heute noch nicht mit dem internationalen Kunstmarkt konkurrieren können,
und es gälte auch für alle Publikationsformen,
so daß anspruchsvolle lokale Zeitschriften
entworfen werden und konkurrieren könnten
mit mehreren Dutzend international publizierter Zeitschriften,
die Kunst, Design, Architektur, Landschaftsarchitektur,
Innenarchitektur und Städtebau beeinflussen
und die gegenwärtig,
so ausgezeichnet sie sein mögen,
den Prozeß des internationalen Designstils bestimmen.

Und
wenn die Halbinsel Europa ein kulturelles Fördersystem
adäquater Größenordnung schaffen würde,
das verstärkt Arbeitsplätze schafft und dabei Fachkenntnisse entwickelt
und die Vielfalt der Kultur von Region zu Region hoch bewertet,
und
wenn ein transeuropäisches Ökonetz eingerichtet würde,
bei dem die Schaffung eines halbinselübergreifenden Waldes
durch einen Korridor symbiotisch verbunden wäre mit Wiese
und sauberem Wasser und reduzierter Umweltverschmutzung,
was Arbeit und Wohlbefinden fördern würde,
von Ort zu Ort
und dann von Region zu Region,
bis das Ganze umspannt ist,

Wenn ein transeuropäisches Ökonetz eingerichtet würde ...

und
wenn transeuropäisches Landbaugebiet
zu einer großen grünen Farm würde
und neuartige Jobs für neuartigen Landbau entstünden
und experimentelles Wissen darüber, wie dies im großen Stil
zu machen sei,
und hochwertige Agrarprodukte zu erhöhtem Gewinn
angeboten würden,
während der Mutterboden verbessert
und die Verschmutzung der Wasservorräte
von Region zu Region reduziert würde,
bis das Ganze umspannt ist,
und
wenn eine transeuropäische Industrie
umweltverträglichen Verfahren zugänglich würde,
indem sie neue Industrieprozesse schaffte
und damit neue Arbeitsformen
und dabei die Anzahl von Mülldeponien verringerte
und das Wohl der Umwelt verbesserte,
von Region zu Region,
bis das Ganze umspannt ist,
dann
wird die Halbinsel Europa
sowohl in geophysikalischer Hinsicht
als auch in kultureller Hinsicht
ihr Wohl langfristig erhalten,
eine gemeinsame Wesenheit erlangen
und dadurch zu einer Stabilitätsdomäne werden.«

Über die Bedingungen der Umsetzung unserer Vision

Wir glauben, daß sich eine Vision durch Kraft, Klarheit, und Zeitlosigkeit auszeichnen muß.

Wir glauben, daß sich eine Vision, wie sie in der *Halbinsel Europa* dargelegt ist, durch Kraft, Klarheit, Zeitlosigkeit, strukturelle Offenheit und Ambiguität auszeichnen muß, damit auch andere die Möglichkeit haben, sie zu erfassen, mit ihr zu arbeiten und sie zu prüfen, mit ihr etwas zu erschaffen, mit ihr zu spielen und mit ihr zu improvisieren. Eine Vision muß in vieler Hinsicht zunächst einmal etwas Wertvolles sein, dessen Umsetzung sich lohnt. Auch trägt sie gewöhnlich ihr Spiegelbild in sich, also die umgekehrten Folgen, falls ihre Umsetzung nicht stattfindet. Darüber hinaus muß eine Vision hinreichend vieldeutig sein, damit auch alternative Möglichkeiten der Umsetzung bestehen. In welcher Form sie auch erfolgt, die Vorstellung einer Vision ist ein Prozeß, der nie vollständig werden kann, da jeder Schritt im Prozeß sich rückkoppelt zu der anfangs festgelegten Vision und ihre wahrgenommene Gestalt beeinflußt.

Die Vorstellung einer Vision ist ein Prozeß, der nie vollständig werden kann.

Die Vision, die wir für die Präsentation der Halbinsel Europa erarbeitet haben, muß von einem allgemeinen Konsens getragen sein, damit sie für verschiedene Menschen und Kulturen einen wirklichen Wert darstellt. Wenn sie zu autoritär ist oder zu idealistisch oder zu ungewohnt insofern, als es sich um noch nie dagewesene Ideen handelt, oder wenn sie zu phantastisch anmutet oder zu weithergeholt, wird die Vision einfach als eine von vielen Kuriositäten ad acta gelegt.

Im übrigen wird eine Vision von der Art, wie wir sie für die Halbinsel Europa vorschlagen, nicht funktionieren, wenn sie sich auf gänzlich neue Informationen stützt. Wie wir in der Arbeit *Grünes Herz Holland* gezeigt haben, müssen die einzelnen Teile, wenngleich fragmentiert und voneinander abgekoppelt, doch im Diskurs oder im Handeln eines Ortes irgendwo sichtbar oder vorhanden sein. In der Arbeit zur Halbinsel Europa regen wir ein neues Muster an, das durch die Vergegenwärtigung einer Reihe von Beziehungen entsteht. Diese können in der Realität oder in Plänen oder auch in anderen Visionen bereits existieren.

Das Konzept von der transeuropäischen Zusammenarbeit gibt es z.B. schon in der Realität. Davon zeugt allein der Begriff Europäische Union. Die Währungsunion markiert den Beginn der wirtschaftlichen Zusammenarbeit. Richtlinien zur Herstellung von Bier und anderen Nahrungsmitteln und Gebrauchsgütern sind bereits eingeführt, auch wenn die Qualität dabei oft auf den kleinsten gemeinsamen Nenner reduziert wird. Selbstschutzmaßnahmen wie das Einfuhrverbot für genetisch veränderte Lebensmittel, z.B. Sojabohnen, sind in England schon gesetzlich verankert, ebenso wie das Einfuhrverbot von britischem Rindfleisch nach Deutschland, als die Gefahr von BSE bestand. Die Vorstöße von EU-Agrarkommissar Franz Fischler zugunsten umweltfreundlicher Agrarwirtschaft sind in Österreich größtenteils schon umgesetzt und in geringerem Ausmaß auch von unabhängigen Bauern andernorts. Dies legt die Vermutung nahe, daß die Idee eines riesigen, umweltverträglichen Landbausystems mit dem Ziel der Aufwertung von Mutterboden tatsächlich präsent ist, im transeuropäischen Gespräch intensiv diskutiert und auch aktiv umgesetzt wird. Mit ihrer Unterstützung sich jährlich abwechselnder Kulturhauptstädte wie Wien oder Weimar betreibt die Europäische Union praktische Kulturförderung, Stadt für Stadt. Es erhebt sich die Frage: Welcher Art ist diese Unterstützung und reicht sie aus?

Im übrigen fördert die Europäische Union bestimmte Regionen in verschiedenen Ländern. Durch diese Art von Unterstützung erhalten die Regionen die Chance, sich selbst zu entfalten, die ihnen von ihren Zentralregierungen oft verwehrt wird. Allerdings geht die Unterstützung bisweilen in die falsche Richtung. Von der EU geförderte Schafzucht in England führt z.B. zu massiver Überweidung und Überdüngung des Bodens, was wiederum Probleme der Wasserverschmutzung mit sich bringt. Trotzdem sind Konzeption und Infrastruktur der Regionalförderung sinnvoll.

Was das Thema »grüne« Industrie anbelangt, so gibt es darüber einen äußerst lebhaften Diskurs, wie er auch im Hinblick auf das 5. Rahmenprogramm Forschung der EU (1998-2002)[1] sichtbar wird. Auf der Expo 2000 in Hannover werden zahlreiche Ansätze vorgestellt, wie die Industrie auf Nachhaltigkeit und die Bedürfnisse der Umwelt eingestimmt werden kann. Gewinnung und Erhalt der Qualität der Umwelt ist die dritte Priorität der EU. Die Ausweitung dieser Priorität auf das Engagement zur Schaffung eines transeuropäischen Ökonetzes lehnt sich stark an die erklärten Absichten der EU an, die von dem inzwischen gewachsenen Einfluß der grünen Parteien verstärkt wird, insbesondere in Deutschland.

Auf der Expo 2000 in Hannover werden zahlreiche Ansätze vorgestellt.

Es bleibt die Frage, wie 445 Millionen Menschen in Europa in die Lage versetzt werden können, ihre Meinung zu äußern oder aktive Schritte in die Wege zu leiten. Für welche hätten 445 Millionen Menschen z.B. als Reaktion auf »ethnische Säuberungen« gestimmt? Oder angenommen, sie hätten die Wahl: Wie würden sie über Vorschläge zum Schutz der Umwelt abstimmen, wenn sinnvolle wirtschaftliche Anreize vorlägen? Und wie sieht es mit der Schaffung einer Infrastruktur aus, die eine derartige Abstimmung ermöglicht?

1 Amtsblatt der Europäischen Gemeinschaften L 26, 42. Jahrgang vom 1. Februar 1999.

Schließlich und endlich ist die Vision *Halbinsel Europa. Die Welt als Garten* als Anregung gedacht, daß eine neue Synthese verfügbar ist, ein Neuaustarieren der Teile, wodurch andere Beziehungen und ein neues Organisationsmuster entstehen. Ein Muster, bei dem jeder Teil, für sich selbstnährend und selbsterhaltend, der Unterstützung eines Ganzen dient, das sich auf unterschiedliche Art und Weise verzweigt, seinem eigenen Wohl zuträglich, aber in seinen jetzigen ersten Anfängen noch unbekannt.

Die Vision *Halbinsel Europa. Die Welt als Garten* ist als Anregung gedacht.

Danksagung: Zum Abschluß möchten wir der Schweisfurth-Stiftung in München sehr herzlich für Ihre Unterstützung dieses Buches danken. Ohne sie hätten wir dieses Buch nie verwirklichen können. Helen Mayer und Newton Harrison.

Literatur

Asensio Cerver, Francisco: *Elements of Landscape. World of Environmental Design*. Thalwil 1995.

Baumüller, Barbara/Kudern, Ulrich/Zoglauer, Thomas (Hg.): *Landschaftskunst im 19. und 20. Jahrhundert*. Stuttgart 1997.

Beardsley, John: *Earthworks and Beyond, Contemporary Art in the Landscape*, Third Edition. New York 1998.

Felshin, Nina (Hg.): *But is it Art? The Spirit of Art as Activism*. Seattle 1995.

Fineberg, Jonathan: *Art Since 1940: Strategies of Being*. New York 1995.

Harrison, Helen Mayer und Newton: *Le Cycle du Lagoon, Villette-Amazone: Manifeste pour L'Environnement Au XXIe Siècle*. Paris 1996.

Harrison, Helen Mayer und Newton: *Karl-Marx-Allee As Centering a Unique Neighborhood within the First Urban Forest*, in: Cuadra, M. und Toyka, R., *Berlin: Karl-Marx-Allee, Hintergründe ihrer Entstehung – Probleme, Visionen*. Hamburg 1997.

Harrison, Helen Mayer und Newton: *Knotted Ropes, Rings, Lattices and Lace: Retrofitting Biodiversity into the Cultural Landscape*, in: Barthlott, W. und Winigar, M., *Biodiversity: A Challenge for Development Research and Policy*. Heidelberg/New York/Tokyo 1997.

Harrison, Helen Mayer und Newton, Phil Linares (Hrsg.): *From the Lagoon Cycle: From the Meditations*. San Francisco Art Institute, San Francisco 1977.

Harrison, Helen Mayer und Newton, Jay Belloli (Hrsg.): *Arroyo Seco Release: A Proposal for Pasadena*. Baxter Art Gallery and California Institute of Technology, Pasadena 1985.

Harrison, Helen Mayer und Newton: *The Lagoon Cycle*. The Johnson Museum, Cornell University, Ithaca 1985 (Einführung von Thomas Leavitt).

Harrison, Helen Mayer und Newton: *Atempause für den Save-Fluß, Die Summe seiner Geschichte, Beginn einer neuen Geschichte*. Neuer Berliner Kunstverein und Berliner Künstlerprogramm des DAAD, Berlin 1989.

Harrison, Helen Mayer und Newton: *Green Heart Vision*. Kulturrat Südholland (Initiator: Adriaan de Regt), Den Haag 1995.

Harrison, Helen Mayer und Newton: *The Serpentine Lattice*. The Douglas F. Cooley Memorial Art Gallery, Reed College, Portland 1993 (mit einem Essay von Susan Fillen-Yeh).

Harrison, Helen Mayer und Newton: *Ein Braunkohlepark für den Südraum Leipzig, für Kunst und Landschaft. Ein Projekt der Kulturstiftung des Freistaates Sachsen und des Siemens-Kulturprogramms*. Leipzig 1996.

Harrison, Helen Mayer und Newton: *Future Garden Teil 1. Die gefährdeten Wiesen Europas*. Kunst- und Ausstellungshalle der Bundesrepublik Deutschland, Bonn 1996.

Harrison, Helen Mayer und Newton: *Casting A Green Net: Can It Be We Are Seeing a Dragon*. Artrans Pennine, England 1999.

Harrison, Helen Mayer und Newton in weiteren Sammelkatalogen:
The Venice Bienale, 1976
Documenta 8, Kassel 1987
Gedenken und Denkmal, Martin-Gropius-Bau, Berlin 1989
Aufriß: Künstlerische Positionen zur Industrielandschaft in der Mitte Europas. Leipzig 1997.

Kastner, Jeffrey (Hg.): *Land and Environmental Art*. London 1998.

Kienast, Dieter: *Gärten*. Basel 1997.

Kienast, Dieter: *Zwischen Arkadien und Restfläche*. Luzern 1998.

Küster, Hansjörg: *Geschichte der Landschaft in Mitteleuropa. Von der Eiszeit bis zur Gegenwart*. München 1996.

Lenz, Gerhard: *Verlusterfahrung Landschaft. Über die Herstellung von Raum und Umwelt seit Mitte des letzten Jahrhunderts*. Edition Bauhaus, Bd. 4, Frankfurt a.M./New York 1999.

Oakes, Baile (Hg.): *Sculpting with the Environment – A Natural Dialogue*. New York 1995.

Raskin, David: *Jetties and Lagoons*, in: *Tracing Cultures-Art History, Criticism, Critical Fiction*. Whitney Museum of American Art, New York 1995.

Sack, Manfred: *Renaissance eines Industriereviers, IBA Emscher Park*. Stuttgart 1999.

Sieferle, Rolf Peter: *Rückblick auf die Natur. Eine Geschichte des Menschen und seiner Umwelt*. München 1997.

Stiles, Kristine und Selz, Peter: *Theories and Documents of Contemporary Art*. Berkeley 1996.

Weilacher, Udo: *Zwischen Landschaftsarchitektur und Land Art*. Basel 1996.

Vision:
Die Welt als Garten

Zwölf Thesen

Helen Mayer Harrison,
Newton Harrison

1. Alle Ökosysteme müssen sich ihre Existenz innerhalb der Grenzen des weltweiten Spielfeldes erobern. Ob Wüste oder Regenwald, jedes erzählt die Geschichte seiner eigenen Entstehung und trägt Kreativität und Einzigartigkeit zum Gesamtmuster bei.

2. Europa hat in diesem globalen Spiel die einmalige Chance, ein eigenständiges, ökokulturelles Muster zu schaffen und damit eine Vorbildfunktion in der Welt einzunehmen.

3. Man stelle sich vor: ein neuer Wald und die gesamte Landschaft Europas als Garten, als Garten des 21. Jahrhunderts, entstanden aus der »Dringlichkeit des Augenblicks«!

4. Hierfür müssen Maßnahmen ergriffen werden, z.B. große grüne Bauernhöfe mit alternativen Anbaumethoden, bei denen der Mutterboden nicht zerstört wird und alle Ackerflächen und Inseln biologischer Vielfalt zu einem grünen Netz verbunden werden. Wald, Wiese, Weidefläche, Fluß und Strom umgeben so das Urbane und verschmelzen mit ihm.

5. Für die Flüsse und deren Mündungsgebiete ergreifen sogenannte »Wasserscheidemeister« Partei. Eine Autorität, die sich um die Gesundheit der Gewässer, der Flüsse, der Wälder, der Wiesen, der Weiden, der Parks kümmert, kurzum: die die Ökosicherheit des Ganzen im Auge behält.

6. Der globale Handel und der globale Markt müssen anfangen, sich wie ein Ökosystem zu verhalten, das, wenn es richtig funktioniert, keinerlei Abfall hinterläßt.

7. Wenn wir ein Prozent unseres Bruttosozialprodukts »recyclen« und ein Ökoversicherungssystem ähnlich unserem Sozialversicherungssystem einrichten, dann stehen jährlich mehrere Milliarden Mark für Sanierung und Rückgewinnung von Naturlandschaften zur Verfügung.

8. Damit könnten die Kammlinien der Gebirge gekauft, Flüsse und ihre Einzugsgebiete in einen ursprünglicheren Zustand zurückversetzt, Monokulturen diversifiziert und Gebiete mit altem Bewuchs erweitert werden. Schließlich könnten diese Gebiete saniert werden, damit sich alles zusammen zur neuen ökokulturellen Wesenheit Europas wandelt.

9. Wir plädieren für die Wiedereinführung traditioneller Verfahren zur Futtergewinnung für Vieh, für die Rückkehr zu alten, biologisch vielfältigen Mustern in Verbindung mit Weiden und Landbau auf der Halbinsel Europa, kurz: für die Erneuerung traditioneller Gras-, Weide- und Wiesenlandschaften.

10. Wir müssen botanische Korridore entlang der Eisenbahnlinien und Autobahnen schaffen. Dadurch entstehen Pfade für gefährdete Tiere und Pflanzen, eine naturgemäße Vernetzung von artenreichen Biotopen.

11. Letztlich wird ein hochgelegenes Wald-Grünland-Gebiet entstehen, das sich über die Pyrenäen, die Alpen, die Karpaten und angrenzende Bergketten erstreckt. Es wäre biologisch vielfältig, in Vegetation und Muster je nach Bodenbeschaffenheit, Klima und bisheriger Vegetation abwechslungsreich und würde zur Reifung 100 bis 200 Jahre in Anspruch nehmen.

12. Die Europäische Union selbst gibt zur Finanzierung dieser Vorhaben Wertpapiere oder Anleihen aus, um den Übergang auch zur »grüneren« Industrie zu unterstützen. Ziel ist eine vollständige Kreislaufwirtschaft, die jeglichen Abfall vermeidet.

Naturschutz am Bodensee – ein zähes Ringen um jeden Meter

Gerhard Thielcke

Bodensee mit Verdauungsbeschwerden

Amüsiert blicke ich heute auf den Winter 1969/70 zurück. Eine ökologische Freveltat wurde damals zum Auslöser für mein Engagement in Sachen Naturschutz: ein Kahlschlag im Naturschutzgebiet Mindelsee, das am westlichen Bodensee auf der Gemarkung Radolfzell liegt. Schöne alte Erlen fielen ihm zum Opfer. Auf einen Schlag war damit ein Brutplatz für Mäusebussard, Waldohreule und viele andere Arten ausgelöscht. Ein Blick in die Naturschutzverordnung für den Mindelsee hätte die Zerstörer eines Besseren belehren müssen: Der Einschlag war illegal. Doch bei einem Ortstermin erklärte der Beamte des Landratsamts Konstanz, das sei kein verbotener Kahlschlag, sondern erlaubte forstliche Nutzung. Meine Antwort: »Dann ist da hinten auch kein Mindelsee, sondern irgend etwas anderes.«

Dieses Erlebnis brachte das Faß zum Überlaufen.

Dieses Erlebnis brachte bei mir das Faß zum Überlaufen, denn wo man hinschaute, griffen Nutzer und Vertreter von Behörden rücksichtslos in wertvolle Lebensräume ein: Das Naturschutzgebiet Wollmatinger Ried wurde permanent mit Flächenforderungen der Stadt Konstanz attackiert, die Hochrheinschiffahrt, ein Stollen zur Durchspülung des Neckars mit Bodenseewasser, ein Regulierwehr bei Hemmishofen und eine Brücke über den Bodensee schwebten viele Jahre wie Damoklesschwerter über dem Bodensee und seiner Landschaft.

Wären diese Großprojekte verwirklicht worden, schipperten heute täglich Lastkähne über den Hochrhein zum Bodensee. Jeder größere Ort hätte seinen Hafen mit Industrieanlagen. Die Region hätte noch mehr Menschen zu verkraften. Und die Verschmutzung des Sees mit Abfällen und Schadstoffen wäre noch schwerer aufzuhalten gewesen. Das hätte verheerende Auswirkungen gehabt.

Um den Mindelsee am westlichen Bodensee liefern sich Naturschützer und -ausbeuter seit vielen Jahren heftige Kämpfe.
Foto: Jürgen Resch

Blenden wir kurz zurück: 1972 übergab der Club of Rome seine Studie *Die Grenzen des Wachstums* der Öffentlichkeit. Der Bodensee hätte dazu eindrucksvolle Fakten liefern können, wie die Daten der Gewässerkundler zeigten. Sie zählen seit den 30er Jahren, wie viele mikroskopisch kleine Algen in jeweils einem Tausendstel Liter Bodenseewasser leben. Damals waren es 220, in den 50er Jahren 700 und 1975 schon 2.000. Anstelle von zwei Jahresgipfeln bei der Massenvermehrung von Algen traten 1975 drei auf.

Ursache dafür waren die immer größeren Mengen von Phosphat aus Waschmitteln und Toiletten, die in den See gelangten. Auf diese Weise prächtig gedüngt vermehrten sich die Algen so stark, daß der ganze Bodensee in Gefahr geriet. Der verhängnisvolle Prozeß läuft mit der Präzision eines Uhrwerks ab: Haben die Algen dem Wasser alle Nährstoffe entzogen, sterben sie ab und sinken in die Tiefe. Dort werden sie von Bakterien in ihre Bestandteile zerlegt. Das klappt aber nur so lange, wie Sauerstoff vorhanden ist. Ist der aufgebraucht, weil zuviele Algen im Wasser sind, werden die winzigen Pflanzen nicht mehr abgebaut, sondern faulen: Der See bekommt Verdauungsbeschwerden. Im schlimmsten Fall kann ein See durch Überdüngung »kippen« und sich in eine faulende Kloake verwandeln, in der nur noch wenige Pflanzen- und Tierarten leben können.

Der verhängnisvolle Prozeß läuft mit der Präzision eines Uhrwerks ab.

Dem Bodensee blieb dieses Schicksal erspart. Kurz vor zwölf steuerten Landesregierung und Kommunen dagegen. Allein in Baden-

Württemberg brachten Steuerzahler und Anrainer zwei Milliarden Mark für den Kläranlagenbau auf. Weitere eineinhalb Milliarden Mark waren notwendig, um den Eintrag des Nährstoffs Phosphat weiter zu vermindern. Doch die Gefahr ist noch längst nicht gebannt: Pestizide, die in der Landwirtschaft gegen Schädlinge eingesetzt werden, verunreinigen das Bodenseewasser nach wie vor.

Am Bodensee wurde noch rechtzeitig eingegriffen, zumal er als Trinkwasserspeicher für 4,5 Millionen Menschen von außerordentlicher Bedeutung ist. Darüber hinaus wurden die meisten seiner für Wasservögel bedeutenden Flachwasserzonen Zug um Zug als Schutzgebiete ausgewiesen. Er ist für viele Vogelarten ein wichtiges Durchzugs- und Überwinterungsgebiet. Zwölf international bedeutende Feuchtgebiete liegen am Bodensee, darunter das 757 Hektar große Wollmatinger Ried im Landkreis Konstanz. 1989 nahm die Europäische Union den See in die Liste der bedeutendsten und bedrohtesten Lebensräume Europas auf.

Aus einstigen Gegnern wurden Verbündete.

Inzwischen hat sich die Konfrontation zwischen Bürgerbewegungen auf der einen Seite und Politikern und Behörden auf der anderen Seite entspannt. Aus einstigen Gegnern wurden Verbündete. Mitunter scheint es nur noch darum zu gehen, wer die gute Idee zuerst gehabt hat, z.B. eine S-Bahn rund um den Bodensee einzurichten. Heute arbeiten sogar Behörden zusammen, deren Aktivitäten früher unvereinbar schienen, wie die Wasserbau- und die Naturschutzverwaltung. Sie entwickelten gemeinsam mit den Naturschutzverbänden ein Konzept für die Renaturierung der Radolfzeller Aach, die in den Bodensee mündet. Es wird nach und nach umgesetzt. Dort, wo der Fluß wieder arbeiten darf, also Steilhänge ins Land erodiert und Kiesbänke aufschüttet, hat 1998 sogar der Eisvogel gebrütet.

Um die reizvolle Kulturlandschaft des Bodensees zu erhalten und Pflanzen und Tieren eine Chance zu geben, machen Naturschützer, Behörden, Verbände und Landwirte am Bodensee seit 1991 gemeinsame Sache. Ihr Ziel: Biotope zu vernetzen und die regionale Vermarktung umweltschonend erzeugter Produkte zu fördern.

Wesentliche Impulse kamen dabei von dem Waschmittelhersteller Lever, der auf Vermittlung der Deutschen Umwelthilfe viele Projekte am Bodensee gefördert hat. Daraus entwickelte sich ein paar Jahre später die Bodensee-Stiftung, in der sechs Naturschutzorganisationen aus den drei Anrainerstaaten zusammenarbeiten.

Weitere Geldgeber sind die Stiftung Naturschutzfonds Baden-Württemberg, die Deutsche Bundesstiftung Umwelt sowie Unternehmen aus der Region. »Zukunftsfähiger Bodensee« ist das Schlagwort der Bodensee-Stiftung; sie will die Umweltqualität verbessern und eine nachhaltige Nutzung von Ressourcen fördern. Vor allem die Landwirtschaft ist gefordert, weniger Pestizide und Dünger einzusetzen, damit der See nicht länger verunreinigt wird. Deshalb kümmern sich die Stiftung und die Akteure im Modellprojekt Konstanz besonders um ökologisch erzeugte Produkte, die auf chemischen Pflanzenschutz verzichten. Um alternativ wirtschaftenden Landwirten das notwendige Einkommen zu sichern, informiert sie Verbraucher in Kampagnen über regionale Lebensmittel, hilft Biobauern, ihre Produkte zu vermarkten, motiviert Gastwirte, regionale Produkte auf den Tisch zu bringen, bietet Touristen Naturprodukte aus erster Hand an und informiert die Bevölkerung über Anschriften von Biobetrieben.

Die Ergebnisse können sich sehen lassen. Mittlerweile haben 50 landwirtschaftliche Betriebe auf ökologischen Landbau umgestellt. In Radolfzell und Konstanz wurden Bauernläden eingerichtet. Unter dem Slogan »Untersee-Genüsse« haben sich renommierte Gasthäuser und Restaurants verpflichtet, Naturprodukte aus erster Hand von Ökobauern der Region anzubieten. Die Hälfte der Weinberge am Bodensee wird bereits ohne Gifteinsatz gegen »Unkräuter« bewirtschaftet. Auch die Deutsche Bahn verzichtet am Bodensee auf die chemische Keule. Auf 100 Kilometern Gleisstrecke spritzt sie kein Gift mehr zur Gleisentkrautung.

Auch die Deutsche Bahn verzichtet am Bodensee auf die chemische Keule.

Ein weiteres Projekt der Bodensee-Stiftung ist die umweltfreundliche Schiffstechnik. 1998 wurde in diesem Zusammenhang die erste Solarfähre am Bodensee in Betrieb genommen: Fünfmal täglich fährt sie vom deutschen Höriufer in die schweizer Solargemeinde Steckborn. Auch die Holzindustrie hat begonnen, mit den Naturschützern zusammenzuarbeiten: Fortschrittliche Waldbesitzer, Sägewerke und Schreiner lassen Buchen alt werden und können daher auch die vermarkten, die einen roten Kern entwickelt haben – ein Zeichen für ein hohes Alter der Bäume. Das ist angewandter Naturschutz, denn Schwarzspechte, Hohltauben und Fledermäuse sind auf die alten Buchen angewiesen.

Wie kompliziert es ist, eine solche Kulturlandschaft zu erhalten, ihre gefährdeten Stellen zu renaturieren und vorbeugend zu schützen, wird in diesem Beitrag geschildert. In den Mittelpunkt stelle ich dabei die Gegend, in der die Deutsche Umwelthilfe, deren Vorsitzender ich bin, ihren Sitz hat: die Region um Radolfzell am westlichen Bodensee. Ihre Naturschutzgebiete Mettnau, Radolfzeller Aachried und der Mindelsee gehören zu den ökologisch wichtigsten am ganzen Bodensee.

Der Bodensee: ein Kind der Eiszeiten

Das Becken, das einmal die Bodenseeregion werden würde, war im Verlauf von 70 Millionen Jahren zweimal Meer und zweimal Land. Flüsse füllten es mit Schutt auf, aus dem später weicher Sandstein (»Molasse«) entstand. Den Alpen, aus denen dieser Schutt stammte, verdanken wir auch zwei Ketten ganz besonderer Berge: die Hegauvulkane. Durch das gewaltige Gewicht der sich auffaltenden Alpen und der Molasse auf der Erdkruste drängten sich Vulkane bis an die Oberfläche. Sie stießen vulkanische Asche, Gase und Steine aus. Mit welcher Wucht das geschah, belegen Steine, die aus 4.000 Meter Tiefe hochgeschleudert wurden. Kundige Sucher finden sie noch heute im Vulkanschutt des Hohentwiels. Doch um Lava austreten zu lassen, reichte die Kraft der Hegauvulkane nicht aus. Ihr Lavabrei erstarrte in den Schloten zu steinhartem Basalt und Phonolith. Teile der Vulkanasche und die sie einst umgebende Molasse wurden dann in eineinhalb Millionen Jahren von Regen, Bächen und Flüssen abgeschwemmt.

Wesentlich beteiligt waren daran auch die Gletscher der Alpen. Sie überzogen vom Hochgebirge ausgehend in vier Eiszeiten die ganze Bodensee-Landschaft mit einem 500 bis 800 Meter dicken Panzer und hobelten das Bodenseebecken bis auf eine Tiefe von 400 Metern aus. Nach der letzten Kaltphase, als gewaltige Eismassen abschmolzen, schlug die Stunde der Flüsse. Mit schwer vorstellbarer Kraft transportierten sie Sand und Steine aus den Alpen heran und verfüllten den Bodensee auf seine jetzige Tiefe von maximal 252 Meter.

Heute staunen wir im Fernsehen über kalbende Gletscher.

Heute staunen wir im Fernsehen über kalbende Gletscher in Grönland und wilde Ströme in Island. In der Zeit vor 14.000 bis 13.000 Jahren konnten Bodensee-Anwohner in Fellkleidung und mit Steinäxten das Schauspiel »live« in mitteleuropäischen Breiten erleben, denn die zurückweichenden Alpengletscher sorgten für ebensoviel Dramatik. Wo heute die Kirche von Möggingen, einem Stadtteil von Radolfzell, steht, floß vor 13.000 Jahren ein reißender Strom. Oft brachen mehrere hundert Meter hohe Eisberge vom Gletscher ab und verursachten riesige Flutwellen, die Mammute und Nashörner ins eiskalte Wasser rissen.

Um den Bodensee herum prägen heute 1.200 Hügel aus Gletschergeröll das Bild der Landschaft. Zwischen ihnen liegen Senken, die einst mit Wasser gefüllt waren und dann vermoorten. Einige blieben bis heute als Seen erhalten. Reste der Molasse säumen den Bodensee als langgestreckte Höhenzüge. Der größte Fluß dieser Landschaft ist der Rhein, der durch den Bodensee fließt. Gemeinsam mit vielen kleineren Flüssen hat er abwechslungsreiche Auen geschaffen, und an ihren Mündungen liegen große verlandete Flächen mit riesigen Schilfwäldern. Diese abwechslungsreiche Gegend lockte schon in der Steinzeit Menschen an. In den letzten Jahrhunderten schufen die Uferbewohner mit Streuwiesen, Streuobstflächen, Äckern und Wiesen neue Lebensräume für Pflanzen und Tiere.

Diese abwechslungsreiche Gegend lockte schon in der Steinzeit Menschen an.

Der Siegeszug der Rotbuchen

Ähnlich wie Geologen die Erdgeschichte aus Ablagerungen rekonstruieren, treiben auch Paläobotaniker Bohrer in den Untergrund und untersuchen Schicht für Schicht. Ihre wichtigsten Anhaltspunkte sind die Sporen von Moosen und Farnen und die Pollenkörner höherer Pflanzen, mit deren Hilfe man die Art oder die Gattung der Pflanze bestimmen kann. Gerhard Lang hat diese Analysen am Mindelsee, der zwischen Überlinger See und Untersee in der Nähe von Radolfzell liegt, durchgeführt.

Vor 13.000 Jahren war der Mindelsee mit Gletscherwasser gefüllt. Höhere Pflanzen konnten darin nicht gedeihen, weil das Wasser zu wenig Nährstoffe enthielt. In dieser Zeit wuchs in ganz Mitteleuropa kein Baum. Entweder hatten die Gletscher alle Pflanzen abrasiert, oder das lebensfeindliche Klima mit vier Meter tief gefrorenem Boden ließ in der eisfreien Tundra nur wenige Pflanzenarten gedeihen: Gräser, Seggen, Beifuß, Ampfer und Raute. Damals wuchsen dort auch Alpen-Sonnenröschen, das sind höchstens zwölf Zentimeter hohe Halbsträucher mit leuchtend gelben Blüten, die heute in den Alpen weit verbreitet sind. Das Sonnenröschen wächst auf Geröllhalden, Felsbändern und steinigen Matten. Vielleicht hat es die Eiszeit auf höhergelegenen Regionen der Alpen überstanden. Als es wieder wärmer wurde, gelangten seine Samen von dort an die Ufer des Mindelsees, wo die gekeimten Pflanzen ähnliche Bedingungen vorfanden wie im Hochgebirge.

Die ersten großen Sträucher, die nach der Eiszeit Fuß fassen konnten, waren Wacholder und Sanddorn. Sie formten eine Buschlandschaft, die allmählich mit Birken bereichert wurde. Die Vielfalt nahm weiter zu. Zwischen den Birken wuchsen Großer Wiesenknopf, Trauben-Skabiose und Mädesüß und am Seeufer Schmalblättriger Rohrkolben und Igelkolben, die sich bis heute gehalten haben. Obwohl es in der Zeit vor 12.000 bis 10.800 Jahren schon relativ warm war, schafften es von den Bäumen nur Birken und Kiefern, den Bodenseeraum zu erobern und relativ dichte Wälder zu bilden. Das milde Klima bis vor 5.000 Jahren verursachte dann eine Massenvermehrung der Hasel und schließlich die Vorherrschaft von Eichen, zu denen sich Ulmen, Linden, Eschen, Ahorn und Erlen gesellten.

Doch ein mächtiger Konkurrent, der diese Baumarten aus dem Feld schlagen würde, hatte sich bereits auf die Reise begeben. Vor 7.000 Jahren begann die Rotbuche von Südfrankreich und vom Balkan her nach Norden vorzudringen, vor 5.000 Jahren erreichte sie das Bodenseegebiet und nach weiteren 2.200 Jahren hat sie in Mitteleuropa das Regiment unter den häufigsten Baumarten übernommen. Mildes, feuchtes Klima ohne strenge Winter ermöglichte der Rotbuche ihren Siegeszug. Die ersten Opfer waren die Eichen, die allmählich zurückgedrängt wurden.

Die ersten Opfer waren die Eichen.

Zwar war in der milden Periode vor der letzten Eiszeit das Klima ähnlich wie heute. Dennoch war die Rotbuche damals noch nicht der beherrschende Waldbaum in Mitteleuropa. Als Grund vermutet man Waldelefanten, die mit Bäumen sehr rabiat umgingen und auf diese Weise große Freiflächen schafften, auf denen junge Bäume aufwuchsen, deren Blätter sie als Nahrung brauchten. Nach der letzten Eiszeit sind die Elefanten nicht wieder in die Wälder zurückgekehrt. Möglicherweise waren sie die ersten Tiere, die in Europa von Jägern ausgerottet wurden.

Die Strategie der Rotbuche ist einfach – sie hält Konkurrenten klein, indem sie ihnen das Licht stiehlt. Ihre dichten Kronen werfen sehr viel Schatten, der den meisten anderen Baumarten nur geringe Chancen läßt. Junge Rotbuchen kommen noch mit einem Sechzigstel des vollen Tageslichts aus. Sie bilden zwar unter den extremen Bedingungen eines geschlossenen Kronendachs jährlich oft nur einen oder zwei Zentimeter lange Triebe mit wenigen Blättern. Ein solches kleines, blutjung wirkendes Bäumchen kann altersmäßig schon ein Greis sein. Wie lebenskräftig es dennoch ist, zeigt sich, wenn neben ihm ein alter Baum vom Sturm umgeworfen wird. Dann schießt der Zwerg geradezu explosionsartig mit bis zu 50 Zentimeter langen Trieben nach oben.

Der wichtigste Helfer für die Ausbreitung der Buche ist der Eichelhäher, der als Leibspeise deren fetthaltige Samen, die Bucheckern, verzehrt. Um wenigstens einen Teil der Bucheckern vor Mäusen oder Ringeltauben in Sicherheit zu bringen, denen sie ebenfalls schmecken, versteckt der Eichelhäher die Leckerbissen als Vorrat für magere Zeiten einzeln im Boden. Viele dieser Samen können im nächsten Jahr keimen und schließlich zu Bäumen heranwachsen. Da Eichelhäher mit Samen im Kehlsack bis zu acht Kilometer weit fliegen, bevor sie sie im Boden verstecken, haben diese Vögel sehr dazu beigetragen, daß sich die Buche verbreiten konnte. Für den Menschen war die Allgegenwart der Rotbuche ein Vorteil, er baute und heizte damit. Die Buche stand sogar Pate für unser Wort Buch. Es entstand, weil vor dem Siegeszug des Papiers auf Buchenholztafeln geschrieben wurde.

Die Buche stand sogar Pate für unser Wort Buch.

Die Vorherrschaft der Rotbuche ist längst Vergangenheit, denn Förster haben sie im Westen unseres Landes auf 23 Prozent der Waldfläche zurückgedrängt und im Osten sogar auf zwölf Prozent. An ihrer Stelle wurden vor allem Fichten und Kiefern gepflanzt, oft in den bekannt langweiligen Monokulturen. Auf der Restfläche Baden-Württembergs ist die Buche jedoch immer noch die häufigste Baumart, und das sollte auch so bleiben – längerfristig wäre es sogar zu begrüßen, wenn der Anteil dieser Baumart wieder stiege.

Zum Glück blieb am Südufer des Mindelsees der Buchenwald bis heute erhalten. Seit 1983 wird er als Schonwald bewirtschaftet, das bedeutet, Bäume werden nicht mehr gepflanzt. Man läßt sie einfach wachsen, wie es der Natur gefällt, wenn der Wind ihre Samen herangeweht hat oder durch die Vergeßlichkeit des Eichelhähers aus dessen Nahrungsvorrat Buchen keimen. Nur noch einzelne alte Bäume werden geschlagen. Alle zweigipfligen, bis unten beasteten und toten Bäume bleiben stehen. Stürzt ein Baum um, läßt man ihn liegen und von Insekten und Pilzen abbauen.

Diese Art zu wirtschaften bekommt der Lebensgemeinschaft Buchenwald hervorragend. In gespaltenen Bäumen, die früher sofort gefällt wurden, ruhen tags Wasserfledermäuse, hinter abstehender Rinde bauen Wald- und Gartenbaumläufer ihre Nester, Hohltauben und Hornissen sind die »Nachmieter« in Schwarzspechthöhlen. Vier weitere Spechtarten sorgen für ein breites Angebot an Höhlen für Kleiber und Meisen.

Auch hier wird nichts gepflanzt, sondern zugeschaut.

Um die forstwirtschaftlichen Sünden der Vergangenheit wieder gutzumachen, werden die hiebreifen Fichtenmonokulturen im Naturschutzgebiet Mindelsee ebenfalls in Laubwald umgewandelt. Auch hier wird nichts gepflanzt, sondern zugeschaut, was aus den von Eichelhähern und Eichhörnchen herbeigeschafften Samen zu Bäumen und Sträuchern heranwächst. Dies mitzuerleben gehört zu den spannendsten Erlebnissen eines Naturschützers.

Wie Streuwiesen erhalten werden

Darüber, was mit den Wiesen des Naturschutzgebiets geschehen sollte, gab es unter Naturschützern lange Diskussionen. Mähen oder nicht mähen, war die entscheidende Frage. Sollte man eingreifen oder sie sich selbst überlassen und zusehen, wie sie langsam »verbuschen«, indem sich erst Sträucher und dann Bäume auf ihnen siedeln? Früher mähten die Landwirte dieses Grünland nur einmal im Herbst oder Winter und nutzten das trockene Gras und Schilf als Streu in den Ställen, daher der Name »Streuwiese«. Maschinen gab es dafür nicht, und von Hand mit der Sense zu mähen war eine sehr harte Arbeit. Schon vor 40 Jahren haben es die Bauern aufgegeben, sehr feuchte Wiesen zu mähen. Sie nutzen bis heute nur noch die trockenen.

Wenn ehemalige Streuwiesen nicht mehr gemäht werden, beginnen dort zuerst Weiden zu wachsen, deren Samen vom Wind herbeigeweht werden. Faulbaum- und Kreuzdorn-Büsche lassen auch nicht lange auf sich warten. Deren Beeren werden samt Samen von Vögeln verzehrt, die das Fruchtfleisch verdauen und die Samen wieder als Gewölle auswürgen oder mit dem Kot ausscheiden. Auf diese Weise schaffen sich Gartengrasmücken und andere Singvögel ihr Biotop selbst, das ihnen im Herbst hilft, Energiereserven für ihren kräftezehrenden Flug übers Mittelmeer anzufressen.

Im Laufe von etwa 100 Jahren wird aus dem Buschland Bruchwald. Ein solcher Wald mit Roterlen und Stieleichen wuchs am Mindelsee schon früher – doch dann trieben Menschen ihre Rinder und Pferde hinein, die alle jungen Bäume abfraßen. So entstand aus Waldweide schließlich als Streuwiese nutzbares Grünland. Da es Bruchwald in Mitteleuropa nur noch an wenigen Stellen gibt, sollte man ihn, wo immer möglich, wieder entstehen lassen. Da jedoch alle drei Lebensräume – Bruchwald, Buschland und Streuwiese – wertvoll sind, wollen die Naturschützer auch Buschland und Streuwiesen im Mindelseegebiet erhalten. Deshalb entschied man sich dafür, viele Wiesen zu mähen oder beweiden zu lassen und andere Bereiche nicht anzurühren. Sie bleiben als Schilfflächen erhalten, verbuschen schließlich und werden in einem langen Prozeß wieder Wald.

Wenn man das lange Gras auf den Streuwiesen einmal im Jahr schneidet, hilft man vielen Pflanzenarten, die sonst kaum Chancen zum Überleben haben, und vielen Tieren, die auf diese Pflanzen angewiesen sind. Wiesenvögel wie Kiebitz, Brachvogel und Bekassine brauchen die Feuchtwiesen zum Brüten und zur Nahrungssuche. 1997 haben Mitarbeiter des Bund für Umwelt und Naturschutz (BUND) auf Streuwiesen im Naturschutzgebiet Mindelsee 47 Pflanzenarten erfaßt: Wo sie wachsen und wie viele es von ihnen gibt. Die Ergebnisse sind überaus erfreulich: So wurden mehrere tausend Blütenstengel der Dunklen Akelei gefunden, mehr als 10.000 der Knolligen Kratzdistel und der Mehlprimel, jeweils mehrere tausend des Steifblättrigen Knabenkrauts und der Sumpfstendelwurz, viele tausend des Breitblättrigen Wollgrases, der Gelben Schwertlilie sowie mehrere hundert des Fieberklees. Die meisten dieser Pflanzen würden drastisch weniger werden oder ganz verschwinden, wenn die Feuchtwiesen nicht mehr gemäht würden. Deshalb ist deren Pflege für den Naturschutz unverzichtbar.

Es wurden mehrere tausend Blütenstengel der Dunklen Akelei gefunden.

Raupen in Ameisennestern, pendelnde Enten und Weltwanderer

Wenn wir am Bodensee versuchen, einzelne Pflanzenarten zu erhalten, dann tun wir es auch im Interesse der Tiere, denn als Faustregel gilt: Wenn eine Pflanzenart verschwindet, gehen damit mindestens zehn Tierarten verloren. Was es damit auf sich hat, zeige ich am Beispiel des Schwalbenwurzenzians, von dem im Mindelsee-Naturschutzgebiet ungefähr 700 Pflanzen wachsen.

Der Schwalbenwurzenzian ist eine Gebirgspflanze, die von den Alpen bis zu den Karpaten und dem Kaukasus sowie über den Balkan bis in die nördliche Türkei verbreitet ist. Sie wächst in Baden-Württemberg im Alpenvorland des Bodenseegebiets. Gerade hier geht es dem Schwalbenwurzenzian seit 100 Jahren immer schlechter, weil er weder das Entwässern seines Lebensraums Feuchtwiese noch deren Düngung verträgt. Doch dies läuft im Alpenvorland im großen Stil, womit rund ein Viertel der Standorte des Schwalbenwurzenzians verlorengegangen ist. Diese Art kann also nur überleben, wenn ihr Lebensraum unter Schutz gestellt und höchstens einmal jährlich im Spätherbst gemäht wird.

Damit ist aber die Geschichte noch nicht zu Ende. Denn von dem Schwalbenwurzenzian und dem Lungenenzian ist ein Schmetterling mit dem schönen Namen »Kleiner Moorbläuling« abhängig. Er legt seine Eier nur an den Blüten dieser beiden Pflanzenarten ab. Gleich nach dem Schlüpfen verspeisen die aus seinen Eiern geschlüpften Raupen den Inhalt des Blütenbodens, und nach einiger Zeit kriechen sie an der Pflanze hinunter auf den Boden. Haben sie Glück, werden sie hier von einer Ameise entdeckt, die sie in ihr Nest trägt. Dort werden sie wie die Ameisenlarven von den Arbeiterinnen gefüttert und saubergeleckt. Haben sie Pech, werden sie von einer Ameise entdeckt, die sie als Beute behandelt. Glück hat die Raupe immer nur bei zwei bestimmten Ameisenarten. Es ist bisher nicht bekannt, womit die zukünftigen Schmetterlinge die Ameisen becircen, sie wie eigene Larven einzusammeln und zu pflegen. »Danken« tun sie es ihnen nie, gelegentlich fressen sie sogar den Nachwuchs ihrer Gastgeber.

Glück hat die Raupe immer nur bei zwei bestimmten Ameisenarten.

Dieses Mini-Drama spielt sich am Mindelsee regelmäßig ab, denn hier leben sowohl der Schwalbenwurzenzian als auch der Kleine Moorbläuling. Es ist der am weitesten westlich gelegene Fundort dieser Arten im Bodenseebecken. Deshalb haben wir Naturschützer vor Ort eine besondere Verantwortung. Nur wenn nicht jedes Jahr und erst nach dem September gemäht wird, bestehen Chancen, Schwalbenwurzenzian, Kleinen Moorbläuling und die als Wirt dienenden Ameisenarten auf Dauer zu erhalten. Würde die Nutzung ihrer Lebensräume intensiviert, hätte es für sie verheerende Folgen.

Während der Kleine Moorbläuling das Mindelseegebiet national bedeutsam macht, hat ihn die Reiherente sogar international bekannt gemacht. Da auf dem Bodensee ständig Boote fahren, pendeln bis zu 20.000 Reiherenten während der Zeit der Mauser, im September und Anfang Oktober, jeden Tag zum ruhigen Mindelsee – morgens hin, abends zurück. Auf dem Mindelsee darf weder gejagt noch mit Booten gefahren werden, und nur an wenigen Stellen gelangt man auf Wegen direkt ans Ufer. Das ist der Grund, warum Reiherenten im Mindelseegebiet in so großen Scharen auftreten. Hier putzen sie sich, baden und schlafen sie. Dabei hinterlassen sie auf dem Mindelsee Millionen kleiner Federn, die nicht mehr taugen, die Vögel ein weiteres Jahr vor Wasser und Kälte zu schützen. In dieser Zeit der Mauser sind die Reiherenten sehr empfindlich gegen Störungen. Bereits ein Boot kann schon zuviel sein. Im Bodensee tauchen sie nachts vor allem nach ihrer Lieblingsspeise, der Dreikantmuschel, die sie im stockdunklen Wasser mit ihren hochsensiblen Schnäbeln ertasten.

In der Zeit der Mauser sind die Reiherenten sehr empfindlich.

Ohne das Schlaraffenland Bodensee und die Ruhe am Mindelsee stände es um die Reiherenten schlecht. Damit sie gut über die Mauser kommen, brauchen sie beides. Da ruhige Seen immer seltener werden, ist ihr Schutz ein internationales Anliegen. Die baden-württembergische Landesregierung ist dem nachgekommen, indem sie den Mindelsee als bedeutendes Vogelgebiet an die Europäische Kommission gemeldet hat. Damit wacht ein Auge mehr über die Einhaltung der Schutzbestimmungen, und das ist gut so. Seit Ende 1993 sind am Mindelsee auch regelmäßig Moorenten anzutreffen, bis zu 26 in einem Trupp. Sie unterstreichen die internationale Bedeutung dieses Sees, denn die Moorente ist eine weltweit gefährdete Vogelart.

Seit 1972 bemühen sich die Naturschützer vor Ort, das Mindelseegebiet möglichst vielfältig zu belassen oder zu gestalten. Manche Flächen werden intensiv genutzt, andere ganz sich selbst überlassen. Eine Art, die davon profitiert, ist der Grünspecht. Er bevorzugt eine abwechslungsreiche Landschaft mit Bäumen und Wiesen und braucht als Nahrung Ameisen. Beides hat er im Mindelseegebiet reichlich, und entsprechend häufig ist er hier anzutreffen. 1998 hielten zehn Männchen im Schutzgebiet Reviere besetzt, so viele, wie seit 1985 noch nie festgestellt wurden. Das ist eine hohe Siedlungsdichte, besonders wenn man bedenkt, daß in vielen anderen Gegenden in Europa die Zahl der Grünspechte stetig abnimmt.

Die Länder, in denen diese Spechtart besonders häufig ist – Deutschland, Rußland, Frankreich und Spanien – haben eine besondere Verantwortung für diese Art. Doch es geschieht längst nicht genug zu ihrem Schutz, obwohl die EU-Vogelschutzrichtlinie dies für alle Mitgliedsstaaten der EU vorschreibt.

Auch vom Pirol leben im Mindelseegebiet bis zu zehn Paare. In Baden-Württemberg brüten diese wunderschönen Vögel vor allem in den Auen der großen Flüsse und am Bodensee. Doch im Gegensatz zum Grünspecht, der das ganze Jahr im Bodenseegebiet bleibt, ist der Pirol ein Weltwanderer, der nur zum Brüten von Anfang Mai bis Ende Juli an den Bodensee kommt. Schon Anfang August ziehen die Pirole über Griechenland und Ägypten ins afrikanische Winterquartier, viele sogar bis hinunter nach Südafrika.

Ein beliebtes Winterquartier unserer Pirole sind die Wälder und Savannen des riesigen St. Lucia Wetland Park in Südafrika. Ihn zu einem Weltnaturerbe der UNESCO zu machen, ist das Ziel des Global Nature Fund, der mit seinem Projekt Lebendige Seen/Living Lakes eine weltweite Allianz von Naturschützern aufbaut, die Erfahrungen austauschen und sich gegenseitig beim Schutz von Natur- und Kulturlandschaften helfen. Living Lakes ist mittlerweile ein offizielles Projekt der EXPO 2000. Geoff McQuilkin beschreibt in diesem Band sehr eindrucksvoll die Geschichte des kalifornischen Mono Lake, der auch zu den Lebendigen Seen gehört.

Living Lakes ist mittlerweile ein offizielles Projekt der EXPO 2000.

Sowohl am Bodensee als auch in St. Lucia kämpfen Naturschützer um den Lebensraum des Pirols und vieler anderer Arten. Beinahe hätte die Bergbaugesellschaft Richard's Bay Minerals dem St. Lucia Park den Todesstoß versetzt. Sie beantragte bei der südafrikanischen Regierung den Abbau der Küstendünen auf einer Länge von 18 Kilometern und in einer Breite bis zu 1.400 Metern, denn zwischen dem Sand sind fein verteilt eisenhaltige Erze, die das chemische Element Titan enthalten, das zur Veredlung von Stahl und als wärmefestes Leichtmetall verwendet wird.

Ein weltweiter Proteststurm erhob sich, woraufhin die südafrikanische Regierung den Antrag der Bergbaugesellschaft ablehnte. Doch das Unternehmen hat nicht aufgegeben. Mit ihrem Versprechen, Arbeitsplätze zu schaffen, wirbt sie bei den armen Menschen dort weiterhin um Sympathien für ihr Vorhaben. Wirksam gegen die Pläne der Bergbaugesellschaft vorgehen könnte man nur, wenn St. Lucia für Touristen stärker erschlossen wird, wie es zum Beispiel im Gebiet des Mono Lake vorbildlich geschehen ist.

Viele Kämpfe um den Schutz der Seen

Zu Beginn dieses Jahrhunderts merkten einige wenige Leute, daß man sich aktiv für die Erhaltung der Natur einsetzen muß. Das führte schließlich zum Reichsnaturschutzgesetz im Jahre 1935 und zu ersten Naturschutzgebieten im Landkreis Konstanz: Wollmatinger Ried, Mindelsee und Mettnau. Als Beispiel dafür, wie sich der Naturschutz am Bodensee entwickelt hat, richte ich in diesem Abschnitt wieder den Blick auf den Mindelsee.

Jahrtausendelang wohnten Menschen am Mindelsee, ohne ihn ernsthaft zu gefährden. Das änderte sich im 19. Jahrhundert, als die Vereinigten Schweizerischen Eisenbahnen in St. Gallen den Mindelseetorf großflächig abbauen wollten, um ihn in ihren Lokomotiven zu verheizen. Um besser an den Torf heranzukommen, mußte man den Wasserspiegel absenken. Zum Glück war dies mit den technischen Mitteln des vorigen Jahrhunderts nicht einfach, und es gab glücklicherweise auch zu jener Zeit Menschen, die mit diesem Vorhaben nicht einverstanden waren. Unter ihnen waren die vier Markelfinger Müller. Für sie waren diese Pläne eine Bedrohung ihrer Existenz. Sie brauchten zum Betrieb ihrer Wassermühlen einen hohen Wasserstand im Mindelsee, wurden doch die Mühlräder von dem in den Bodensee fließenden Wasser angetrieben. In einem ständigen Kleinkrieg gegen Bauern und Torfstecher setzten sie sich immer wieder durch. Der Natur tat es gut.

Die Müller und der Mindelsee hatten eine ganz gehörige Portion Glück, denn kurz bevor die Schweizer um 1857 mit dem Torfabbau richtig loslegen wollten, warf die immer billiger werdende Steinkohle den Torf als Antriebsmittel für Lokomotiven aus dem Rennen. Das Interesse am Torf erlosch, und nach langen Verhandlungen verkauften die Schweizer ihre Ländereien am Mindelsee an das badische Finanzministerium.

Viele Jahre später, im Jahr 1936, mußte wieder eine Schlacht um den Mindelsee geschlagen werden. Max Auerbach, Direktor der Landesnaturschutzstelle Karlsruhe, beantragte, den idyllischen Mindelsee und seine Umgebung unter Naturschutz zu stellen. Reichsstatthalter Robert Wagner erhob Einspruch dagegen und fragte zurück, ob man den See absenken könne, um die so gewonnenen Flächen landwirtschaftlich zu nutzen, und ob die Erhaltung der Wildpflanzen von allgemeinem Interesse oder nur für einige Botaniker von Wert sei. Wie brisant diese Fragen waren, wird deut-

Im Jahr 1936 mußte wieder eine Schlacht um den Mindelsee geschlagen werden.

lich, wenn man die vorangegangenen Auseinandersetzungen zwischen Ludwig Finckh, einem Pionier des Naturschutzes in den 30er Jahren, und demselben Nazifunktionär kennt. Wagner drohte Finckh damals mit der Einweisung in ein KZ, weil er sich gegen den Abbau des Hegauberges Hohenstoffeln wehrte. Fazit: In dieser Zeit konnte Naturschutz sogar den Kopf kosten.

Mutig konterte Oberregierungsbaurat Hermann Schurhammer dem Reichsstatthalter mit einer sachlich fundierten Begründung, die in der Feststellung gipfelte: »Die Erhaltung der natürlichen Umgebung des Sees, insbesondere seiner Moore und Schilfriede mit ihrer überaus wertvollen und interessanten Pflanzenwelt, ist von größter allgemeiner Bedeutung ...« Wagner nahm zwar seinen Einspruch zurück, aber ausschlaggebend dafür waren vermutlich eher die zwei Millionen Reichsmark, die das Auspumpen gekostet hätte. So blieb uns der See erhalten. Seine 100 Hektar große Fläche und 210 Hektar drum herum stehen seit 1938 unter Naturschutz.

Nach dem Krieg wurde ein Landrat mit Weitsicht zum Retter des Mindelsees. Von 1954 bis 1968 residierte im Konstanzer Landratsamt Ludwig Seiterich. Täglich wurde er mit dem Problem »Wohnraumbeschaffung« für Flüchtlinge aus dem Osten konfrontiert, und er sah voraus, daß der Druck von Zuwanderern in den Bodenseeraum anhalten werde. Um ein unkontrolliertes Anwachsen der Städte zu vermeiden, richtete er Landschaftsschutzgebiete ein, zunächst eines um den Mindelsee und später – neben anderen – ein weiteres auf großen Flächen des Bodanrücks, jener späteiszeitlichen Landzunge, die im äußersten Westen in den Bodensee hineinragt. Ohne diesen Schutz wäre die Landschaft am westlichen Bodensee vermutlich ähnlich zersiedelt wie auf der schweizer Seite und das Nordufer des Mindelsees längst mit Häusern bebaut.

Um ein unkontrolliertes Anwachsen der Städte zu vermeiden ...

Noch in den 50er und 60er Jahren bewirtschafteten mehr als 20 Bauern das Grünland zwischen dem Mindelsee und der Kreisstraße Radolfzell-Möggingen. Da sie Futter für ihre Tiere brauchten, mähten sie täglich kleine Stücke der Wiesen. Dadurch entstand ein Mosaik von Flächen mit hohem, mittelhohem und niedrigem Bewuchs. Das war ideal für Rebhuhn, Braunkehlchen, Feldlerche, Grauammer und viele andere Tiere. Doch parallel zum Bauernsterben wurden die pro Landwirt bewirtschafteten Flächen immer größer, bis dann ein Heugroßhändler große Flächen innerhalb weniger Tage mähte. Die Vögel mußten diese auf einheitliche Länge geschorenen Wiesen als Brutplatz aufgeben.

Als der See unter Schutz gestellt wurde, konnte niemand diese Entwicklung voraussehen, ebensowenig die Wasserverschmutzung mit kommunalen Abwässern, die Umwandlung von Wiesen in Äcker, den Einsatz von Pestiziden, die Überdüngung mit Stickstoff oder die Haltung von Fischen in Netzkäfigen. Gegen diese und andere Prozesse war die Schutzverordnung von 1938 ein »Papiertiger«. Also setzten sich Mitarbeiter von BUND und der Bezirksstelle für Naturschutz und Landschaftspflege in Freiburg zusammen und erarbeiteten eine Schutzverordnung, die mit der neuen Entwicklung Schritt halten kann. Sie wurde 1984 erlassen. Das Landratsamt hatte schon vorher durch eine neue Sammelkläranlage dafür gesorgt, daß der Mindelsee von Abwässern der umgebenden Orte entlastet wurde. Seit 1969 fließt kein Abwasser mehr in den Mindelsee.

Seit 1969 fließt kein Abwasser mehr in den Mindelsee.

Damit das Land sowohl im Naturschutzgebiet als auch in seiner Umgebung grundwasser- und naturverträglich bewirtschaftet wird, haben das Landratsamt Konstanz und die Stadt Radolfzell mit den Landwirten Verträge abgeschlossen. Einige von ihnen erhalten für sie wesentliche Einnahmen mit der Pflege von Streuwiesen, die wie früher nur im Spätherbst und Winter gemäht werden.

Es ist zudem nicht mehr erlaubt, den Wasserstand des Mindelsees abzusenken. Die Haltung von Fischen in Netzkäfigen ist im Mindelsee nun verboten. Das Einsetzen von Fischbrut ist zwar reglementiert, aber die Auswahl der Arten ist dem Fischer überlassen. Diese Regelung ist für den Naturschutz unbefriedigend. Außer am Südufer darf nur am Badeplatz von wenigen Sportfischern geangelt werden.

Wasservögel dürfen auf dem Mindelsee nicht gejagt werden. Die Jäger hatten schon lange vor der neuen Verordnung freiwillig darauf verzichtet, Wasservögel zu schießen, wofür ihnen Dank gebührt. Um die Vögel nicht zu stören, ist Schwimmen und Baden nur an einer Stelle erlaubt. Es ist dem einzigen Fischer des Mindelsees vorbehalten, dort mit einem Ruderboot zu fahren, für alle anderen Bootsfahrer ist der Mindelsee tabu.

1984 ist das Naturschutzgebiet von 310 auf 459 Hektar vergrößert worden. Zum 50. Geburtstag des Naturschutzgebiets 1988 signalisierte der BUND dem Umweltministerium, Minister Vetter brauche zu der Geburtstagsfeier gar nicht zu kommen, wenn er nichts mitbringe. Er kam und ließ sich nicht lumpen: Sein Geschenk waren 2,5 Millionen Mark zum Kauf der Stöckenhöfe mit 40 Hektar Land, das an das Naturschutzgebiet angrenzt. Inzwischen wurde das frühere Ackerland in Wiesen umgewandelt, auf denen nun Schafe und Rinder friedlich weiden. Damit stieg der Wert der gesamten Landschaft als naturnahes Gebiet. Auch im Naturschutzgebiet hat das Land viele Flächen gekauft. Heute gehören darin 75 Prozent dem Land, fünf den Gemeinden und 20 privaten Besitzern.

Bedrohungen für die Bodenseeregion

Damals, als mich der Kahlschlag am Mindelsee auf die Palme und zum aktiven Naturschutz brachte, ahnte ich noch nichts von den Kämpfen, die einmal zu bestehen sein würden. Doch immer mehr Eingriffe in die Landschaft bewogen den Europarat dazu, 1970 zum Jahr des Naturschutzes zu erklären. Das gab Verbänden und Bürgerinitiativen großen Auftrieb. Sie nahmen die Entscheidungen von Politikern und Behörden nicht mehr widerspruchslos hin, sondern sprachen sich öffentlich dagegen aus. Um dem Naturschutz mehr Gewicht zu geben, schlossen sich am Bodensee bestehende Vereine zur Arbeitsgemeinschaft Naturschutz zusammen.

Ohne ihre Proteste wäre das Binninger Ried vollständig aufgefüllt worden.

Mit vereinten Kräften verhinderten die Naturschützer Pläne, im Naturschutzgebiet Hohentwiel auf weiteren Flächen Wein anzubauen und den Flugplatz Konstanz ins Naturschutzgebiet Wollmatinger Ried auszudehnen. Ohne ihre Proteste wäre das Binninger Ried vollständig aufgefüllt worden und die L 192 zwischen Radolfzell und Moos im Naturschutzgebiet Radolfzeller Aachried neu trassiert worden. Wie am Anfang erwähnt kippten die Umweltschützer auch einige Großprojekte, die dem Bodensee geschadet hätten. Ohne das größere Umweltbewußtsein der Bevölkerung, dem Politiker Rechnung tragen mußten, und das Mitspracherecht der Schweiz wäre dies nicht gelungen. Daneben leisteten die Mitgliedsverbände der Arbeitsgemeinschaft Naturschutz die umfangreichen Vorarbeiten für die Einrichtung von 50 Naturschutzgebieten im Landkreis Konstanz; 40 von ihnen wurden bis heute genehmigt. Insgesamt stehen im Landkreis Konstanz damit 4,4 Prozent der Fläche unter Naturschutz, mehr als in allen anderen Landkreisen Baden-Württembergs. Viele dieser Gebiete werden vom Naturschutzbund Deutschland (NABU) oder dem Bund für Umwelt und Naturschutz Deutschland (BUND) betreut.

Sonderlich beliebt machten sich die privaten Naturschützer mit ihren Aktionen natürlich nicht. Als die Arbeitsgemeinschaft gegen den damaligen Bürgermeister von Moos Dienstaufsichtsbeschwerde einreichte, weil er in einem Naturschutzgebiet ohne Genehmigung einen Parkplatz einrichten ließ, sprang der Bürgermeister einer Nachbargemeinde seinem Kollegen bei: Die Arbeitsgemeinschaft betreibe »Amtsanmaßung, Erpressung und üble Brunnenvergiftung«. Ein Landrat lamentierte: »Der Landkreis kann sich nicht leisten, einen Mann anzustellen, der nichts anderes zu tun hat, als Briefe und Beschwerden zu beantworten.« Doch eine sachliche Widerlegung der Vorwürfe blieb aus.

Immer wieder gab es auch Projekte, bei denen die Naturschützer Niederlagen einstecken mußten. Die Ölpipeline von Genua nach Ingolstadt wurde schon Ende der 50er Jahre konzipiert und in den 60er Jahren vorangetrieben, zu früh für die noch nicht formierten Umweltschützer. Zu verhindern war das Projekt, bei dem die Wasserqualität des Bodensees aufs Spiel gesetzt wurde, damals nicht. Ähnlich lief es bei den Autobahnen. Von Singen bis Allensbach wehrten sich die Straßenbauer, wesentliche Korrekturen vorzunehmen, um die Eingriffe zu mildern. Sie hatten dabei die Rückendeckung der Landesregierung in Stuttgart, des Landrats, der meisten Kommunalpolitiker, der Industrie- und Handelskammer und der großen Zeitungen *Südkurier* und *Schwarzwälder Bote*. Die Jahrhundertsünde, große Teile der Autobahn nicht zu überdeckeln, verteilt sich auf viele Schultern. Immerhin, 1997 wurde entschieden: Es wird keine Neutrassierung durch die Wälder des Bodanrücks geben.

Die Ölpipeline von Genua nach Ingolstadt war nicht zu verhindern.

Doch nicht nur Großprojekte haben unserer Landschaft nicht wiedergutzumachende Schäden zugefügt. Es ist auch die Summe vieler kleiner Entscheidungen. Das baden-württembergische Innenministerium faßte diese Entwicklung 1989 wie folgt zusammen: »Nach wie vor ist die Anziehungskraft der Bodenseelandschaft ungebrochen. Doch die Attraktivität und Dynamik dieses äußerst aktiven Lebens- und Wirtschaftsraumes haben ihren Preis. Sie haben nämlich zu einer Nutzungsintensität geführt, wie sie nur in den großen Verdichtungsräumen unseres Landes Baden-Württemberg bestehen. Damit wachsen auch die Belastungen. Es ist deshalb zu befürchten, daß auf lange Sicht die Vorzüge der Bodenseelandschaft bedroht sind, falls möglichen Beeinträchtigungen nicht sorgsam genug entgegengewirkt wird.«

In den Ufergemeinden wohnen mittlerweile über 400 Menschen pro Quadratkilometer, fast doppelt so viele wie im Landesdurchschnitt. Um die großen Probleme zu lösen, muß insgesamt umgedacht werden. Die Grenzen des Wachstums sind längst überschritten. Wir brauchen eine umweltverträgliche Wirtschafts- und Verkehrspolitik. Dazu müssen alle beitragen: Wirtschaftsunternehmen, die Regierungen in Brüssel, Bonn, Stuttgart, Landräte und Bürgermeister. Das kann allerdings nur funktionieren, wenn sie sich einer breiten Unterstützung der Bürger sicher sein können. Die Aktivitäten der Naturschützer richten sich nicht etwa gegen die Wirtschaft. Vielmehr ist Partnerschaft gefragt zwischen Organisationen des Naturschutzes und Unternehmen der Wirtschaft. Wie sie aussieht? Naturschützer beraten die Unternehmen, wie sie umweltverträglicher wirtschaften können und welche Naturschutzprojekte förderwürdig sind. Die Deutsche Umwelthilfe mit Sitz in Radolfzell ist Vorreiter dieser neuen und zwingend notwendigen Entwicklung. Mit DaimlerChrysler diskutieren wir beispielsweise über eine Reduzierung des Treibstoffverbrauchs und die Verwendung von Benzin mit weniger Schadstoffen, mit der Deutschen Lufthansa über den Verzicht auf Kurzstrecken und das Angebot von alternativ erzeugten Produkten für die riesige Gastronomie dieses Unternehmens, mit Lever über die Verminderung des Verbrauchs von Waschmitteln. Zusammen mit Gruner + Jahr propagieren wir die Förderung einer naturverträglichen Bewirtschaftung der Elbe-Landschaft.

Die Aktivitäten der Naturschützer richten sich nicht gegen die Wirtschaft.

Rauhe Schale, weicher Kern: Ein Künstler und die Natur in Tasmanien

Peter Michael Adams

Die Bitte, die ich jeden Morgen nach dem Aufwachen gen Himmel schicke, lautet: »Mögen unsere Regierungen damit aufhören, den Kahlschlag unserer Urwälder zu erlauben, und mögen sie bald die Anmaßung ihrer politischen Entscheidung begreifen, das Fällen 400 bis 800 Jahre alter Bäume zuzulassen.«

Tasmanien ist die größte von den vielen hundert Inseln Australiens – sie ist etwa so groß wie Bayern, hat aber nur 450.000 Einwohner. Durch ihre Mitte verläuft der 42. Breitengrad, ihre Lage ist damit der Spaniens und Nordkaliforniens vergleichbar. Doch für Sonnenhungrige ist Tasmanien die falsche Adresse, denn das rauhe Klima des schroffen, gebirgigen Landes ist berüchtigt. Ein großer Teil der Insel, die übrigens erst Anfang des 19. Jahrhunderts besiedelt wurde, ist von Regenwald bedeckt. Farne und Moose wachsen zwischen den gewaltigen Stämmen auf den Berghängen. Schon seit langer Zeit ist Holz eines der wichtigsten Exportgüter Tasmaniens. Ein Viertel aller Arbeiter ist in der Holzindustrie beschäftigt. Das ist zugleich die Tragik dieses außergewöhnlichen Fleckchens Erde.

Für Sonnenhungrige ist Tasmanien die falsche Adresse.

Als ich Mitte der 80er Jahre einem Ruf der Universität folgend nach Tasmanien zog, wurde der Umweltschutz erst ein zentrales Thema für mich. Und das, obwohl in Amerika, dem Land, in dem ich aufwuchs, ja bekanntlich auch immer mehr unberührte Wälder zerstört werden. In Tasmanien gibt es zwar noch echte Urwälder, doch die Industrie läßt nicht locker, sie Stück für Stück abzuholzen. Regenwald und Hartlaubwald werden vernichtet, um das Holz zu verkaufen oder Ackerland zu schaffen. Betroffen von den schieren Ausmaßen der Zerstörung begann ich, die Verwendung von Holz überhaupt in Frage zu stellen. Doch auch ich profitiere von Bäumen, denn meine Skulpturen, vor allem die »Earth Links«-Bänke, bestehen aus Holz und vom Meer geschliffenen Steinen. Einige von ihnen befinden sich in ihrer natürlichen Umgebung, im

Die »Earth Links« – Bänke entstehen aus tasmanischem Holz und Steinen aus der Bucht vor meinem Wohnwagen.

Buschland von Roaring Beach. Egal, ob das Holz der Urwälder zu Möbeln oder zu Holzspänen verarbeitet wird, das Ergebnis kann niemals die Zerstörung eines uralten Ökosystems rechtfertigen. Meine Aufgabe als Künstler und Umweltschützer ist es, in der Öffentlichkeit mehr Bewußtsein für das Verschwinden unserer Regenwälder zu wecken, für unsere Umwelt im allgemeinen und damit auch für unsere Lebensqualität.

Schon seit zwei Jahrzehnten protestiert die Bevölkerung meiner Wahlheimat gegen die Abholzungen und den Bergbau auf staatlichem Territorium. 1996 haben die australischen Behörden beschlossen, daß das Problem nun langfristig gelöst werden muß. Ein neues Gesetz wurde verabschiedet, das die Bewahrung der Wildnisgebiete und großer Teile des Urwalds und die nachhaltige Bewirtschaftung des Rests der Wälder sicherstellen sollte. Klingt gut, hat aber nicht viel geholfen. Vielmehr ist man ebenso den Holzindustrien entgegengekommen und hat ihnen die Arbeit erleichtert. Die »Erschließung« des Landes schreitet stetig fort; ein Drittel der Wälder auf Tasmanien sind schon von den europäischen Einwanderern gerodet worden. Immerhin sind mehr als 34 Prozent der gesamten Fläche Tasmaniens zu Nationalparks und anderen Schutzgebieten erklärt worden. Tasmanien und seine einzigartige Vegetation sind von vielen Einflüssen geformt worden, vom Klima, der Geologie und einer ungemein langen Geschichte. In diesem Beitrag werde ich davon und von meinem Leben auf der Insel erzählen.

Ein Drittel der Wälder sind schon gerodet worden.

Mitten in den »Roaring Forties«

Tasmaniens Wetter gibt sich launisch, bisweilen sogar brutal. Milden Tagen folgen Kälteperioden, windstillen Tagen heftige Stürme. »Gefällt dir das tasmanische Wetter nicht, dann komm in zehn Minuten wieder«, lautet ein geflügeltes Wort.

Geschaffen wird dieses scheinbar unberechenbare Wetter aus dem Zusammenspiel der südlichen Luftmassen mit den großen atmosphärischen Strömungen der Erde. Diese gewaltigen Bewegungen der Atmosphäre spielen sich in breiten, unseren Planeten umspannenden Zonen ab. Wenn sich die Erde dreht, »hinkt« die Atmosphäre zurück, so daß der Eindruck entsteht, statt der Erde bewege sich die Luft. Dazu kommt die unterschiedliche Erwärmung ihrer Oberflächen im Winter und Sommer durch die Neigung der Erdachse.

In den Breitengraden von Tasmanien führt das zu einer teuflischen Kombination, nämlich dazu, daß sich die westlichen Luftströme im Sommer nach Norden und im Winter nach Süden bewegen. Sie rufen Zyklone hervor, turbulente Windspiralen von mehreren hundert Kilometern Durchmesser, in denen die Luftmassen Geschwindigkeiten von regelmäßig über 120, gelegentlich sogar über 160 Stundenkilometer erreichen. »Roaring Forties« nennt man die heftigen Westwinde, die um den 40. Breitengrad toben und denen Tasmanien ausgeliefert ist. Sie brausen über den Indischen Ozean heran und peitschen vor allem während des südlichen Winters, also von Juni bis August, auf die Westküste der Insel ein. Sie bringen starke Regenfälle und manchmal auch Schnee. Im Verlauf ihrer turbulenten Reise von der West- bis zur Ostküste Tasmaniens nimmt ihre Wirkung allmählich ab.

Heftige Westwinde, denen Tasmanien ausgeliefert ist

Das Resultat komplexer Wechselwirkungen zwischen den Luftströmungen ist eine bizarre Mischung aus kalten Süd- und Westwinden, die heftige Regenfälle, Graupel und Schnee bringen, und heißen, böigen Nordwinden, die das Land austrocknen und Buschbrände begünstigen. Daher sind Buschbrände eine ständige Bedrohung im tasmanischen Sommer.

Das gebirgige Landesinnere hält die feuchten Westwinde auf und staut die Wolken. Kann der Niederschlag an der Westküste bis zu 5.000 Millimeter jährlich erreichen, so beträgt er an manchen Stellen im Osten weniger als 600 Millimeter – Deutschland hat im Vergleich dazu im Durchschnitt 700 Millimeter. Alles in allem ist das Klima Tasmaniens kühl und gemäßigt. Schnee fällt auf der Insel regelmäßig, allerdings nur selten bis hinab auf Meereshöhe. An der Westküste ist es nicht nur des Regens wegen ungemütlicher als an der Ostküste, es ist auch kälter. Im Osten, im Windschatten der Berge, klettern die Temperaturen schon mal über 35 Grad. Wer sich dagegen in größere Höhen begibt, der muß mit 15 Minusgraden rechnen.

Roaring Beach

Ich lebe ganz einfach – meine Freunde nennen es primitiv – ohne Fernseher, Radio und Stereoanlage auf 40 Hektar Land 100 Kilometer südlich der Hauptstadt Hobart. Vor zehn Jahren, als ich noch an der Universität lehrte, baute ich mir ein dreieinhalbstöckiges Haus auf einem Hügel. Es ist abgebrannt. Nun ist mein Heim ein ausrangierter Bus, so getarnt, daß er zwischen den Bäumen verschwindet. Strom gibt es in diesem Teil der Insel noch nicht, daher habe ich mir eine kleine Photovoltaik-Anlage auf dem Dach installiert, die mir elektrisches Licht verschafft. Erst vor kurzem konnte ich es mir leisten, entlang der fast zwei Kilometer langen Zufahrt zu meinem Heim ein Telefonkabel verlegen zu lassen. Ich verwende gern Kerzen und speise jeden Abend bei Kerzenlicht.

Nun ist mein Heim ein ausrangierter Bus.

Ein Teil des Grundstücks ist leicht bewaldet, der Rest einstiges Weideland, das ich allmählich mit einer Vielzahl für die Küste typischer Baumarten bepflanze: Banksie, Boobyalla, Teebaum, Kasuarine, Hakea. Zwei Seiten meines Grundstücks grenzen ans Meer. Die eine Seite beginnt am Roaring Beach, dann steigt das Gelände allmählich an und macht einen Knick, bis es bei einem windigen Felsen endet, über dem Seeadler und Keilschwanzadler so ruhig schweben wie Drachen an der Leine.

An einer Stelle am Strand haben die Gezeiten und die Bewegung der Wellen den Sand weggespült und einen Haufen runder Steine freigelegt, jeder etwa so groß wie eine Grapefruit. Sie sind nicht gleichmäßig ausgebreitet, sondern häufen sich zum Rand einer Sanddüne hin an. Wenn ich frühmorgens laufe, komme ich an ihnen vorbei: Knapp unterhalb der Steine bemühe ich mich, rasch auf die andere Seite zu gelangen, wo der Strand wieder flach und sandig wird. Ist Flut oder rauscht eine Welle heran, muß ich auf die

Steine klettern, wenn meine Schuhe trocken bleiben sollen. Wenn die Wellen dann sanft zurückströmen, rollen sie die Steine umher und lassen sie zusammenstoßen. Ein wunderschöner Ton. Gebannt setze ich mich oft nieder und höre zu, wie weitere Wellen dieses Klackern wiederholen. Es ist ein zeitloser Klang, als hätten ihn die Steine und die Wellen jahrhundertelang geprobt.

Es ist ein besonderes Gefühl, am Meer zu leben. Ein romantisches Leben wird man bei Ihnen in Europa vermuten. Aber unter Umständen kann das zu viel oder sogar gefährlich werden, wenn das Meer mir zu nahe kommen sollte.

Es ist ein besonderes Gefühl, am Meer zu leben.

»Manchmal fuhren sie zum Roaring Beach, verlassen bis auf ein paar einsame Surfer, wo sie auf Couta Hos Drängen hin in der gefährlichen Strömung schwammen und die wilden Wellen ritten, die an den steilen Strand brandeten. Obwohl er Angst hatte, stellte

Am Roaring Beach können Besucher auf einer von Meeresschnecken inspirierten Adams-Bank Platz nehmen und die Aussicht genießen.

Aljaz fest, daß dieses Gefühl von dem des Glücks überwältigt wurde, wenn er sie lachend aus der tückischen Brandung auftauchen sah. Sie hatte etwas Verlassenes an sich, das eine gewisse Größe besaß, und ihre Wildheit ließ eine heilige Scheu in ihm aufsteigen.« Dies schreibt Richard Flanagan in seinem Buch *Death of a River Guide* über meinen Hinterhof. Im großen und ganzen stimmt die Beschreibung. Den riesigen Wellen, die von den Stürmen des südlichen Ozeans dröhnend an die Küste vor meiner Haustür geschleudert werden, verdankt der Strand seinen Namen. Sie haben sich über die Jahrtausende in die Granitklippen hineingefressen und die herausbrechenden Stücke so lange geschliffen, bis sie zu feinem Sand und runden Steinen in der Größe von Dinosauriereiern geworden sind. Die Gegend ist ein guter Platz, um Wale zu beobachten; von August bis September kann man hier die großen Südlichen Glattwale sehen, die sich in diesen Gewässern paaren.

Runde Steine in der Größe von Dinosauriereiern

Eine Insel entsteht

Die heutige Oberfläche Tasmaniens bildete sich von den ersten Tagen der Erde vor etwa 4.500 Millionen Jahren bis vor etwa 570 Millionen Jahren. Die Erdoberfläche mußte viel durchmachen in dieser Zeit. Kontinentalverschiebungen kneteten sie durch, vulkanische Aktivität erhitzte sie. In den meisten Gegenden der Erde ist dieses alte Gestein von Wind, Wasser, Eis und den Bewegungen der Erdkruste zerstört worden, in Tasmanien ist es aber noch immer sichtbar. Man erkennt es an den dafür typischen hügeligen Landschaften.

Das älteste Gestein der Insel besteht aus einer mehr als 7.000 Meter dicken Masse verschiedener Mineralien. Entstanden ist es aus der Verwitterung der ältesten Oberfläche unseres Planeten, die sich beim Abkühlen des jungen Sonnensystems bildete. Winzige Stücke dieser Oberfläche lösten sich und sammelten sich am Grund noch unbelebter Ozeane, wo sie sich mit der Zeit zum ersten Sedimentgestein verbanden, Sandstein oder Ton. An manchen Stellen Tasmaniens kann man diesen einstigen Meeresboden heute an der Oberfläche sehen. Lava, die glühend aus dem flüssigen Erdmantel floß und sich an der Oberfläche abkühlte, fügte weitere Gesteinsformen hinzu. Dies geschah zum Teil vor etwa 700 Millionen Jahren, in einer Zeit, als die Einzeller noch die Krone der Schöpfung waren. Solches Urgestein erstreckt sich von der Westküste bis ungefähr zur Mitte Tasmaniens, dieses Areal ist also deutlich älter als der Osten der Insel. Die kargen Böden, die daraus entstanden, bildeten zusammen mit dem überreichlichen Regen die Grundlage für die einzigartige Vegetation und Tierwelt an der Westküste Tasmaniens.

Wegen seines Alters und des weiteren Verlaufs seiner Entstehungsgeschichte ist der Boden sehr arm an Nährstoffen – sogar ärmer als auf dem australischen Festland. Aber einige grüne Überlebenskünstler schafften es trotzdem, sich darauf anzusiedeln. Sie sind in der Lage, trotz eines fast vollständigen Stickstoff- und Phosphormangels zu existieren. So entstand an der Westküste der Insel allmählich eine Flora, die sich nicht nur vom übrigen Teil Tasmaniens und Australien unterscheidet, sondern auf der ganzen Welt einzigartig ist.

Vor etwa 500 Millionen Jahren, im Kambrium, bedeckte das Meer auch die Mitte und den Nordwesten der Insel. Durch die Fossilien in den Sedimentgesteinen, die damals entstanden, wissen wir, was damals am Boden dieses Meeres kreuchte und fleuchte: Trilobiten, gepanzerte Tiere, die entfernt mit den heutigen Insekten und Schalentieren verwandt sind; Stachelhäuter, die Verwandten und Vorläufer unserer Seesterne, Seeigel und Seelilien; und Armfüßer, die den Mollusken ähneln. Doch dieses Ökosystem war dem Tode geweiht. Als Bewegungen der Erdkruste den Boden anhoben und das Meer austrocknen ließen, war es mit seinen Bewohnern vorbei. Erst einige Millionen Jahre später bedeckten wieder seichte Meere einen Teil Tasmaniens. Im Kambrium bildeten sich auch die reichen Metallablagerungen, die heute von der Industrie ausgebeutet werden.

Im Kambrium bildeten sich auch die reichen Metallablagerungen.

In späteren Erdzeitaltern, im Silur und Devon (vor 438 bis 360 Millionen Jahren) spuckten Vulkane wieder große Mengen Lava aus, aus denen Granit entstand. Fast der ganze Osten der Insel besteht aus diesem Granit. Als es Körnchen für Körnchen abgetragen und in Erde umgewandelt wurde, bildeten sich fruchtbarere Böden als im Westen Tasmaniens, daher fanden hier auch ganz andere Pflanzenarten ihre Heimat. Wer die Vegetationen im Osten und im Westen vergleicht, der mag kaum glauben, daß sie sich auf der gleichen Insel befinden.

Im Zeitalter des Perm, vor etwa 260 Millionen Jahren, mußten die Vulkane die Macht an die Gletscher abgeben. Eismassen flossen vom Westen Tasmaniens herab und bedeckten die gesamte Insel mit einer bis zu 1.000 Meter dicken blauweiß schimmernden Schicht. Ihr gewaltiger Druck und die Reibung schliffen die Landschaft ab. Als die Gletscher zurückweichen mußten und das Klima nicht mehr frostig, sondern nur noch kühl und feucht war wie in heutigen Zeiten, wucherten Farne, Ginkgos, Koniferen und Palmfarne auf Tasmanien. Durch ihre Zersetzung und Versteinerung bescherten sie der Insel ihre Kohlelager.

Doch die Vulkane schlummerten nur.

Doch die Vulkane schlummerten nur. Kaum hatten sich die Gletscher verzogen, folgte wieder ein Ausbruch dem anderen. Mehrere Millionen Jahre lang, bis ins Jura, die Zeit der Dinosaurier (vor ca. 180 Millionen Jahren), dauerte die intensive vulkanische Aktivität an. Einer der damals hervorquellenden Lavaflüsse war das größte vulkanische Einzelereignis der Erdgeschichte: Mehr als 24.500 Kubikkilometer flüssigen Gesteins quollen auf die Oberfläche der Insel und stauten sich mancherorts bis zu einer Höhe von 300 Metern. Dieses riesige Schild aus hartem und undurchlässigem Gestein bedeckt noch heute den Osten und Süden der Insel. Wo Wasser durch den Fels gesickert ist, das schützende Schild entfernt und die weicheren Sedimentgesteine freigelegt hat, sind abgeflachte Berge und Plateaus entstanden – ein für Tasmanien typischer Anblick. An ihrem Rand finden sich oft spektakuläre sechseckige Säulen aus verwitterndem Vulkangestein.

Die wenigen Bauern auf Tasmanien sind dankbar dafür, daß die letzten Vulkanausbrüche große Basaltflüsse schufen. Ist dieses Gestein der Atmosphäre und der Feuchtigkeit ausgesetzt, so zerbröckelt es langsam und bildet reiche Böden. Diese kleinen Flecken fruchtbaren Bodens, auf denen sich eine wieder andere Vegetation entwickelt hat, werden heute intensiv landwirtschaftlich genutzt.

Pangaea

Irgendwann einmal warf jemand einen Blick auf die Erdkarte und bemerkte, daß die Umrisse der Kontinente wie ein Puzzle zusammengefügt werden können – sie mußten sich im Laufe von Millionen von Jahren auseinanderbewegt haben. Die ganze Erdkruste, so stellte man fest, besteht aus gewaltigen Platten, auf denen sich die Kontinente erheben. Sie schwimmen auf dem flüssigen Erdinneren und bewegen sich, weil ständig neues Material in die Tiefseegräben quillt. An den Rändern dieser Platten merkt man am deutlichsten, daß die Erde immer noch von gewaltigen Kräften geformt wird. Dort finden sich viele aktive Vulkane, dort werden neue unterseeische Gebirge aufgetürmt, dort erschüttern heftige Beben das Land. Noch immer wandern die Platten. Ganz Tasmanien bewegt sich mit einer Geschwindigkeit von jährlich fünf Zentimetern nordwärts.

Tasmanien bewegt sich jährlich fünf Zentimeter nordwärts.

Vor 200 Millionen Jahren bildete der Großteil des Festlandes einen gewaltigen Kontinent, dem man den Namen Pangaea gegeben hat. Er bestand aus den Landmassen der heutigen Kontinente Europa, Asien, Nord- und Südamerika, Australien und Antarktis. Damals lag der Südpol in der östlichen Hälfte des heutigen Australien. In dieser Zeit entstanden komplexe ökologische Systeme, die über den ganzen riesigen Kontinent hinweg miteinander verbunden waren. Noch heute kann jeder Biologe nachweisen, daß Tiere und Pflanzen auf bestimmten Kontinenten miteinander verwandt sind. Sie sind Zeugen dafür, daß es die gewaltigen Urkontinente wirklich gab.

Pangaea existierte ungefähr 50 Millionen Jahre lang, bevor es auseinanderzubrechen begann. Den größten und beständigsten Block nennt man Südkontinent oder Gondwanaland; er bestand aus Afrika, Südamerika, Australien, der Antarktis und Indien. Auch nach dem Zerfall von Pangaea blieb er vorerst stabil. Auf dieser gewaltigen Landmasse schuf der langsame Prozeß der Evolution ein breites Spektrum an Tieren und Pflanzen, die nur auf diesen Kontinenten vorkamen. Dazu gehören aus der Trias (um 230 Millionen Jahre v.Chr.) stammende Reptilien, Süßwasserfische aus dem Devon (um 380 Millionen Jahre v.Chr.), und die Südbuchen der Gattung *Nothofagus*. Sie sind mehr als einfache Bäume, sie sind auch Zeugen aus der Vergangenheit, die uns von dem erzählen können, was damals geschah.

Südbuchenwälder erstreckten sich einst über große Teile Gondwanalands, zu dem zu dieser Zeit auch die Antarktis gehörte. Als die Kontinente auseinanderdrifteten, nahmen sie die Überreste dieses alten Regenwaldes und all jene Arten mit, aus denen die heutige Flora und Fauna der südlichen Kontinente besteht. In niederschlagsreichen, höher gelegenen Regionen Südamerikas bildet *Nothofagus* das Kronendach ausgedehnter Regenwälder. In ganz ähnlicher Form findet man diese Wälder auch in Tasmanien. Einzelne Wälder gibt es außerdem in Neuseeland, und verstreute Überreste des einst riesigen Waldgebiets finden sich selbst auf den Inseln, die den heute öden antarktischen Kontinent umgeben. Fossile Pollen und die heutige Ausbreitung von *Nothofagus* deuten darauf hin, daß die Südbuchen erst auftraten, nachdem Afrika und Indien sich bereits von Gondwanaland gelöst hatten. Denn dort findet sich kein einziger *Nothofagus*.

Arche Noah der Beuteltiere

Australien war mit seinen Inseln eine Arche Noah, auf der sich die Evolution völlig isoliert vom Rest der Welt in ganz eigene Richtungen fortschreiten konnte, nachdem es vom Südkontinent weggedriftet war. Verblüfft entdeckten Naturforscher hier nicht nur eine Vielzahl von Beuteltieren, die nirgendwo sonst vorkommen, sondern auch eierlegende Säugetiere wie den Schnabeligel. Dieser seltsame kleine Warmblüter mit einem Fell und Milchdrüsen hat wie Reptilien eine gemeinsame Öffnung für Ausscheidungs- und Geschlechtsorgane. Dominiert wird die Wirbeltierwelt in Australien von den Beuteltieren. In Südamerika leben zwar auch Beuteltiere – das Opossum und seine Artgenossen –, doch sind es kleine und relativ unauffällige Waldbewohner.

Einige der einheimischen Beuteltiere Tasmaniens sind vor nicht langer Zeit ausgestorben. So erging es zum Beispiel dem Beutelwolf, einem gestreiften hundeähnlichen Raubtier, das jahrtausendelang die Regenwälder der Insel durchstreifte. Am 7. September 1936 starb der letzte seiner Art in Gefangenschaft. Zwar gibt es immer wieder unbestätigte Sichtungen dieses Tieres, doch kaum jemand hat noch Hoffnung, daß in den Tiefen der Wälder noch der eine oder andere »Tasmanian Tiger«, wie der englische Name in Anspielung auf sein gestreiftes Fell heißt, überlebt hat. Viele Tiere und Pflanzen könnten sein Schicksal bald teilen: Über 600 Arten gelten auf Tasmanien als bedroht. Auch die Südlichen Glattwale, die sich im Ozean vor meiner Tür treffen, müssen um ihr Überleben kämpfen, ihre Zahl nimmt immer weiter ab.

Über 600 Arten gelten auf Tasmanien als bedroht.

Nicht nur die Beuteltiere, auch die großen Laufvögel sind eine Gemeinsamkeit der südlichen Kontinente. Der bekannteste ist der afrikanische Strauß. In Australien wird diese Gruppe von den Emus und Kasuaren repräsentiert, die den Straußen ähnlich sehen, in

Neuseeland von den etwa amselgroßen braungefiederten Kiwis, die mit ihrem spitzen Schnabel im Boden nach Nahrung stochern. Das südamerikanische Pendant ist der Nandu. Ihre Fähigkeit zu fliegen haben diese Vogelarten schon lange verloren.

Unter den wirbellosen Tieren finden sich ebenfalls viele Gruppen mit einer ähnlichen geographischen Verbreitung. Am auffälligsten ist der Stamm der Stummelfüßer. Diese kleinen, bizarren Räuber leben am Boden der Regenwälder von Südamerika, Australien und Neuseeland von der Jagd auf Spinnen und andere Wirbellose. Wie der *Nothofagus* sind auch sie der lebende Beweis, daß die südlichen Kontinente in grauer Vorzeit verbunden waren. Zwar haben alle diese Tiere ihre eigenen evolutionären Pfade eingeschlagen, aber die Ähnlichkeiten zwischen ihnen sind so auffällig, daß niemand ihre Verwandtschaft leugnen kann.

Am auffälligsten ist der Stamm der Stummelfüßer.

Die Pflanzenwelt

In welche dunklen Tiefen reichen die Wurzeln der Kasuarinen hinab? In den tiefen Rissen der Felsen vereinen sich die Wurzeln der jungen Bäume mit den erstarrten Wurzeln ihrer Vorläufer, die sich jahrhundertelang dem Wind, dem Regen und dem Salz widersetzten. Sie standen da, bis Holzfäller mit dem Auftrag, Brennstoff für eine Marmeladenfabrik zu beschaffen, ihre verhärteten Stämme durchhackten und die Äste über die Felsen in wartende Kähne warfen. Dabei rodeten sie Land, das über einen noch viel längeren Zeitraum hinweg die Heimat nomadischer Stämme gewesen war, wie die vielen prähistorischen Muschelhaufen beweisen.

Das Feuer ist in Tasmanien nicht nur Feind, sondern auch erneuernde Kraft. Brände sind es, die regulieren, wo auf der Insel Regenwald wächst und wo Hartlaubwald.

Letzterer besteht aus Eukalyptusbäumen und vielen anderen Pflanzen mit kleinen, harten Blättern. Je nach Boden bilden sie sehr unterschiedliche Pflanzengemeinschaften, von der fast baumlosen, hauptsächlich aus Büschen und Gräsern bestehenden Heide auf den trockensten Böden bis zu hohen, feuchten Wäldern, in denen einige der größten Blütenpflanzen der Welt wachsen. Alle Hartlaubwälder sind an arme Böden angepaßt und haben eine enge Beziehung zum Feuer. In trockeneren Gebieten tolerieren manche

Wälder Brände nicht nur, sondern brauchen sie sogar, um sich regenerieren zu können. Bestimmte Arten, besonders Akazien, sind auf die Auswirkungen von Rauch auf ihre Samenschale angewiesen, um gut keimen zu können. Das Feuer verschafft dem Hartlaubwald auch einen Vorteil gegenüber der Konkurrenz, denn wenn es regelmäßig brennt, ersetzt er den Regenwald. In vielen Gebieten überlappen sich die beiden Waldarten; hier entscheidet die Häufigkeit von Bränden darüber, wer das Terrain behauptet.

Die gemäßigten Regenwälder, die sich vor allem im Westen und Nordwesten Tasmaniens ausbreiten, brauchen fruchtbare Böden, wuchern aber üppig, wenn sie gute Bedingungen finden. Sie bestehen nur aus wenigen Arten, vor allem der Südbuchenart *Nothofagus* und dem Sassafras; den Unterwuchs bilden Leatherwood und Selleriefichte. Manchmal finden sich sogar Baumfarne. Beste Chancen hat dieser Wald dort, wo Buschbrände ausbleiben und wo jährlich mehr als 1,5 Meter Niederschlag fällt. Treten keine von Menschenhand verursachten Brände auf, breitet der Wald sich in solchen Gegenden schnell aus. Brennt es in feuchten Gebieten längere Zeit nicht, dann gerät selbst der höchste Eukalyptuswald in Bedrängnis, denn dann dringen für den Regenwald typische Arten dort ein und verhindern das Wachstum der Jungpflanzen. Erst wenn wieder ein Feuer auftritt, gewinnt der Eukalyptus die Oberhand zurück. Beide Waldarten sind das Heim vieler Tiere: Mehr als 200 Vogelarten, 30 Säugetierarten und eine gewaltige Zahl wirbelloser Tiere leben hier, darunter viele, die nur in Tasmanien existieren.

Die Ureinwohner legten regelmäßig Brände.

Nicht erst die europäischen Siedler, sondern schon die Aborigines Tasmaniens haben eine wichtige Rolle bei der Verteilung von Regen- und Hartlaubwald gespielt. Die Ureinwohner, die ungefähr 15.000 Jahre vor den Europäern auf die Insel kamen, legten regelmäßig Brände, um eßbare Pflanzen zu fördern und um sich leichter durch den Busch bewegen zu können. Nach der Ankunft der Europäer brannte es seltener, – aber wenn das Feuer sich doch prasselnd durch den Busch fraß, dann um so heftiger. Heute bedroht die Brandrodung das Gleichgewicht zwischen vom Feuer abhängigen und von ihm gefährdeten Arten. Wir brauchen einen bewußten Umgang mit dieser Balance, um die Vielfalt der tasmanischen Landschaft zu erhalten.

Verbindung zur Erde

Im Laufe der Jahre habe ich viele Sitzbänke geschaffen, jede ein Unikat. »Earth Links« habe ich sie getauft, da meine Kunst der Versuch ist, die Kraft der Natur in das städtische Alltagsleben zu verpflanzen. Sie reiht sich ein in das Streben vieler Menschen nach einem vorurteilsfreien Dialog mit der ganzen Menschheit und der Natur. Was mich antreibt, ist der Wunsch, eine Botschaft mitzuteilen, die ich während meines Lebens in der Wildnis einer abgelegenen tasmanischen Küstenlandschaft vernommen habe.

Obgleich ich bewußt tasmanische Hölzer verwende, geht es mir in meiner Arbeit natürlich nicht darum, den Export von Tasmaniens schwindenden Regenwäldern zu fördern. Wenn ich die Schönheit dieser Wälder preise und ihre Geschichte erzähle, so ist es mein Ziel, auf das Verschwinden unserer uralten Bäume aufmerksam zu machen. Das eindrucksvollste Kunstwerk wird sich immer unter der Rinde verstecken, im Innern des lebenden alten Baumes.

Wenn ich die Schönheit dieser Wälder preise ...

Zudem versuche ich bewußt, im Funktionalen einen Sinn für das Erhabene zu offenbaren. Meine Kunst soll Symbole schaffen, die uns bei ihrem Gebrauch beständig an die ehrfurchtgebietende Schönheit der Natur erinnern, an unseren Platz inmitten dieser Schönheit, und daran, daß wir sie in unserem Leben brauchen.

Wie ein uraltes Wörterbuch dient meine Kunst dazu, die vergessene Vergangenheit ins Gedächtnis zu rufen und alte Verbindungen zwischen Kultur und Natur wiederherzustellen, zwischen der Vielfalt der Menschen und der Welt, in der sie leben. Mit der Sprache des Dichters hat William Stafford die Nicht-Menschlichkeit der Naturgeschichte eingefangen, die uns noch immer zu eigen ist. Dieser erfühlten Verbindung will auch ich mit meinem Bildhaueralphabet aus Stöcken und Steinen Form verleihen.

Atavismus

I

Manchmal blickst du im Freien auf,
siehst Vögel fliegen oder einfach nichts,
und wartest. Vage steigt ein Gefühl herauf –
so warst auch du einmal: Da waren Luft
und Ruhe; es war an einem See

oder an einem Fluß – du warst lebendig
wie ein Otter und wurdest mit einem Mal
geboren wie der Abendstern in weiten
stillen Welten wie dieser, die du nun
wiedergefunden hast, einen Moment lang,
da im Freien.

II
Es wird etwas erzählt in den Wäldern:
Schattenfluchten führen in die Tiefe;
ein Zweig winkt; ein Stift aus Sonnenlicht
zieht langsam seinen Pfad. Fast spricht
eine verborgene Gegenwart, zieht sich jedoch wieder
zurück, bringt einen Busch zum Rauschen. Du spürst das
Wellenspiel der Jahrhunderte – Generationen,
die wanderten, entdeckten, sich verirrten
und wiederfanden, die aßen, starben, geboren wurden.
Ein Gang durch den Wald streichelt dein Fell,
das Fell, das du nicht mehr besitzt. Dein Blick
in eine Schneise ist ein seltsamer, weiter
Sprung hinab; dunkle Augen, die nach der Heimat suchen.
Köstliche Minuten lang spürst du, daß deine Schnurrhaare
weiter reichen als dein Geist, weit fort, alles umspannend.

William Stafford

Unsere frühesten Vorfahren wuchsen aus dem Boden.

Die tiefsten Quellen unseres Wesens liegen in einer Natur, die wir mit aller Kraft ignorieren wollen. Unsere frühesten Vorfahren aber gingen nicht auf zwei Beinen, sondern wuchsen aus dem Boden. Sie hatten Füße aus Wurzeln und verzweigte Hände, die um Licht flehten.

Holz ist Ausdruck unsichtbarer Sonnenzyklen, ist die hochempfindliche Dynamik des Werdens und Vergehens. Da sind die Jahresringe, das Wirken von Flüssigkeiten und Mineralien und Sauerstoffmolekülen, das Wachstum und die Verwesung, der aufsteigende Saft und die fallenden Blätter. Verbinden sich Baum und menschliche Hand, so entstehen Tür, Querbalken, Schwelle, Sparren. Es entstehen Skulpturen, Tisch und Altar, Kasten und Rad, Karren und Kreuz. Baum. Lebensbaum. Heilige Splitter und Zahnstocher.

Unsere Regenwälder und unsere anderen Urwälder verdienen nicht nur unseren Schutz, sondern auch unser Versprechen, endlich zu begreifen, was sie uns zu bieten haben – auch oder gerade im 21. Jahrhundert.

Ein einzigartiger Chemiecocktail wird gereinigt: Der Mono Lake ist auf dem Weg der Besserung

Geoffrey McQuilkin

In der Einsamkeit der Wüste östlich von Kalifornien stößt man auf ein Gewässer von der doppelten Größe San Franciscos: den Mono Lake. Er ist kein gewöhnlicher See – sein Wasser ist ein natürlicher Chemiecocktail. »Natriumsee« nennen ihn Hydrologen, da sein salziges Wasser eine hohe Konzentration an Natriumchlorid, -sulfat und -karbonat enthält. Längst ist er zu einer Attraktion geworden: Touristen begeistern sich für die einzigartigen Kalktuff-Formationen des Sees, Biologen erforschen seine erstaunliche ökologische Fruchtbarkeit, Fotografen sind fasziniert von seiner Weite und dem wunderbaren Licht. Millionen von Möwen und anderen Vögeln ernähren sich von seinen Salzkrebsen und Salzfliegen. In früheren Zeiten bot er den Ureinwohnern Nahrung. Heute kämpfen Anwälte für den Schutz dieses 760.000 Jahre alten Salzsees, der durch die Gier des Menschen nach Wasser bedroht ist.

Touristen begeistern sich für die einzigartigen Kalktuff-Formationen.

An einem kühlen Herbsttag spaziere ich am sandigen Ufer des Sees entlang. Der Weg schlängelt sich durch Gruppen von Tuffsäulen und überquert breite Salzebenen. Es ist eine Wanderung, die ich schon oft gemacht habe, doch die Erlebnisse, die dieses weite, wilde Land bietet, sind jedesmal anders. An diesem Tag rauschen silbern schimmernde Wellen gemächlich an den Strand. Salzkrebschen schweben unter der Wasseroberfläche. Leuchtend weiße Kalktürme ragen wie erhobene Zeigefinger aus der spiegelnden Fläche des Sees. Schreiregenpfeifer jagen am Ufer entlang, und am Himmel kreisen einzelne Kalifornische Möwen.

Ich lasse die Fragen im Kopf Revue passieren, um die es in diesem Beitrag gehen soll: Was macht den Mono Lake so einzigartig? Warum ist er im amerikanischen Westen zum Symbol des Kampfes für die Umwelt geworden? Wie ist diese Landschaft zu renovieren und zu erhalten? Und warum kann der Schutz des Sees uns Hoffnung für die Zukunft machen?

Das Wasser

Das Mono-Becken ist ein – freilich spezieller – Teil einer noch größeren Landschaft, des Großen Beckens (Great Basin). Es umfaßt einen großen Teil des nordamerikanischen Westens und ist ein Gebiet, aus dem kein Wasser ins Meer fließt. Salzseen wie der Mono Lake sind hier die Regel. Das Große Becken ist im allgemeinen hochgelegen, aride und dünn besiedelt. Es besteht aus vielen von Bergketten getrennten Einzelbecken. Der Mono Lake liegt im westlichsten Becken dieser Region, die Sierra Nevada ist ihre westlichste Bergkette. Erklimmt man die Berge, so erreicht man die Wasserscheide: Auf der einen Seite fließt das Wasser in den Mono Lake, auf der anderen in den Pazifischen Ozean.

Ihr Wasser stürzt über Felsvorsprünge.

An den Hängen der Sierra, in einer Höhe von 3.000 und mehr Metern, fallen im Winter mehr als 90 Zentimeter Niederschlag, zum großen Teil als Schnee. Im Frühling jeden Jahres schmilzt diese dicke Schneedecke und rauscht als Wasser zum Mono Lake hinab, der noch 1.945 Meter über dem Meer liegt. Die drei größten Zuflüsse, die aus alpiner Höhe zum See herabfließen, heißen Rush, Lee Vining und Mill. Ihr Wasser stürzt über Felsvorsprünge, bildet Kaskaden und schlängelt sich durch von Bäumen beschattete Schluchten. Auf seinem Weg nimmt es winzige Spuren von Mineralien auf, die mit dem Wasserstrom in den See gespült werden.

Da sich dieser Prozeß seit vielen Jahrtausenden wiederholt, ist

Überall an den Ufern des Mono Lake ragen die unirdisch wirkenden Tuffsäulen aus dem Wasser hervor.

die Menge an ausgeschwemmten Mineralien riesengroß. Einen anderen See würden sie verlassen, wie sie ihn erreicht haben: mit dem Flußwasser. Aber der Mono Lake verliert nur durch Verdunstung Feuchtigkeit, Abflüsse gibt es nicht. Ein riesiger Swimming Pool, der nie gereinigt wird. Die Folge: Sein Wasser wurde mit der Zeit zu einer Brühe mit 81 Gramm Salz pro Liter, obwohl auch unterirdische Süßwasserquellen den See speisen. Fische halten es in dieser salz- und carbonathaltigen Suppe nicht lange aus. Statt dessen gedeiht eine einzigartige Spezies von Salzkrebschen *(Artemia monica)* im See. Diese Krebse, die nicht größer sind als ein Daumennagel, fühlen sich hier so wohl, daß ihre Zahl mittlerweile in die Billionen geht. Im Frühling, wenn das Wasser wärmer wird, schlüpfen sie aus den Eiern. Im Verlauf mehrerer Monate wachsen sie heran, bis sie sich schließlich paaren und die nächste Generation hervorbringen. Gegen Ende des Sommers beginnen die Krebschen mit der Produktion von Eiern. Viele Millionen davon sinken zum Grund des Sees hinab, um dort sicher zu überwintern.

Jetzt im Herbst ist das Wasser klar, aus der Ferne schimmert der See tiefblau. Das ist nicht immer so. Wenn der Schnee des Winters zu schmelzen beginnt, bekommt der See durch den starken Algenwuchs eine grüne Farbe, man kann höchstens einen Meter weit hineinblicken. Im Laufe des Jahres macht sich die gewaltige Menge hungriger Salzkrebschen über die Algen her und verzehrt sie, daher wird das Wasser klarer. Im Winter sterben die Krebschen bei den frostigen Temperaturen am See. Wenn im Frühjahr die Algen wieder wachsen und die neue Generation Krebse schlüpft, beginnt der Kreislauf von neuem.

Die Tierchen sind eine reiche Nahrungsquelle für Möwen und für die Millionen anderer Vögel, die während ihrer jährlichen Wanderung auf den See angewiesen sind. Auch eine andere Delikatesse für die Vögel findet sich am Mono Lake im Überfluß: Salzfliegen. Diese Salzfliegen *(Ephydra hians)* sind klein, schwarz, und meiden im Gegensatz zu den gewöhnlichen Stubenfliegen den Menschen, statt ihn zu belästigen: Nähert sich ein Besucher, nehmen sie Reißaus. In der warmen Jahreszeit umrahmen die Myriaden von Fliegen den ganzen See wie ein 30 bis 90 Zentimeter breites wimmelndes Band; wie die Krebschen verschwinden sie in der Winterkälte.

Die Fliegen ernähren sich von den Algen am Ufer.

Die Fliegen ernähren sich von den Algen am Ufer. Zum Eierlegen tauchen die weiblichen Fliegen in den See. Sie kriechen an den im Wasser stehenden Tuffsäulen in die Tiefe oder halten sich an pflanzlichen Teilchen unter Wasser fest. Sie überleben dieses bemerkenswerte Kunststück dank einer Luftblase, die sich um ihren Körper bildet und sie atmen läßt. Berührt man eine dieser kleinen Taucherinnen, läßt sie ihren Halt im Wasser los, schwebt an die Oberfläche und ergreift die Flucht.

Später schlüpfen die Larven und lassen es sich in der nahrhaften Salzbrühe bei deftigem Algenmenü einige Monate lang gut gehen. Dann verankern sie sich an einer geeigneten, harten Oberfläche und treten ins Puppenstadium ein, indem sie eine schützende Hülle um sich bilden. Die ausgewachsenen Fliegen schließlich schweben an die Wasseroberfläche und bewegen sich zum Ufer.

Auch die Ureinwohner aßen diese nahrhaften Tierchen.

Die Puppen der Salzfliegen haben einen hohen Fettgehalt und stehen bei vielen Bewohnern des Mono Lake auf dem Speiseplan. Auch die amerikanischen Ureinwohner vom Stamm der Paiute, die einst von den Ressourcen des Mono-Beckens lebten, aßen diese nahrhaften Tierchen. Sie nannten diese Delikatesse *Kutsavi* und sammelten sie in lose geflochtenen, siebähnlichen Körben. Paiute-Kinder liefen durchs Wasser und lösten die Puppen von den Steinen und Felsen. Die Frauen folgten mit ihren Körben, fischten die nun an der Wasseroberfläche treibenden Fliegenpuppen aus dem See und brachten sie ans Ufer. Dort wurden die *Kutsavi* auf ausgebreiteten Tüchern getrocknet und aus ihren Hüllen herausgepellt.

Der See baut weiße Säulen

Immer mehr Menschen rücken dem See auf die Pelle. Im Umkreis von 15 Kilometern leben zwar weniger als 500 Leute, aber eine große Zahl Touristen besucht jedes Jahr das Gewässer. Natürlich sind es weder die Salzkrebschen noch die Salzfliegen, die die Menschen an den See locken. Es sind die Säulen aus weißem Kalktuff, die den Mono Lake berühmt gemacht haben.

Der Begriff »Tuff« stammt vom lateinischen *Tofus* ab und bedeutet poröses Gestein. Hier bildet es nicht nur schlanke weiße Säulen, die sechs und mehr Meter hoch aus dem Wasser ragen, sondern auch dicke, massive Türme, sanft abfallende Platten und Krusten auf versunkenen Baumstämmen. Die Formen der Tuffsäulen sind vielfältig: Wie außerirdische Gebilde zeichnen sich ihre Silhouetten vor der aufgehenden Sonne ab; als Bögen am Ufer zeugen sie vom sinkenden Wasserspiegel des Sees; unter Wasser sind sie bedeckt von Salzfliegenpuppen und Krebschen. Doch wie entstehen diese seltsamen Formationen?

Verantwortlich dafür ist eine einfache chemische Reaktion. Die salzige Brühe des Sees ist reich an Karbonaten; die auf dem Grund des Sees sprudelnden Süßwasserquellen sind stark kalziumhaltig. Kommt beides zusammen, verbinden sich die Stoffe und setzen sich mit der Zeit ab. Jetzt übernimmt die Bildhauerin Natur die Regie: Ganz allmählich entsteht ein Felsturm um die Süßwasserquelle. Mit Algen und Salzfliegenlarven bedeckt, wachsen diese Türme, bis ihre Quelle versiegt oder bis der Wasserspiegel des Sees sich so verändert, daß sie in die Luft ragen. Viele der uralten Säulen stehen ganz oder teilweise im Wasser, viele am Ufer, manche auch kilometerweit vom See entfernt und mehr als 100 Meter über seinem jetzigen Niveau. Es sind stille Erinnerungen an seine einstige Größe. Im 20. Jahrhundert hat der Mensch durch das Ableiten von Wasser den Spiegel des Sees dramatisch fallen lassen, so daß viele weitere Säulen zum Vorschein kamen. Damit wuchs die Anziehungskraft des Sees enorm. Die Tuffsäulen sind die meistfotografierten Motive der Gegend. Sie zieren unzählige Postkarten, Poster und Amateurfotos.

Jetzt übernimmt die Bildhauerin Natur die Regie.

Auch andere Prozesse sind beteiligt bei der Entstehung von Tuff, der sich nicht nur in Säulenform im See ablagert. Alle Gegenstände, die in den See fallen und längere Zeit dort liegen – sei es ein Baumstamm oder ein alter Schuh –, panzern sich mit der Zeit mit einer dicken weißen Tuffkruste. Der Grund dafür ist unter anderem, daß sich in den kalten Wintermonaten auf den versunkenen Objekten ein Mineral namens Gaylussit bildet. Da es nur bei niederen Temperaturen stabil ist, zerfällt es, sobald der See sich erwärmt, und verwandelt sich in Kalziumkarbonat – also Tuff.

Hauptsächlich sind es aber die Süßwasserquellen, die die großen Tuffsteinmassen des Sees entstehen lassen. Was die zwischen den Säulen umherwandernden Touristen oft vergessen, ist die Tatsache, daß sich diese Formationen nur unter Wasser bilden. Das kommt mir in den Sinn, als ich auf meinem Spaziergang plötzlich gedankenversunken vor einer auffälligen Gruppe von Tuffgebilden stehe. Die nächste Säule ist etwa sechs Meter hoch; ihre Höhlungen dienen offenbar als Heim für mehrere violettgrüne Veilchenschwalben. Ich stehe auf dem Sand des einstigen Seebodens und stelle mir vor, daß der Wasserspiegel höher gewesen ist als diese Säule.

Durstige Metropolen leiten das Wasser ab

Tatsächlich ist es gar nicht so lange her, daß meine Tuffsäule völlig unter Wasser war. Der See, der in den mehr als 760.000 Jahren seiner Existenz Eiszeiten und lange Trockenperioden überstanden hat, ist heute über zehn Meter niedriger als 1941. In diesem Jahr begannen die Stadtwerke von Los Angeles, dem See Wasser zu entziehen, um die wachsende Metropole zu versorgen. Bittersalziges Seewasser als Trinkwasser? Keineswegs – es wurden Dämme errichtet, um vier der Zuflüsse des Sees aufzustauen, darunter den Rush Creek und den Lee Vining Creek. Dann wurden bis zu 120 Millionen Kubikmeter Wasser jährlich abgeleitet. Das Problem: Unterhalb der Dämme trockneten die Flüsse aus, und der Zustrom von Wasser in den See nahm drastisch ab. Er begann zu verdunsten und einzuschrumpfen.

Die grimmige Entschlossenheit der Stadt Los Angeles, sich Wasser über eine Entfernung von 560 Kilometern hinweg zu verschaffen, läßt ahnen, wie gravierend das Wasserproblem für die Städte der heißen und trockenen Weststaaten, also Kalifornien, Nevada, Arizona, Utah, Colorado, New Mexico, Wyoming, Idaho und Montana, ist. Hier ist Wasser Mangelware, oft nur sporadisch oder weit entfernt von dicht bevölkerten Gebieten verfügbar. Fällt Niederschlag, dann meist in Form von Schnee. Ohne große wasserwirtschaftliche Projekte in Form von Dämmen, Kanälen, Speicherbecken und Leitungen würde es z. B. Los Angeles und Las Vegas überhaupt nicht geben können.

Das Wasser in L.A. stammt nicht nur aus dem mehrere 100 Kilometer entfernten Colorado River, sondern sogar aus dem noch weiter entfernten Delta der San Francisco Bay. So ist es nicht weiter ungewöhnlich, daß auch ein 560 Kilometer langes Röhren- und Kanalsystem zum Mono Lake gebaut wurde, wenngleich außergewöhnlich ehrgeizig für die damalige Zeit. Entlang der ganzen östlichen Sierra wird das Wasser von Bergflüssen gesammelt, um nach Los Angeles geleitet zu werden. Der Mono Lake liegt am nördlichen Ende des Leitungssystems.

Die Leitung selbst ist ein Wunder der Ingenieurkunst.

Die Leitung selbst ist ein Wunder der Ingenieurkunst. Allein mit Hilfe der Schwerkraft bringt sie das Wasser von der luftigen Höhe des Mono-Beckens hinab in die Stadt. Unterführungen überwinden Hügel und Bergzüge; wo die Leitung steil abfällt, wird hydroelektrische Kraft erzeugt. Im Mono-Becken selbst wurde ein Tunnel durch einen vulkanischen Berg gebohrt. Dort stieß man auf seltsames vulkanisches Gestein, kochend heißes Wasser und giftige Gase.

Kochend heißes Wasser und giftige Gase ...

Leider entstand die Leitung zu einer Zeit, in der der Umweltschutz keine große Rolle spielte. Ohne einen Gedanken an die Folgen wurden die Zuflüsse des Sees eingedämmt und nach Los Angeles geleitet, während unterhalb der Dämme die Fische starben, die Vegetation verdorrte und die üppigen Wälder an den Flußufern – die Heimat vieler Tiere – verschwanden.

Das Gebiet um den Mono Lake ist in gewisser Weise typisch für den amerikanischen Westen: weites Land, wunderschön und ehrfurchtgebietend, gleichzeitig eine scheinbar unerschöpfliche Quel-

Mit riesigen Pipelines zapft Los Angeles dem See das Wasser ab.

le von Holz, Wild, pflanzlicher Nahrung und frischem Wasser. Schon als die Europäer im 19. Jahrhundert die amerikanischen Ureinwohner verdrängten, bediente man sich dieser Schätze ohne Rücksicht auf Verluste. So wurden die großen Büffelherden, die einst die Prärie durchstreiften, oft nur zum Vergnügen abgeschlachtet. Die riesigen Wälder wurden ebenfalls dezimiert.

Um die Jahrhundertwende begriff man allmählich, daß es so nicht weitergehen konnte. Es entstanden Nationalparks, National Forests und weitere spezielle Schutzgebiete, besonders viele von ihnen im Westen der USA. Voraussetzung war, daß sich diese Landschaften in Regierungsbesitz befanden. Noch immer aber tobte die Debatte um die Frage, ob diese Gebiete wegen ihres natürlichen Werts in ihrem ursprünglichen Zustand erhalten werden sollten, oder ob sie nach wissenschaftlichen Erkenntnissen so verwaltet werden sollten, daß sie langfristig einen maximalen Ertrag boten. Schließlich rang man sich zu einem beherzten Sowohl-als-auch durch: In den National Forests sind Forstwirtschaft, Bergbau und Weidebetrieb erlaubt, die Nationalparks hingegen werden so weit wie möglich in ihrem ursprünglichen Zustand belassen.

Davon ausgenommen war lange Zeit das Becken, in dem der Mono Lake sich ausbreitet. Während der berühmte Yosemite-Nationalpark, der ganz in der Nähe liegt, sich um 1940 schon 50 Jahre in der Obhut von Rangern befand, war sein Nachbar Mono quasi Freiwild für die durstigen Städte Südkaliforniens. Es gab keine Möglichkeiten, Los Angeles vom Kauf großer Ländereien am See abzuhalten – und damit erwarb die Stadt automatisch auch die Wassernutzungsrechte. Das Ende vom Lied war ein ökologisches Desaster.

Das Ende vom Lied war ein ökologisches Desaster.

Kaum hatten die Ableitungen begonnen, begann der See auch schon zu schrumpfen. Während das Wasser verdunstete, blieben die angesammelten Salze und Mineralien zurück, wodurch der Salzgehalt des Sees anstieg. Bis 1982 war der Wasserspiegel um 14 Meter gefallen; der See hatte sein halbes Volumen verloren und seinen Salzgehalt verdoppelt. Für die Salzkrebschen und Salzfliegen und für die von ihnen abhängigen Vögel wurde die Lage bedrohlich. Der gestiegene Salzgehalt bedeutete, daß ihr Organismus zusätzliche Energie aufwenden mußte, um das Salz herauszufiltern. Die Körpergröße der Tiere nahm ab, und auch ihre Fortpflanzung war beeinträchtigt. Studien zeigten, daß die unverminderte Ableitung der Zuflüsse den Salzgehalt des Sees irgendwann so stark hätte ansteigen lassen, daß die Krebschen und Fliegen nicht mehr hätten überleben können. Die Folgen für das gesamte Ökosystem des Sees wären katastrophal gewesen: Ohne die Krebschen und Fliegen hätten die Millionen von Zugvögeln, denen sie als Nahrung dienen, bei ihrer Zwischenstation am See nichts mehr zu fressen gehabt.

Weitere Probleme ließen nicht auf sich warten. Durch die Austrocknung des Sees fielen immer größere mit Salzen und Mineralien gesättigte Flächen frei. An manchen Tagen entstanden gewaltige Staubstürme, die den Horizont verdunkelten und die Gesundheit der Menschen, die den See besuchten oder in seiner Nähe lebten, bedrohten. Natürlich wollte sich kein Tourist solche Stürme zumuten, und so ging auch der Tourismus der Gegend stark zurück.

Harte Kämpfe gegen das ökologische Desaster

Obwohl bereits in den 60er Jahren das Interesse an Umweltfragen zunahm, dauerte es bis 1978, daß eine Gruppe von Studenten, alarmiert durch den jämmerlichen Zustand des Sees, an die Öffentlichkeit trat. Sie bildeten eine Organisation mit dem Namen *Mono Lake Committee*. Auf der Basis wissenschaftlicher Studien, die sie in den vorangegangenen Jahren durchgeführt hatten, schlugen die Vertreter des Komitees vor, die Ableitung von Wasser nach Los Angeles zu beschränken. Die Stadt sollte zwar weiterhin Wasser entnehmen dürfen, doch nur soviel, daß die verbliebenen Zuflüsse die ökologische Gesundheit des Sees garantieren konnten. An einem solchen Kompromiß zeigte Los Angeles aber keinerlei Interesse.

Während weitere Studien durchgeführt wurden, verband sich die Gruppe mit anderen Umweltschutzorganisationen, vor allem der *National Audubon Society* und *California Trout*, um vor Gericht zu ziehen. Gleichzeitig suchte man nach Lösungen, den Wasserbedarf von Los Angeles zu decken, ohne die exzessive Belastung des Mono Lakes einfach auf eine andere Region zu verlagern.

Der Kampf um den See fand an vielen Fronten statt.

Der Kampf um den See fand an vielen Fronten statt: an der öffentlichen, der wissenschaftlichen und der gerichtlichen. Es sollte 16 Jahre dauern, bis die Auseinandersetzungen ein vorläufiges Ende fanden. Am Anfang wollte niemand etwas von der Notlage des Sees und seiner ökologischen Bedeutung wissen. Um das so schnell wie möglich zu ändern, startete das Mono Lake Committee eine groß angelegte Kampagne. In Zeitungen und Zeitschriften erschienen Artikel. Im Frühjahr 1978 machte ein gescheiterter Versuch, gefährdete Nistplätze zu schützen, Schlagzeilen. Inzwischen war der Wasserspiegel des Sees um 15 Meter gesunken, so daß eine der von Möwen zum Nestbau genutzten Inseln den Vögeln keine Sicherheit mehr bot. Kojoten und andere Räuber konnten sich über eine nun freiliegende »Landbrücke« anschleichen und den Jungvögeln nachstellen. Öko-Aktivisten wollten diese Landbrücke sprengen, doch das Unternehmen scheiterte auf spektakuläre Weise – wie ein Beobachter bemerkte, flog eine Menge Schlamm in die Luft, nur um gleich wieder herunterzufallen. Ein gewisser Erfolg war die Aktion trotzdem, denn die ausführlichen Presseberichte brachten die Notlage des Sees verstärkt ins Bewußtsein der Öffentlichkeit.

Der Wasserspiegel des Sees war um 15 Meter gesunken.

Die Aktivitäten des Mono Lake Committees alarmierten eine Anzahl von Bürgern, die bereit waren, Geld zu spenden, Briefe zu schreiben und mit Politikern zu sprechen, um den See zu retten. Sämtliche Gerichtsverfahren wurden durch Spenden von Bürgern finanziert, Wissenschaftler und Anwälte stellten ihre Zeit kostenfrei zur Verfügung. Ende der 80er Jahre verfügte das Mono Lake Committee über die stolze Zahl von 18.000 Mitgliedern. Schulklassen veranstalteten Basare, um Geld für den Mono Lake zu sammeln, Sportvereine luden zu »Bird-a-thons« getauften Wettkämpfen, und Radfahrer fuhren jedes Jahr die 560 Kilometer lange Strecke von Los Angeles zum Mono Lake, um auf seine Notlage aufmerksam zu machen. Am See selbst konnten sich Touristen bei geführten Wanderungen, Kanufahrten, speziellen Veranstaltungen und in einem Informationszentrum mit dem See und seinen Problemen vertraut machen und sich an seinem Schutz beteiligen. Überall sah man auf Autos die berühmten blauen Aufkleber mit dem Aufruf »Save Mono Lake«.

An der wissenschaftlichen Front wurden die begonnenen Studien weitergeführt. Noch wußte man nicht genug über die Auswirkungen des sinkenden Wasserspiegels. Welche Auswirkungen hatte der steigende Salzgehalt auf die Krebschen? Wieviel Wasser mußte jährlich in den See gelangen, um das Ökosystem nicht zu gefährden? Schritt für Schritt versuchte man, alle offenen Fragen zu klären.

Inzwischen machte der Kampf um die Rettung des Sees auch vor Gericht deutliche Fortschritte. Zwei zentrale Argumente wurden vorgebracht. Das erste basierte auf dem Prinzip der öffentlichen

Verantwortung, das in der Verfassung Kaliforniens verankert ist. Öffentliche Verantwortung bedeutet, daß es die Pflicht des Staates ist, seine Ressourcen für alle Bürger zu schützen. Der Staat, so argumentierte das Mono Lake Committee, habe diese Pflicht vernachlässigt, als er Los Angeles derart umfassende Wassernutzungsrechte gewährte. Die Reaktion der Stadt auf dieses Argument war unerbittlich: Kein Abstrich an den Nutzungsrechten!

Naturfreunde und Stadtväter gingen durch alle Instanzen, so daß der Streit um die öffentliche Verantwortung 1983 vor den Obersten Gerichtshof Kaliforniens gelangte. In einer Grundsatzentscheidung bestätigte dieser, daß der Staat tatsächlich am Mono Lake seine Pflicht vernachlässigt hatte. »Es ist offenkundig«, hieß es in der Begründung, »daß eine verantwortliche Kommission die Wasserverteilung im Mono-Becken überprüfen sollte.« Aber wie sollte Kalifornien seiner öffentlichen Verantwortung tatsächlich nachkommen? Diese Frage griff der Gerichtshof nicht auf, statt dessen verwies er das Problem an andere Gerichte und die staatliche Wasserbehörde, die für die Gewährung von Wassernutzungsrechten zuständig ist.

Auch mit Hilfe der Fischerei- und Jagdgesetze Kaliforniens versuchten die Freunde des Mono Lake den See zu retten. Einem offenbar noch nie so recht beachteten Paragraphen zufolge darf kein Inhaber von Wassernutzungsrechten das gesamte Wasser eines Flusses ableiten, wenn dadurch die Fischerei flußabwärts Schaden nimmt – ein Sachverhalt, der auf die Zuflüsse des Mono Lake ganz offensichtlich zutraf.

Schließlich erwies sich der Winter des Jahres 1983 als echter Glücksfall. Starke Schneefälle bewirkten eine mehrere Meter hohe Schneedecke in den Bergen und – im Frühling – eine immense Wassermenge in den Zuflüssen des Mono Lake. Mehr Wasser, als Los Angeles überhaupt ableiten konnte, stürzte von den Bergen, füllte die Speicherbecken und floß über die Dämme. Mit diesem Wasser wurden ein paar Fische mitgespült, so daß auch flußabwärts wieder geangelt werden konnte.

Mehr Wasser, als Los Angeles ableiten konnte, stürzte von den Bergen.

Als das Hochwasser zurückging, sah es so aus, als würde alles wieder so werden wie vorher. Eine von den Anglern der Gegend angeführte Opposition aber ging vor Gericht und argumentierte mit den Fischerei- und Jagdgesetzen. Während des Verfahrens ließ der zuständige Sheriff die Dämme von seinen Hilfssheriffs überwachen, um den Wasserzufluß zum Mono Lake sicherzustellen. Die

Gerichte entschieden gegen Los Angeles und ordneten an, daß nur ein Teil des Wassers abgeleitet werden dürfe. Ein erster Etappensieg! Endlich floß wieder Frischwasser in den See! Ein Grund zum Feiern für die Umweltschützer. Der gerichtlich festgelegte Zufluß reichte jedoch nicht aus, um den Mono Lake von seiner versalzenen Brühe zu befreien und in alter Pracht und Gesundheit wiederherzustellen. Weitere Aktionen waren notwendig, um dieses Ziel zu erreichen.

Die beiden Gerichtsverfahren stellten nur das Rückgrat der Bemühungen dar, den Mono Lake zu schützen. Auf Vorschlag des Komitees entstand in den Landstrichen, die den See umgeben und sich zum großen Teil im Bundesbesitz befinden, ein Waldschutzgebiet. Die Schönheit des Ufers wurde durch die Einrichtung eines staatlichen Schutzgebiets (»Mono Lake Tufa State Reserve«) gesichert. Weitere Schutzmaßnahmen folgten, als das Projekt »Living Lakes – Lebendige Seen« des Global Nature Fund und ein Netzwerk zum Schutz von Wasservögeln sich mit dem Mono Lake beschäftigten. Endlich war die ökologische Bedeutung des Sees anerkannt worden. Alles schön und gut, doch das änderte nichts an dem Recht der Stadt Los Angeles, Wasser abzuleiten. Die Zukunft des Sees war noch immer in Gefahr.

Die Tuffsäulen leuchten hell im intensiven Sonnenlicht.

In Gedanken an diese Kämpfe versunken setze ich meine Wanderung um den See fort. Die Tuffsäulen leuchten hell im intensiven Sonnenlicht des Nachmittags und die Wellen branden sanft an den Sand des Ufers.

Der Himmel

Abgesehen von der Überraschung, in einer derart trockenen Gegend einen See vorzufinden, ist es wohl der Himmel, der das Mono-Becken so bemerkenswert macht. Weit und beherrschend erstreckt er sich bis zum 120 und mehr Kilometer entfernten Horizont. Der Blick reicht bis nach Nevada.

Faszinierend ist auch die Wandlungsfähigkeit des Himmels. An einem Tag noch wolkenlos blau, am nächsten voller grau aufragender Gewitterwolken. Ist es an einem Ort noch trocken und warm, sind in der Ferne oft schon Regenschleier sichtbar. Im Winter ziehen vom Pazifik mächtige Stürme heran, gewaltige Wettersysteme, die aus dem Golf von Alaska stammen, Tiefdruckgebiete, die über den Bergkamm fließen und sich am Himmel wie eine Decke ausbreiten. Schnee fällt und die Sichtweite nimmt ab, bis plötzlich durch eine Lücke in den Wolken ein heller Lichtstrahl fällt und sich mitten im Sturm das blendende Weiß eines 30 Kilometer entfernten Berges zeigt.

Die vier Jahreszeiten sind im Mono-Becken extrem unterschiedlich. Zwar ist Kalifornien bekannt für seine sonnigen Strände und seine milden Winter, doch im knapp 2.000 Meter hohen Mono-Becken sinkt die Temperatur im Winter bis auf zwölf Grad unter Null, eine dicke Schneedecke überzieht das Land. Der Sommer hingegen ist warm und angenehm. Tagsüber werden Temperaturen von etwa 30 Grad erreicht; abends herrscht eine erfrischende Kühle. Im Frühling blühen purpurrote Lupinen und rote Kastillea; der Herbst überzieht die Berghänge mit dem zarten Gelb und Rot der Zitterpappeln.

Sonnenaufgang und Sonnenuntergang sind oft farbenprächtige Ereignisse, und selbst wenn man sie Hunderte von Malen erlebt hat, ist man immer wieder beeindruckt. Es ist die Kombination vieler Faktoren, die solche Vorgänge im Mono-Becken so spektakulär werden lassen: der weite Blick, die dramatische Kulisse der Berge, die große Wasserfläche, in der sich die Farben spiegeln, die oft ungewöhnlichen Wolkenformationen, die klare Luft und die Abgeschiedenheit der Umgebung. Beobachtet man einen Sonnenaufgang von den Tuffgebilden am Südufer aus, hat man den Eindruck, man sei der einzige Zeuge, der in der kühlen Ruhe der Morgendämmerung an diesem Ereignis teilhat. Der Himmel über dem Mono-Becken ist wie eine Leinwand, auf der das Wetter, der Vogelflug und die Farben des Lichts ihre Spuren hinterlassen. Jeder neue Tag ist ein Kunstwerk.

Der Himmel über dem Mono-Becken ist wie eine Leinwand.

An manchen Tagen stehen bei Sonnenuntergang schmale, vom Wind geformte Wolkenformationen vor der gesamten Bergkette, erstrecken sich endlos in beide Richtungen bis zum Horizont und strahlen im goldenen Licht, als lodere ein Feuer. Nicht selten sieht man in diesen besonderen Augenblicken an irgendeinem einsamen Ort einen Fotografen, der hektisch umherläuft und versucht, das grandiose Ereignis einzufangen. Andere Besucher des Sees setzen sich einfach auf den Boden, um das Ende des Tages zu beobachten.

Daß das Mono-Becken vom Himmel dominiert wird, liegt nicht zuletzt an seiner Vegetation, die der ariden Region angepaßt ist. Die Pflanzen sind meist nicht mehr als hüfthoch, so daß der Blick fast überall in die Weite schweifen kann. Am häufigsten kommt hier Beifuß (Sagebrush) vor. Der scharf riechende, staubgrüne Busch mit seinen dreilappigen Blättern, den man in hohen, trockenen Regionen bis hinauf nach Utah findet, ist das Wahrzeichen des Mono-Beckens. Zerdrückt man die Blätter oder sind sie gerade feucht geworden, ist ihr würziger Geruch unvergeßlich. Fast so häufig sind Kaninchenbusch und Antelope Bitterbrush, eine Rosazee. Weitere typische Pflanzen sind ein Gänsefußgewächs namens Fettholz und ein rosa blühendes Rosengewächs mit dem hübschen Namen Desert Peach, Wüstenpfirsich.

Geflügelte Wanderer auf Zwischenstation

Ich lege mich auf eine warme Sandbank, um den Himmel zu betrachten. Mein Blick fällt auf eine sich sehr schnell bildende Wolke direkt über meinem Kopf. Beim zweiten Hinsehen erkenne ich einen Schwarm aus mehreren 100 Möwen, die am Himmel kreisen.

Möwen sind durch ihren heiseren Schrei und ihre Furchtlosigkeit dem Menschen gegenüber die auffälligsten Vögel am Mono Lake. Warum aber finden sie sich gerade hier, so weit vom Meer entfernt, in so großer Zahl? Die Antwort ist einfach: Sie verbringen den Sommer am Mono Lake, weil sie auf dessen Inseln in Sicherheit brüten können. Von März an ziehen 50.000 Möwen von der Küste hierher. Sie lassen sich auf den Inseln des Sees nieder und verteidigen ihre Reviere eifersüchtig. Denn ist die Gelegenheit günstig, machen sie sich auch schon mal über die Eier benachbarter Nester her. Im Juli schlüpfen die Küken aus. Werden sie im September flügge, machen sich Alt- wie Jungvögel wieder auf den Weg zum Pazifik. Insgesamt kommen 80 Prozent der im Staat lebenden Kalifornischen Möwen im Sommer an den Mono Lake.

Über 80 Arten von Wasservögeln kommen jedes Jahr zum See.

Über 80 Arten von Wasservögeln kommen jedes Jahr zum See; im gesamten Becken sind mehr als 250 Vogelarten beobachtet worden. Zahlenmäßig weit übertroffen werden die Möwen von den Schwarzhalstauchern *(Podiceps nigricollis)*. Nahezu zwei Millionen machen jedes Jahr Ende September dort Station. »Man könnte den See überqueren, indem man von einem Vogel auf den nächsten tritt«, bemerkte einmal David Gaines, einer der Gründer des Mono Lake Committee.

Der entenähnliche Taucher ist kaum erforscht; man weiß nur wenig über ihn und seine Verhaltensweisen, vor allem weil er sich immer weit abseits vom Ufer auf Gewässern aufhält. An Land kann er sich nicht fortbewegen. Nähert man sich ihm vorsichtig in einem Boot, taucht er ab und ist sofort verschwunden. Bekannt ist folgendes: In Nordamerika brütet er in den Seen der nördlichen Prärien, wo er schwimmende Nester baut und seine Jungen auf dem Rücken trägt. Anschließend zieht er zum Mono Lake und einigen anderen Salzseen im Binnenland, wo er Fettreserven für den Flug an die Küstengewässer von Mexiko anfrißt. Dort verbringt er den Winter.

Man sieht den Schwarzhalstaucher nur selten fliegen. Er trifft im Dunkel der Nacht am See ein und verläßt ihn auch dann. Tagsüber frißt er, taucht und bietet dem Beobachter höchstens ein paar Flügelschläge, ohne je von der Wasseroberfläche abzuheben. Der Taucher bleibt eines der Geheimnisse des Mono Lake. Wir wissen nur, daß der See eine extrem wichtige Station für die große Mehrzahl der Population dieses Zugvogels ist.

Man sieht den Schwarzhalstaucher nur selten fliegen.

Ich stütze mich auf den Ellbogen und blicke über den See, um in der Ferne vielleicht ein paar Taucher im Wasser schaukeln zu sehen. Keiner der Vögel ist sichtbar, doch angesichts des 18.000 Hektar großen Sees überblicke ich nur einen winzigen Teil ihres Lebensraums. Statt dessen kann ich mich über etwas anderes freuen: über die typischen Flugbewegungen von Wassertretern, die ebenfalls zu den bemerkenswerten und häufigen Besuchern des Sees zählen. Zwei Arten von Wassertretern findet man am Mono Lake: das Odinshühnchen *(Phalaropus lobatus)* und das Amerikanische Odinshühnchen *(Phalaropus tricolor)*.

Nicht größer als eine Faust und mit einem Gewicht von weniger als 30 Gramm besuchen die zierlichen Wassertreter den See auf einer Reise, die noch erstaunlicher ist als die der Schwarzhalstaucher. Sie nisten weit im Norden in den arktischen Regionen Kanadas, wo es im Winter sehr ungemütlich wird. In dieser Jahreszeit befinden sie sich in Südamerika, vor allem im Binnenland, an den Salzseen in Bolivien und Argentinien. Der Mono Lake ist ihr letzter Rastplatz, bevor sie sich auf ihren knapp 5.000 Kilometer weiten Nonstopflug nach Süden begeben. 140.000 Vögel, das sind zehn Prozent aller Amerikanischen Odinshühnchen, die es auf der Welt gibt, lassen es sich hier noch einmal gutgehen, bevor sie die letzte Etappe wagen. Beobachtet man die liebenswerten Vögel bei ihrer

Suche nach Salzfliegen, ahnt man nicht, wie weit ihre Reise und wie groß ihre Leistung ist. Sie fliegen diese 5.000 Kilometer ohne Zwischenlandung in wenig mehr als drei Tagen! Niemand versteht ganz, wie die Odinshühnchen ihr Kunststück vollbringen, man weiß nur: Sind sie am Mono Lake angekommen, machen sie sich mit Feuereifer daran, Salzfliegenpuppen zu verspeisen. Währenddessen werfen die Vögel ihre Federn ab und lassen sich ein komplett neues Federkleid wachsen. Sie verdoppeln ihr Körpergewicht, um sich auf ihre Reise vorzubereiten, und fressen dabei große Fettreserven an.

Wenn sie sich für ihren Langstreckenflug nach Süden gerüstet haben, erheben sie sich eines Tages einfach in die Lüfte. Oder zumindest die meisten von ihnen. Einige sind so fett, daß sie nicht vom Wasser hochkommen. Man kann beobachten, wie sie vergeblich versuchen, in den Himmel zu steigen, und dabei flattern, um Gewicht zu verlieren. Aber die beste Schlankheitskur ist immer noch der eigentliche Flug: Wenn die Wassertreter Südamerika erreichen, haben sie fast ihre gesamten Fettreserven verbraucht.

Die beste Schlankheitskur ist der eigentliche Flug.

Daß die Odinshühnchen den Mono Lake als letzte Station auf ihrer bemerkenswerten Reise nutzen, verweist klar auf die Bedeutung des Sees im globalen Zusammenhang. Ein solcher Vogelzug unterstreicht die Verbundenheit einzelner Ökosysteme im Lebensraum Erde und die Wichtigkeit des Schutzes dieser natürlichen Ressourcen.

Früher besuchten auch jährlich fast eine Million Enten, Gänse und Schwäne den See, aber das ist heute Vergangenheit. Sie genossen seine geschützten Lagunen und die reichliche Nahrung. Katherine Clover, die schon am Rush Creek lebte, bevor sein Wasser abgeleitet wurde, berichtet: »Der Himmel wurde schwarz von den riesigen Entenschwärmen. Es waren so viele! Sie suchten im See nahe der Mündung des Rush Creek nach Futter und putzten sich das Gefieder im frischen Wasser des Flüßchens.« Aber als Los Angeles begann, dem Mono Lake den Hahn zuzudrehen, verschwand das einst so reiche Habitat am Ufer des schrumpfenden und immer salziger werdenden Sees. Heute besuchen nur noch 20.000 dieser Wasservögel den Mono Lake, zwei Prozent der einstigen Zahl.

Ich stehe auf, klopfe mir den Sand von den Armen und blicke am sanft geschwungenen Ufer entlang. In der Ferne erblicke ich eine sehr charakteristische Szene für den Mono Lake: Ein Schwarm von 200 oder mehr Odinshühnchen zieht in perfekter Formation elegant durch den Himmel. Bei jedem Schwenk geht der gesamte Schwarm synchron in die Schräglage, so daß die weißen Unter- oder die dunklen Oberseiten der Flügel sichtbar werden. Dann richten die Vögel sich wieder auf. Vielleicht von einem Raubvogel aufgeschreckt, steigt der Schwarm erst hoch in die Luft, saust dann knapp über die Wasseroberfläche, kurvt um ein Tuffgebilde und landet in derselben eleganten Formation. Ich gehe weiter.

Schreiregenpfeifer laufen vor mir über den Strand, und ein Paar Amerikanische Säbelschnäbler ziehen in der Luft vorbei. Aus einem nahen Busch ertönt der Ruf einer Savannen-Ammer. Von den Hunderten von Vogelarten, die man im Mono-Becken beobachtet hat, sind viele hier zumindest einen Teil des Jahres zu Hause, darunter einige faszinierende Arten: In den Salzebenen brütet der seltene Seeregenpfeifer; im Schilf lebt der farbenprächtige Gelbkopfstärling. Hoch am Himmel schweben Truthahngeier. Rotschwanzbussard, Kornweihe und Buntfalke fliegen langsam am Ufer entlang und halten Ausschau nach Beute. Nicht selten sieht man den Steinadler, und im Winter kommt auch der einst gefährdete Weißkopfseeadler zu Besuch.

In den Salzebenen brütet der seltene Seeregenpfeifer.

Das Land

Hochgelegen und niederschlagsarm wie sie ist, wurde die Landschaft des Mono-Beckens von den gewaltigen Kräften der Natur geformt: von Erdbeben, Vulkanen und Gletschern. Blickt man zurück zu den Bergen, die sich mehr als 2.000 Meter über den See erheben, sieht man hinter der Stadt die riesige Falte im Gestein, die die Berge vom Becken trennt. Seit Jahrmillionen wächst die Seite der Verwerfung, auf der die Berge liegen, während das Becken absinkt. Dies hat zu einem krassen Höhenunterschied geführt. An solchen Verwerfungen treten natürlich Erdbeben auf: kleinere, die man nicht wahrnehmen kann, täglich, größere ab und zu, wenn die Berge sich nach oben drängen.

Die Vulkane, die nach Süden hin eine Kette bilden, sind ein markantes Merkmal des Beckens. Die als »Mono Craters« bekannten Kegel erheben sich 900 Meter über den Boden des Beckens. Auch die Inseln im See sind vulkanischen Ursprungs. Am Nordufer steigt sanft ein Vulkan aus der Eiszeit auf; und die Hügel, die das Becken umrahmen, haben in ferner Vergangenheit einmal Feuer gen Himmel geschleudert. Heute sind die Vulkane friedlich, und gegen eine Bergbesteigung ist nichts einzuwenden. Dabei erklimmt man steile Hänge aus hellgrauer Asche und tritt über Felsbrocken aus schwarz glänzendem Obsidian und aus Bimsstein, der leichter ist als Wasser.

Während ich am Ufer entlangspaziere, wird mir die Präsenz der Vulkane bewußt: Ein großer Teil des Sandes unter meinen Füßen ist vulkanischen Ursprungs. Im Laufe der Jahrhunderte ist er von der Wasserströmung verteilt worden. Manche der Vulkane sind uralt, doch eine der vulkanischen Inseln ist weniger als 300 Jahre jung! Wird ein spektakulärer Sonnenuntergang eines Tages vom glühenden Rot einer neuen Eruption begleitet werden? Es ist sehr wahrscheinlich. Vielleicht nicht in unserer Lebensspanne, aber nach geologischen Maßstäben recht bald.

Von der dem Feuer der Vulkane entgegengesetzten Kraft, den Gletschern mit ihrem kalten blauen Eis, findet man nur noch spärliche Überreste in den Bergen. Doch überall in der Sierra haben sie ihre Spuren hinterlassen, zum Beispiel die großen, U-förmigen Schluchten, die zum Mono-Becken hin abfallen, den polierten Granit der höheren Erhebungen und die Massen an Felsschutt, die sie ins Becken geschoben haben. Jede ins Mono-Becken mündende Schlucht ist von Moränen gekennzeichnet – Wällen aus Felsschutt, von den Gletschern der Vergangenheit bei ihrem Weg aus den Bergen empor- und beiseite geschoben.

Es ist eine ebenso kraftvolle wie schöne Landschaft. Der berühmte Naturforscher John Muir hat ihre Atmosphäre treffend eingefangen, als er schrieb: »Es ist ein Landstrich voll wunderbarer Gegensätze. Heiße Wüsten werden von schneebedeckten Bergen eingerahmt, Schlacke und Asche liegen auf von Gletschern geschliffenem Fels verstreut. Frost und Feuer haben zusammengewirkt, um Schönheit zu erschaffen.«

Heiße Wüsten werden von schneebedeckten Bergen eingerahmt.

Eine Landschaft der Hoffnung

Das Mono-Becken ist eine eindrucksvolle Landschaft mit einem bemerkenswerten Ökosystem. Für den Menschen ist es ein Ort, an dem er Einsamkeit finden kann. Und es ist ein Ort des Widerstands, der seine Beschützer auf den Plan rief.

Obgleich die Gerichtsverfahren Mitte der 80er Jahre zugunsten des Sees ausgegangen waren, nützte es ihm zunächst einmal gar nichts. Auch nach der wichtigen Entscheidung des Obersten Gerichtshofs zur öffentlichen Verantwortung blieb die Frage, wie dieses Urteil zugunsten des Mono Lake umgesetzt werden sollte, ungelöst. Die staatliche Wassernutzungsbehörde, an die der Gerichtshof das Problem weiterdelegiert hatte, setzte einen langwierigen Prozeß der Umweltanalyse in Gang – so langwierig, daß ein weiteres Gerichtsverfahren angestrengt wurde, um ihn zu beschleunigen. Die ganze Zeit über zapfte Los Angeles dem Mono Lake Wasser ab. 1990 erreichte der Wasserstand des Sees ein kritisches Niveau. Eilig beantragte das Mono Lake Committee eine einstweilige Verfügung und hatte damit Erfolg. Die neue Bestimmung lief darauf hinaus, daß der Wasserstand während der Durchführung der Analyse eine bestimmte Höhe behalten mußte. Schließlich machte es wenig Sinn, den See jahrelang zu studieren, nur um zum Zeitpunkt einer Entscheidung über seinen Schutz festzustellen, daß er inzwischen verschwunden war.

1993, mehr als 50 Jahre nach dem Beginn der Ableitungen, machte das Engagement der Bürger sich endlich bezahlt. Die Wasserbehörde schloß ihre Analyse ab und ordnete ausführliche Anhörungen an, um die wissenschaftlichen Daten zu sichten. Ein Jahr später wurde die Entscheidung verkündet: Der Wasserspiegel des Sees sollte auf 1.948 Höhenmeter ansteigen. Immerhin waren das 5,50 Meter mehr als sein damaliges Niveau, wenn auch 7,50 Meter weniger, als der Mono Lake 1941 gehabt hatte. Als Zeitraum, innerhalb dessen der neue Pegelstand erreicht werden sollte, veranschlagte man 20 Jahre. So wollte man die ökologischen Ressourcen des Sees schützen, auch wenn weiterhin ein Teil des Wassers abgeleitet wurde. Zudem mußte Los Angeles die durch die Ableitung geschädigten Flüsse und das Habitat der Wasservögel am See wiederherstellen. Diese Entscheidung war ein Sieg auf der ganzen Linie und wurde von den Mono Lake-Freunden im ganzen Land bejubelt.

Was aber waren die Folgen für Los Angeles? Wie konnte trotz allem sein enormer Wasserbedarf gedeckt werden? Die Freunde des Sees, vor allem das Mono Lake Committee, ignorierten diese Frage keineswegs. Da der Mono Lake nicht auf Kosten eines anderen Gebiets geschützt werden sollte, versuchte man, die für den See notwendige Wassermenge auf umweltfreundliche Weise zu ersetzen.

Was aber waren die Folgen für Los Angeles?

Die Strategie – Wassersparen im häuslichen Bereich und die Wiederaufbereitung von Schmutzwasser – zeitigte erste Erfolge. Das Komitee sorgte außerdem für staatliche Subventionen, um Wasseraufbereitungsanlagen zu bauen, deren Ausstoß das vom Mono Lake abgeleitete Wasser mehr als ersetzen konnte. Bei der vorbildlichen Zusammenarbeit von Vertretern der Stadt und Komiteemitgliedern engagierten sich auch die Stadtwerke zum ersten Mal. Bei der Aktion konnten junge Großstädter übrigens ihre verbrauchsintensiven alten Toiletten durch effiziente neue Modelle – bezahlt von den Stadtwerken – ersetzen lassen.

Der Mono Lake hat in Kalifornien einen Präzedenzfall geschaffen. Mit Hilfe menschlicher Tatkraft, wissenschaftlicher Untersuchungen und der konsequenten Anwendung vorliegender Gesetze wurde und wird hier eine der faszinierendsten Landschaftsräume in den USA renoviert. Die kooperativen Lösungen zum Schutz des Sees sind zum Vorbild geworden. Die Erfolgsgeschichte von Bürgern, die aktiv wurden, um eine einzigartige Landschaft zu schützen, ist ein Hoffnungsstrahl in einem Land, das noch viele Kämpfe für seine Umwelt vor sich hat. Auch international ist der Mono Lake inzwischen gut bekannt; bei ausländischen Besuchern steht er häufiger denn je auf der Liste der obligatorischen Sehenswürdigkeiten Kaliforniens. Da der See auch in das Projekt »Lebendige Seen« aufgenommen wurde, kann weltweit ein Austausch über die hier und anderswo gefundenen Lösungen stattfinden. Für einen Salzsee in einer entlegenen Ecke Kaliforniens ist das ein triumphales Ergebnis.

Es wird Jahrzehnte dauern, bis am Mono Lake wieder alles im Lot ist.

Doch es wird Jahrzehnte dauern, bis am Mono Lake wieder alles im Lot ist. Obgleich man sich bemüht, den natürlichen Zustand dieser Landschaft wiederherzustellen, werden Wasserläufe und Wälder sich nur langsam erholen, so daß sich auch das Habitat nur ganz allmählich erneuert. Manche Verluste werden nie überwunden werden, andere wird die Natur durch neue Formen ausgleichen.

Eine Wolke tritt kurz vor die Sonne und hüllt meine Ecke des riesigen Sees in Schatten. Tuffsäulen funkeln über den Wellen, als das Licht zurückkehrt. Irgendwo in Nordamerika planen Hunderttausende von Vögeln gerade ihre Reise zu diesem bemerkenswerten Gewässer. Ich wende mich ab, um nach Hause zu gehen, doch ich weiß, eigentlich bin ich schon angekommen.

Der Kampf um die Wildnis Südafrikas: Die wechselvolle Geschichte des Yellowwood Nationalparks

Ian Player

Eine umkämpfte Insel der Wildnis inmitten der Stadt

Durban ist eine bunte, quirlige Millionenstadt an der Ostküste Südafrikas, in der Provinz KwaZulu-Natal. Bekannt ist sie vor allem für ihre hübsche Strandpromenade, ihre Rennbahn und die vielen Spielkasinos. Die Stadt boomt und pulsiert in der aufgestauten Hektik von Lärm und Verkehr. Da grenzt es fast an ein Wunder, daß sich nur wenige Kilometer vom Stadtzentrum entfernt ein idyllischer kleiner Flecken Natur erhalten konnte. 1.600 Hektar (400 acres) der früheren Farm Yellowwood Park, die heute ein Vorort von Durban ist, wurden in den 50er Jahren als Naturschutzgebiet ausgewiesen und nach dem Besitzer Kenneth Stainbank *Stainbank Nature Reserve* benannt.

Ein Paradies für Wildtiere! Kleinwild wie der Buschbock, der Rot- und der Blauducker, die Meerkatze und andere Arten bevölkern den Park. Dazu kommt eine eindrucksvolle Vielfalt an Vögeln. Gelegentlich schwebt sogar ein Fischadler am Himmel und stößt seinen langen Schrei aus, der einst von allen Flüssen, Seen und Buchten Afrikas widerhallte. Im August kommt der Schmarotzermilan aus Zentralafrika; seine Ankunft verkündet den Beginn des südafrikanischen Frühlings und die Blütezeit vieler Bäume, darunter ein Gewächs, das die Zulu *iNhliziyonkhulu* – Großes Herz – nennen *(Dombeya rotundifolia)*. Der Zulu-Name des Schmarotzermilans lautet *uNhloyile* und ist eine Imitation des Vogelschreis. Im September und Oktober zieht ein anderer Vogel, der Rotbrustkuckuck, heran. Die alten Buren tauften ihn nach seinem Ruf *Piet-my-vrou*. Die Zulu hingegen nannten ihn *uPhezukomkhono* nach der Zeit, die Hacke zu schultern und auf die Felder zu gehen, um zu graben und zu pflanzen.

Gelegentlich schwebt sogar ein Fischadler am Himmel.

In den 70er Jahren erhielt die von mir im Jahre 1957 gegründete »Wilderness Leadership School« von Kenneth Stainbank die Erlaubnis, alte Kuhställe in dem Reservat für Bürozwecke zu verwenden. Mit einer Spende der texanischen Tierschutzorganisation Game Conservation International renovierten wir die Ställe, so daß wir seither über komfortable Verwaltungsräume inmitten der beschaulichen Ruhe des Parks verfügen. Die Überreste der Küstenwälder sind nur vier Gehminuten von den Gebäuden entfernt.

Während ich diese Zeilen schreibe, trägt *Erythrina,* der Korallenbaum, seine blutroten Blüten. Purpurrote Honigsauger umschwirren sie, um sich an ihrem Nektar zu laben. Das dreiteilige Blatt dieses Baumes ist das Wahrzeichen der Wilderness Leadership School. Jedes Segment hat eine Bedeutung: Das obere Blatt symbolisiert die Beziehung von Mensch und Gott, das linke die von Mensch und Mensch, das rechte die von Mensch und Erde. Gewählt hat dieses Blatt mein alter Zulu-Freund Magqubu Ntombela, der es mir brachte und mit fast biblischem Pathos erklärte: »*Tata lokho* – nimm dies, weil es von einem Baum kommt, den man sowohl in der Wildnis als auch in den Siedlungen findet.«

Unsere Aufgabe ist es, die Menschen aus den Siedlungen in die Wildnis zu führen und sie mit einer neuen Sicht auf die Natur heimkehren zu lassen. Seit 1957 haben etwa 30.000 Männer, Frauen und Jugendliche aus der ganzen Welt zu Fuß die Wildreservate von Mfolozi, Lake St. Lucia und Drakensberg erkundet, die sich im Umkreis von 200 Kilometern um den Yellowwood Park und unser Reservat befinden. Viele erbitterte Kämpfe waren nötig, um die Zerstörung der Idylle vor den Toren Durbans zu verhindern. Unser Reservat teilt das Schicksal vieler anderer Schutzgebiete in Südafrika und in anderen Teilen der westlichen Welt, es ist fast völlig von Häusern und städtischer Bebauung umgeben.

Unser Reservat teilt das Schicksal vieler anderer Schutzgebiete.

Auf seinen wenigen Hektar findet sich eine ungeheure biologische Vielfalt, die einem unablässigen Druck von außen ausgesetzt ist. Vor geraumer Zeit versuchte die Stadtverwaltung von Durban mit aller Macht, eine Autobahn durch das Gebiet durchzusetzen. Die hätte es in zwei Teile geschnitten und seinen Charakter vollständig verändert. Wir organisierten eine Kampagne gegen diese katastrophale Idee. NGOs schlossen sich zusammen und trafen sich regelmäßig in unseren Räumen, um Strategien zu entwickeln, wie die Bürger von Durban zum Engagement gegen die Straße aufgerufen werden könnten. Wir reisten gemeinsam nach Kapstadt, um verschiedene Minister aufzusuchen, schrieben Briefe an Politiker und die Medien. Wir waren fest entschlossen, unser kleines Refugium zu schützen. Einige Mitstreiter drohten sogar, sich an die Bulldozer oder die Türen zum Büro des Bürgermeisters von Durban zu ketten. Schließlich gelang es uns, die Autobahn fürs erste tatsächlich zu verhindern, auch wenn die nicht vollends aufgegebenen Planungen weiterhin eine latente Bedrohung darstellen. Zu unseren Gunsten befand sich innerhalb des Reservats einst ein Militärlager, das der große Zulu-König Shaka um 1820 errichtet hatte – und dieser Ort ist dem Volk der Zulu heilig.

Die Gebiete im Umkreis des Reservats haben ihr Gesicht komplett verändert. Aus dem tiefen Becken eines nahen Flusses beispielsweise, in dem noch um 1840 Flußpferde lebten, wurde ein Steinbruch. Wir werden jeden Tag an ihn erinnert, wenn eine Sirene ertönt, die vor den bevorstehenden Sprengungen warnt. Der Einzugsbereich des kleinen Flusses, der durch das Schutzgebiet fließt, liegt in einem Wohngebiet. Bei Regen wird Abfall jeder Art hereingespült. Plastiktüten und Flaschen treiben im Wasser und lagern sich am Ufer ab. Wir brauchen jedesmal viele Stunden, um sie aufzusammeln und zu entsorgen. Versuche, die Bewohner dieser Gegend davon abzubringen, hatten zunächst keinen Erfolg, weil sie von der Autobahn profitiert hätten und daher nicht sonderlich gut auf uns zu sprechen waren. Wir setzen unsere Bemühungen jedoch fort und gewinnen langsam Mitstreiter für unsere gute Sache.

Bei Regen wird Abfall jeder Art hereingespült.

Auch die Lärmbelästigung hat zugenommen. Der internationale Flughafen von Durban liegt nur 20 Kilometer von unserem Reservat entfernt, und seit der Flugverkehr zugenommen hat, zerreißt das Triebwerksgeheul von startenden und landenden Flugzeugen bei bestimmten Windverhältnissen die Stille in Stainbank. An anderen Tagen befindet sich die Einflugschneise über dem Meer, so daß wir gar nichts hören. Dann sind um die alten Gebäude unserer Zentrale nur die Rufe der Buschbabys (Galagos), das Klagelied der Ziegenmelker und das Kreischen der Reiher zu hören – Klänge, die uns daran erinnern, wie es vor 100 und mehr Jahren hier gewesen sein muß.

In der Umgebung befinden sich viele bedeutende Naturreservate, darunter Drakensberg, Mfolozi und Lake St Lucia. Ihre Landschaften sind vollkommen unterschiedlich, die Bandbreite reicht von alpin bis tropisch. Manche Parks liegen auf kühlen Hochplateaus oder sind von ariden, mit Buschwerk bestandenen Ebenen geprägt, andere liegen in den feuchtwarmen Sumpfgebieten an der Küste. Alle diese Parks waren von Auflösung bedroht und für die Nachwelt schon fast verloren. Ich nehme seit Jahrzehnten am Kampf um die Erhaltung dieses Naturerbes teil. In 25 Jahren habe ich mich als Wildhüter langsam emporgearbeitet, bis ich zum Leiter der Naturschutzbehörde von Natal und Zululand, dem Natal Parks Board, ernannt wurde.

Das süße Wasser fließt nicht mehr

Es war im Jahre 1952, als ich im Mfolozi-Park Magqubu Ntombela kennenlernte, einen Zulu, der seit seinem 14. Lebensjahr in Schutzgebieten arbeitete. Er hat einen tiefen Eindruck auf mich hinterlassen und wurde mein bester Freund. Obwohl er weder lesen noch schreiben konnte und kein Englisch sprach, war er einer der weisesten Menschen, die ich je getroffen habe. Wir führten Besucher auf mehrtägigen Wanderungen durch die Wildnis, zuerst als Beamte des Natal Parks Board, später im Rahmen der Wilderness Leadership School. Ausgangspunkt der Exkursionen der Schule war Stainbank, wo Magqubu oft in unserem Hof saß, von der frühen Geschichte von KwaZulu-Natal erzählte und Vergleiche darüber anstellte, was heute anders war als früher.

Er sprach über den großen König Shaka Zulu, der sein Hauptquartier an einem Ort nahe der heutigen Stadt Eshowe aufschlug. Er nannte es Bulawayo, Ort des Tötens. Sein Reich erstreckte sich weit nach Süden bis in die Transkei. Eines Morgens ging Magqubu mit mir zu einem langen Felsvorsprung über dem Meer nahe der Hafeneinfahrt Durbans. Unter uns lag der goldene Sand einer wunderschönen Bucht, hinter dem das blendend blaue Wasser des Indischen Ozeans in die unendliche Ferne führte. Magqubu zeigte auf den Strand und erzählte, Shaka habe seine Krieger dorthin geführt und sie ins Meer waten lassen. Dort stachen sie auf die Wellen ein, um sich auf die Invasion der Weißen vorzubereiten, die das Land erobern wollten. Shaka habe Spione bis nach Port Elizabeth gesandt und von ihnen vernommen, daß die Engländer und Buren dort Dörfer errichtet hätten.

Unter uns lag der goldene Sand einer wunderschönen Bucht.

Shaka marschierte mit seinen Kriegern gen Süden. Als sie an einen kleinen Fluß kamen, hielt Shaka an, um zu trinken. Das Wasser war sehr süß, weshalb er es *Amanzi-mtoti*, süßes Wasser, nannte. Heute liegt dort eine aus allen Nähten platzende Stadt im Einzugsgebiet von Durban. Die kleine Lagune, die Shaka mit seinen Männern um 1820 durchquerte, ist von der Bodenerosion flußaufwärts verschlammt und stark verschmutzt. Magqubu meinte, Shaka wäre beim Anblick des dreckigen Wassers und der häßlichen Hochhäuser, die den Strand verschandeln, sicher sehr wütend. Seit den 60er Jahren sind die Flüsse im Wildpark Mfolozi durch menschlichen Kot so verschmutzt, daß man ihr Wasser nicht mehr trinken kann.

Während wir auf dem Felsen saßen und übers Meer blickten, mußte ich an die Berichte eines frühen weißen Pioniers denken, der 1823 in den Hafen von Durban segelte. Er beschrieb die Herden von Flußpferden, die im Wasser standen und am Ufer grasten. Dort sonnten sich auch Krokodile, deren ockergelbe Mäuler in der Sonne glänzten. Auch viele andere Arten wilder Tiere waren zu sehen, darunter Riedböcke und Elefantenherden. Im seichten Wasser versammelten sich Flamingos mit ihrem leuchtend roten und rosanen Gefieder. Sie suchten nach Krustentieren, und der Wind trug ihr typisches Krächzen heran. Überall jagten weiße Pelikane die Schwärme von Meeräschen, und in den Feigenbäumen am Ufer ertönte das heisere Schnattern der Meerkatzen.

Dort sonnten sich auch Krokodile.

Das unberührte Paradies, das jener Pionier beschrieb, hat sich nun bis zur Unkenntlichkeit verändert. Große Schiffe aus aller Herren Länder fahren in die Bucht, um von riesigen Kränen entladen zu werden. Züge rattern über Schienenstränge; in den Rangierbahnhöfen krachen die Wagen aneinander. Den Schiffen folgende Möwen kämpfen kreischend um den Abfall, der auf der öligen Wasseroberfläche in der Bucht schwimmt. In den Sommermonaten, wenn schwere Gewitter die erodierten Quellgebiete mit sintflutartigem Regen überschwemmen, schwellen die Flüsse an, schwemmen Hunderttausende Tonnen Mutterboden ins Meer und färben den Küstenbereich über viele Kilometer braun. Dort sinkt das Erdreich dann langsam auf den Meeresboden ab. Man hat geschätzt, daß der größte Fluß von KwaZulu-Natal, der im Gebiet von Drakensberg entspringende Thukela, im Sommer täglich 20 Hektar Ackerland ins Meer spült. Eine ungefähre Vorstellung davon, wie das Land einst aussah, vermitteln uns nur noch die Berichte der frühen Jäger, Händler und Missionare.

Der junge Franzose Adolphe Delegorgue etwa hat erzählt, er habe am Ufer des Thukela-Flusses einmal nach Elefanten Ausschau gehalten, als er auf einen Zulu traf, der mit einem kurzen Speer Flußpferde jagte. Der Mann stieg in den Fluß und schwamm vorsichtig auf ein Flußpferd zu, bis er ihm nahe genug gekommen war. Dann stieß er seinen *Assegaai,* den kurzen Speer der Zulu, ins Herz seiner Beute. Sein Mut muß ungeheuer gewesen sein, denn ein Flußpferd im Wasser anzugreifen erfordert schier übermenschliche Tapferkeit. Heute gibt es im Thukela-Fluß keine Flußpferde mehr. Auch die Krokodile und Elefanten sind verschwunden.

Um 1830 ging vor dem Hafen von Durban ein Schiff unter, und die Überlebenden schwammen an Land. Einer von ihnen war John Ross, ein dreizehnjähriger Junge mit flammend rotem Haar. Am Abend errichteten die Schiffbrüchigen ein großes Feuer, an dem sie sich niederkauerten, während die Hyänen schreiend und kichernd ihr Lager umkreisten. Im nahen Dünenwald brüllten Leoparden, und einer kam heraus, sprang über die Flammen, packte einen Seemann und zerrte ihn in die Dünen, um ihn zu fressen. Es muß ein furchtbares Erlebnis für den in einer friedlichen schottischen Stadt aufgewachsenen Jungen gewesen sein. Heute ist jener Strand ein bei Touristen beliebter Badeplatz, die hier ihren Winter- und Sommerurlaub verbringen. Jenseits des Strandes steht ein großes Krankenhaus neben Hotels und Pensionen. Die Hyänen sind ebenso verschwunden wie die Leoparden. Nur einige der Seevögel sind geblieben.

Im nahen Dünenwald brüllten Leoparden.

Seit dem 17. Jahrhundert hat Südafrika sich grundlegend verändert. Heute versucht es tastend, einen Platz in einem neuen und modernen Afrika zu finden. Daran mußte ich denken, als uns etwas an den Hirtenstaren auffiel, die im Reservat von Stainbank leben. Diese Vögel kamen um 1860 nach KwaZulu-Natal, als für die Arbeit auf den Zuckerrohrfeldern angeworbene Inder sie mitbrachten. Der Hirtenstar besetzte eine Nische, die zuvor der Madenhacker belegt hatte, ein kleiner Vogel, der größeren Tieren Zecken herauspickt. Er war schon lange aus unserem Schutzgebiet verschwunden, doch dafür saßen nun die Hirtenstare auf den Antilopen und fraßen die Zecken. Das war an sich schon eine interessante naturhistorische Beobachtung, doch besonders seltsam war, daß alle Hirtenstare zwischen zwölf und ein Uhr mittags urplötzlich verschwanden. Das Geheimnis lüftete sich, als wir darauf kamen, daß dies die Mittagspause aller umliegenden Schulen war, in der die Schüler ihre Lunchpakete auspackten. Die Stare wußten dies und flogen zu den Schulhöfen, um bei den Kindern leichte Beute zu machen: Brot-

und Kuchenbröckchen, Fleisch und Gemüse. Nach der Mittagspause kehrten die Vögel in den Wildpark zurück, um sich ihrer schwierigeren Aufgabe zu widmen, den grasenden Antilopen die Zecken herauszupicken.

Hirtenstare sind hochintelligent und haben viele der einheimischen Arten verdrängt. Ursprünglich lebten sie nur in Durban, doch dann folgten sie den Schienensträngen und bildeten allmählich kleine Kolonien, zuerst an den Bahnhöfen, später auch in den dazugehörigen Städten. Ihr Lebensraum erstreckt sich heute bis nach Johannesburg. In Durban sind sie so zahlreich, daß sie sich in Schwärmen auf den Bäumen am Rathaus niederlassen, wo ihr Geschnatter und Gekreisch kurz vor Anbruch der Nacht einen Höhepunkt erreicht. Ihr Kot beschmutzt die Gehsteige und vernichtet die Blätter auf ihren Nistbäumen.

Hirtenstare sind hochintelligent und haben viele der einheimischen Arten verdrängt.

Auch der englische Sperling gehört zu den Fremdlingen, die beständig versuchen, in Stainbank Fuß zu fassen. Ein von Heimweh gepeinigter Mann brachte einige Exemplare, die ihn an England erinnern sollten, in einem Käfig nach Südafrika mit. Natürlich entkamen manche von ihnen, und ihre Nachfahren haben sich in jedem Dorf und jeder Stadt des südlichen Afrika verbreitet. In Stainbank allerdings leben noch immer kleine Raubvögel, für die der langsame englische Spatz eine leichte Beute darstellt.

Ein weiterer Störenfried, der sich in Durban verbreitet hat, ist die indische Krähe. Ich konnte im Wildpark beobachten, wie eine von einer Schar einheimischer Vögel gejagt und bedrängt wurde. Sie waren verzweifelt bemüht, die Krähe aus ihrem Habitat zu vertreiben. Das Vorhandensein solch fremder Arten weist darauf hin, daß der ursprüngliche Lebensraum zerstört wird. Der in manchen Teilen von Durban zu findende Schmutz und Abfall fördert die Vermehrung dieser Vögel, die als Nutznießer der Menschheit leben.

Naturschutz in Natal: Viele Rückschläge und kleine Erfolge

Daß heute überhaupt noch Reste der einst riesigen Tierpopulationen in Zululand leben, ist angesichts der Schwierigkeiten und Rückschläge erstaunlich. Die Zulu hatten früher strikte Gesetze gegen das Töten von bestimmten Arten, doch während ihrer Kriege gegen die Weißen im 19. Jahrhundert machte sich niemand mehr Gedanken darüber, was mit den Wildtieren des Territoriums geschah – auch die Zulu nicht. Mit den erbeuteten Gewehren jagten sie nun wahllos wilde Tiere. Aber erst die Weißen rotteten die großen Herden völlig aus. Sie kamen in immer größerer Zahl in das Territorium, um die Jagd als Sport zu betreiben oder Tiere wegen ihrer wertvollen Felle, Hörner und Stoßzähne zu schießen. Um 1895 war die Situation bedenklich geworden. Die Rettung war schließlich, daß eine kleine Gruppe von Weißen Nashörnern in der Gegend entdeckt wurde, eine Spezies, die man schon längst ausgestorben glaubte. Daraufhin schafften es einige weitsichtige Politiker der britischen Kolonialregierung im Jahr 1897, vier Gebiete unter Schutz stellen zu lassen: Mfolozi, Mdhletshe, Hluhluwe und Lake St. Lucia. Doch eigentlich hatten weder die Regierung noch die Bevölkerung Interesse am Naturschutz, unternommen wurde so gut wie nichts.

Zwei Jahre später brach der Burenkrieg aus.

Zwei Jahre später brach der Burenkrieg aus, und wieder gelangten Waffen in großer Zahl nach Zululand, wieder wurden unkontrolliert Wildtiere geschossen. Die nächste Bedrohung lag in der Erweiterung der landwirtschaftlich genutzten Flächen. Die Zulu-Rebellion im Jahr 1906, die brutal niedergeschlagen wurde, lieferte den Weißen einen guten Vorwand dafür, nach Zululand zu drängen und sich das fruchtbarste Land einfach zu nehmen. Große Gebiete wurden gerodet, damit dort Zuckerrohr angepflanzt werden konnte. Durch die Zerstörung ihrer Lebensräume hatten die einheimischen Tiere keine Chance, und nach kurzer Zeit waren in diesen Gebieten nur noch einige wenige Antilopenarten übriggeblieben. In den Grasland-Trockenzonen wurde den Rinderfarmern Land zugeteilt. Einige der Farmen wurden genau in die Randzonen der Naturschutzgebiete gelegt – ungeachtet der Warnungen der Tierärzte, daß die dort lebende Tsetsefliege eine ständige Gefahr für die Rinder darstellte.

Als immer mehr Farmer sich um die Reservate herum ansiedelten, begannen ihre Rinder an *nagana*, der Schlafkrankheit, zu sterben. Die Farmer forderten, alle Wildtiere in den Schutzgebieten auszurotten, um auf diese Weise auch der Tsetsefliegen Herr zu werden. Nicht nur sie, auch die Zulu hofften, daß die Reservate ihren geschützten Status verlieren würden. Schließlich wurde der Druck auf die Politiker so groß, daß sie nachgaben. »Populationskontrolle« nannte man verharmlosend die Massaker an Wildtieren, die an den Rändern der Reservate stattfanden. Obwohl sich Major Vaughn Kirby, ab 1912 Oberaufseher über die Wildparks, heftig dafür einsetzte, die Bevölkerung zu mobilisieren und so die wilden Tiere Zululands zu retten, hatte er keinen Erfolg. Im Jahr 1929 war das Abschlachten von Tieren selbst in den Naturschutzgebieten offiziell an der Tagesordnung.

Eine dieser Treibjagden führte die Jäger tief ins Herz des Mfolozi-Reservats. Alles was sich bewegte wurde erschossen, auch Weiße Nashörner und Raubtiere. Sämtliche Löwen wurden ausgerottet, und erst viele Jahre später wanderten einzelne Exemplare wieder in das Gebiet ein. Nach dem Zweiten Weltkrieg, als wieder eine *nagana*-Epedemie ausbrach, wiederholte sich das große Abschlachten in ganz Zululand erneut. Dieses Mal drängten Rancher mit politischem Einfluß die Regierung dazu, etwas zu unternehmen. Mit Ausnahme der Nashörner wurde alles Wild im Mfolozi-Reservat vom Department of Veterinary Services getötet.

Sämtliche Löwen wurden ausgerottet.

Die Feldzüge gegen die Tsetsefliege waren nicht unsere einzige Sorge. Als Wildhüter in den Naturschutzgebieten verbrachte ich viel Zeit mit der Jagd auf Wilderer meist weißer Hautfarbe. Es war keine angenehme Aufgabe, da weder Polizei noch Magistrat uns besondere Sympathie entgegenbrachten – in ihren Augen war das Wildern ein Kavaliersdelikt. Kein Wunder, daß die Bewohner der

Weiße Nashörner gehören zu den prominentesten Bewohnern des Mfolozi-Reservats.

Gegend nicht den geringsten Respekt vor der Autorität des Natal Parks Board hatten. Erst als wir einige Wilderer fingen und deutlich machten, daß es uns wirklich ernst war, sprach sich das herum. Auch die Regierung zeigte, daß ihr die Reservate eher ein Dorn im Auge waren. Mein Vorgänger in Ndumu an der Grenze von Mozambique, Tom Elphick, mußte sich nicht nur gegen Widerstände aus der Bevölkerung, sondern auch gegen Politiker der Nationalist Party behaupten, die den Wildpark für wertlos hielten, weil durch ihn angeblich verseuchte Rinder aus Mozambique nach Südafrika wandern konnten.

Die politischen Konflikte um den Schutz der wilden Tiere wurden immer heftiger. Durch den Landhunger von Weißen und Zulu waren zeitweise alle Reservate außer Hluhluwe vom Verlust ihres geschützten Status bedroht. Wir lebten in ständiger Ungewißheit – eine einzige Unterschrift eines Ministers konnte für diese letzten Flecken Wildnis das Aus bedeuten. Außer Hluhluwe war keines dieser Gebiete von einem Zaun umgeben, daher waren auch die Pufferzonen zwischen Wildpark und besiedeltem Land kaum weniger wichtig als der Park selbst. Doch die Regierung hatte ständig neue Pläne, was sie mit diesem Land anfangen könnte.

Als ich 1964 zum Leiter des Natal Parks Board ernannt wurde, mußte ich mir die Kunst der Lobbyarbeit aneignen. Politiker der beiden großen Parteien begannen, die Parks zu besuchen, und durch Freunde bei Rundfunk und Presse schafften wir es, dem Naturschutz eine größere Aufmerksamkeit zu verschaffen. Doch das änderte leider nichts daran, daß ein Wildhüter des Reservats in der sozialen Hierarchie ganz unten stand und das Natal Parks Board den meisten Leuten verhaßt war. Die Farmer der Umgebung wilderten ungeniert in den Naturschutzgebieten, selbst ein Mitglied des Magistrat wurde dabei erwischt.

Die Farmer der Umgebung wilderten ungeniert.

Farmer und Viehzüchter bedrängten die Regierung ständig, den Schutz der Wildparks aufzuheben. In den 50er Jahren gab die nationalistische Regierung weißen Rinderfarmern die Genehmigung, ihr Vieh im Reservat weiden zu lassen. Wir beobachteten mit hilfloser Wut, wie Rinder in die mittlerweile tsetsefliegenfreien, gerodeten Zonen getrieben wurden. Eines Morgens saßen wir auf einem Hügel im Wildpark und sahen, wie ein Rancher das Grasland des Naturschutzgebietes in Brand steckte. Wild gestikulierend rannten wir auf ihn zu. Ich werde nie vergessen, was er für ein Gesicht machte, als er uns schreiend auf sich zustürmen sah.

Die nationalistische Regierung hatte für den Naturschutz und für die Wildparks wenig übrig und machte systematisch die Errungenschaften früherer Generationen zunichte. Bis auf wenige Ausnahmen begegnete man uns mit kalter Feindseligkeit. Nur ein einziger Mann, Douglas Mitchell, der Parteivorsitzende der United Party in Natal, verhinderte, daß die Reservate von einem Tag auf den anderen ihren geschützten Status verloren. Diese Regierung war so damit beschäftigt, Rassengesetze einzuführen, daß sie die natürlichen Ressourcen auf katastrophale Weise verwaltete. Es gab keinen einheitlichen Plan für den Naturschutz, Entscheidungen wurden ad hoc gefällt, und der Erhaltung der Wildnis galt die niedrigste Priorität überhaupt. Den Mukuze-Park, der sogar schon von Vermessungstrupps in Parzellen für Farmen aufgeteilt wurde, konnten wir im letzten Moment retten. Der damalige Premierminister John Vorster ließ sich bei einem Besuch des Naturschutzgebiets an einem Wasserloch nieder und beobachtete die Tierherden, die zum Trinken herankamen. Das Erlebnis beeindruckte ihn tief: »Dieser Ort ist zu wichtig, um ihn in Farmen zu verwandeln. Er muß geschützt bleiben.«

Das größte Problem, mit dem wir in den späten 50er Jahren zu kämpfen hatten, war, daß heimatlos gewordene Schwarze in großer Zahl in die Gegend des Mfolozi-Parks wanderten. In diesen Jahren experimentierte die Regierung in großem Stil mit Zwangsumsiedlungen; Tausende Männer, Frauen und Kinder mußten von ihren Farmen wegziehen. Sie wurden in Bussen hergebracht und einfach im Tungela Valley abgeladen, das ohnehin schon übervölkert und dessen Bodenqualität durch Erosion sehr schlecht war. Es wunderte mich nicht, daß sie in Richtung Mfolozi zogen und sich einfach in der wichtigen Pufferzone zwischen dem nicht eingezäunten Park und den bewohnten Gebieten niederließen. Doch auf diese Weise wurden die letzten Flecken Wildnis immer mehr in die Zange genommen.

Ohne das seltene Weiße Nashorn wäre das Mfolozi-Reservat längst abgeschafft worden. Um die Spezies endgültig vor der Ausrottung zu bewahren, starteten wir die »Operation White Rhino«, bei der wir jeweils einige Nashörner in all ihren früheren Lebensräumen wieder ansiedelten. Im Jahr 1895 gab es nur noch 50 dieser Tiere, heute hat sich die Population so weit erholt, daß das Weiße Nashorn sogar wieder gejagt werden kann – ein großer Erfolg für die Wildhüter von Natal und Zululand.

Im Jahr 1895 gab es nur noch 50 Weiße Nashörner.

Doch solche Erfolge ändern nichts an der schwierigen Grundsituation. Heute ist Südafrika so dicht bevölkert, daß die wilden Tiere in jämmerlich kleinen Enklaven eingepfercht sind. Es dauerte lange Zeit, bis Bevölkerung und Regierung lernten, die Naturschutzgebiete und Wildparks wertzuschätzen. Selbst in den späten 70er Jahren gab es Bestrebungen, den Wert der Reservate kleinzureden und das Land anderweitig zu nutzen. In den 80er Jahren führten Überbevölkerung in den regenreichen Gebieten und Überweidung des Graslands durch Rinder, Schafe, Ziegen und Esel dazu, daß die geschädigte oberste Bodenschicht einfach vom Wind davongeblasen wurde. Als dann noch eine Dürre das Land austrocknete, begann das Natal Parks Board, die Park-Verwaltung, mit massiven Aktionen zur Dezimierung der Wildbestände – die Tiere, die wir im Park vor allen Gefahren geschützt hatten, wurden wieder einmal ganz offiziell abgeschossen. Alle Wildhüter des Parks wußten, daß dies unnötig war und sich die Steppe nach einigen Regengüssen sehr schnell wieder erholen konnte, doch die Wissenschaftler, die das Parks Board berieten, waren anderer Meinung. Was mich besonders ärgerte, war weniger die Reduzierung der Bestände, als daß man die Tiere abschlachtete, obwohl seit den 60ern und 70ern bewährte Methoden des Lebendfangs zur Verfügung standen. Was im Park geschah, hatte nichts mehr mit Vernunft zu tun.

Nachdem wir in der Zeit des Apartheid-Regimes durch die Hölle gegangen waren, waren wir erleichtert über den Sieg der neuen Regierung. Im neuen Südafrika ist es nicht zuletzt viel einfacher geworden, Kontakte zu anderen Naturschützern in der ganzen Welt zu pflegen. Doch das Land ist noch dabei, seine Identität und seinen Weg zu finden – es läßt sich bisher kaum vorhersagen, welche Priorität die neue Regierung dem Naturschutz und dem Erhalt der letzten Wildnisgebiete geben wird. Zudem hat es in jüngster Zeit schwere Einschnitte in unser Budget gegeben.

Vor 40 Jahren hatte ich die Idee zu Wildnis-Wanderungen.

Am wichtigsten war für uns von Anfang an, die Unterstützung der Öffentlichkeit zu bekommen und die Gleichgültigkeit oder sogar Feindseligkeit zu durchbrechen, die uns häufig entgegenschlugen. Durch unermüdliche Lobbyarbeit schafften wir es ganz allmählich, die Meinung wenigstens der englischsprechenden Farmer zu unseren Gunsten zu wenden. Vor 40 Jahren hatte ich die Idee zu Wildnis-Wanderungen. Wenn wir den Menschen die Gelegenheit gäben, die Landschaft zu Fuß zu erforschen, würden sie sie lieben lernen und auch den Wunsch haben, sie zu erhalten. So wurden die Naturschutzgebiete Mfolozi und Lake St. Lucia zu den Speerspitzen der Wildnis-Bewegung in Südafrika. Es war besonders wichtig, den Schwarzen in unserem Land nahezubringen, welch ein wichtiges Erbe die Wildparks und Naturschutzgebiete waren. Doch unter dem Druck der Apartheid-Regierung war es zunächst schwierig, meine Idee zu verwirklichen, Menschen aller Hautfarben mit in die Reservate zu nehmen. Zudem hatten wir weder Geld noch Ausrüstung noch Personal. Also spendeten wir jeder ein paar Pfund aus eigener Tasche, zogen unsere Natal Parks Board-Uniformen aus und nannten uns fortan »Wilderness Leadership School Field Officers«. Dann konnte es losgehen, wir nahmen die ersten jungen Leute mit auf Wanderungen zu Fuß mitten unter die Hyänen, Leoparden und Nashörner des Reservats. Unsere Rechnung ging auf – diese Erfahrungen veränderten die Menschen, die im Laufe der Jahre an den geführten Wanderungen teilnahmen, und brachten sie dazu, sich für die Erhaltung der Wildnis einzusetzen.

Also spendeten wir jeder ein paar Pfund aus eigener Tasche.

Die Wilderness Leadership School unterhält inzwischen Büros in Kapstadt und Johannesburg, doch ihre Zentrale befindet sich weiterhin in den alten Ställen in Stainbank. In den letzten beiden Jahren haben wir über 1000 junge Schwarze aus den Barackensiedlungen von Kapstadt auf den Tafelberg geführt. Über 800 Menschen haben im Krüger-Nationalpark an einem *Imbewu* (Samen) getauften Programm teilgenommen; und Hunderte von Besuchern aus Deutschland, Großbritannien und den Vereinigten Staaten haben die Pfade der Parks von Mfolozi und Lake St. Lucia erkundet.

Die Wildnis ehren und achten

Seit der Gründung der Schule im Jahre 1957 hat sich der Begriff *wilderness experience* (Erfahrung der Wildnis) durchgesetzt. Man hat erkannt, daß die Teilnehmer eine Verwandlung erleben, und Sätze wie: »Diese Erfahrung hat mein Leben verändert« hören wir nun seit über 35 Jahren. Ich glaube, daß die Wildnis dem modernen Menschen eine außerordentlich wichtige Botschaft zu vermitteln hat. Die Wildnis ist kein Übel; sie ist ein Teil von uns, und wir müssen sie ehren und achten. Naturschutzgebiete sind gesegnete Orte, die geschützt und gefördert werden müssen.

Bei allem lauert in jedem von uns der Drang, in die natürlichen Prozesse einzugreifen. Eine solche Erfahrung möchte ich hier erzählen. Im Stainbank-Reservat steht eine kleine, strohgedeckte Hütte. Sie trägt den Namen *Emoyeni* – Ort des Windes –, weil der meist aus Nordosten wehende Wind über ihr Dach pfeift. An einem Sommerabend waren meine Frau und ich in der Hütte, während ein afrikanischer Gewittersturm vorbeizog. Rund um uns dröhnte der Donner, der tief im Tal widerhallte. Er war so laut, daß die Hütte erbebte und ich spüren konnte, wie er mein Brustbein vibrieren ließ. Grelle Blitze zerteilten die Dunkelheit und erleuchteten die im Wind schwankenden Bäume. Nach jedem der hellen, fast blendenden Blitze folgten wenige Augenblicke der Ruhe, dann dröhnte wieder der Donner. Es war ein wunderbares afrikanisches Gewitter, ein Ausdruck der Wut und Gewalt einer natürlichen Kraft.

Es war ein wunderbares afrikanisches Gewitter.

Allmählich ließ der Sturm nach. Die Nacht wurde ruhig, und ich saß in meinem Sessel und genoß diese Stimmung. Da hörte ich ein seltsames Geräusch, das mich an einen erstickten menschlichen Schrei erinnerte. Es war noch ein paar Mal zu hören, dann verstummte es wieder. Da es aus der Nähe kam, wurde ich neugierig. Ich nahm eine Taschenlampe und ging zu dem Fenster, durch das das Geräusch am deutlichsten zu hören war. Es hörte auf, weshalb ich ruhig stehenblieb und mich auf die Richtung konzentrierte, aus der es gekommen war. Dann war er wieder zu hören, dieser laute und seltsam erstickte Schrei. Ich ließ die Lampe aufblitzen und sah eine grüne Schlange mit einem Frosch im Maul. Jedesmal, wenn die Schlange versuchte, den Frosch zu schlucken, schrie dieser auf. Meine erste Reaktion war, dem Frosch sofort zu Hilfe zu eilen, doch ich wehrte mich gegen diese unmittelbare Versuchung und begann eine lange Debatte mit mir selbst. Frosch und Schlange waren frei lebende Tiere – weshalb sollte ich also in einen vollkommen natürlichen Vorgang eingreifen? Schlange wie Frosch befanden sich in einem Wildreservat, als dessen Hüter wir die Aufgabe hatten, die Natur gewähren zu lassen.

Während ich mit mir selbst debattierte, dachte ich an früher, als ich noch Wildhüter in größeren Reservaten wie Mfolozi und Hluhluwe war. Damals waren Situationen an der Tagesordnung, die ein Eingreifen in den natürlichen Prozeß erforderten. Ein solcher Eingriff konnte natürlich sehr unterschiedliche Formen annehmen – vom Töten eines Skorpions, der aus einem Lagerfeuer kroch, bis zum Erlegen von Antilopen oder Weißschwanzgnus, deren Bestand die Kapazität des Parks überschritten hatte. Am Anfang tötete ich, ohne weiter nachzudenken, ganz im Sinne eines vermeintlich erforderlichen »Wildmanagements«. Doch während die Jahre vergingen und ich über die Verwüstungen nachdachte, die wir Menschen europäischer Herkunft der Natur zufügen, wurde ich immer sensibler, und mein Bedürfnis zu töten nahm immer weiter ab.

Ich wehrte mich gegen meine Reaktionen und beobachtete voll Schrecken die neuen Wildhüter und auch die Wissenschaftler, die geradezu darauf brannten, zur Flinte zu greifen und im Namen der Forschung Tiere zu töten. Da waren mir die echten Jäger noch sympathischer, denn sie verbargen nichts und gaben zu, daß sie zu ihrem Vergnügen töteten oder, wenn es sich um Angehörige von Naturvölkern handelte, um sich Nahrung und Felle zu verschaffen. Heute gebe ich ohne Scham zu, daß ich einer in die Badewanne gefallenen Spinne heraushelfe und auch Ameisen aus dem Wasser hole, in das sie gefallen sind. Ich esse zwar noch immer Fleisch, aber mit einer gewissen Ehrfurcht vor dem Tier. Wie die Zulu und die Ureinwohner Nordamerikas grüße ich den Geist des Tieres. Haben die Zulu ein Tier gejagt und getötet, binden sie seine Schwanzhaare zusammen, um diesem Geist Achtung zu bezeugen.

All diese Gedanken und viele mehr rasten mir durch den Kopf, während ich zusah, wie der Frosch langsam von der Schlange verschlungen wurde. Sein Schrei wurde immer schwächer. Ich konnte das nicht mehr ertragen, ging hinaus und ergriff einen langen Bambusstab. So sanft wie möglich strich ich damit über den Kopf der Schlange, bis sie den Frosch freiließ. Ich hatte gemischte Gefühle, weil ich in einen natürlichen Prozeß eingegriffen hatte, und ich dachte daran, daß wir alle täglich vor diesem Dilemma stehen und damit umgehen müssen. Vielleicht sind die Situationen nicht so dramatisch wie im Falle der Schlange mit dem Frosch, doch sie können ähnlich sein, wie zum Beispiel, wenn wir einen aus dem Nest gefallenen jungen Vogel wieder hineinsetzen.

Sein Schrei wurde immer schwächer.

Ist mein Gedanke, daß vielleicht eine neue Form des Bewußtseins entsteht, zu optimistisch? Dieses Bewußtsein kann zu gewalttätigen Auseinandersetzungen führen, wie etwa, wenn Tierschutzvereine lautstark gegen Jägervereinigungen kämpfen und diese in gleicher Weise zurückschlagen – zum Beispiel die Gegner und die Befürworter der Fuchsjagd. Dennoch gehört es zum täglichen Imperativ, das menschliche Bewußtsein und unsere Weltsicht weiterzuentwickeln, sonst ist die gesamte Erde in Gefahr.

Auf den vielen Wanderungen, die ich geführt habe, beobachtete ich, daß manche Teilnehmer sich nicht darum kümmerten, ordentlich ihren Kot zu bedecken, wenn sie dies überhaupt taten. Entsprechend wenig beschäftigen sich die Länder der Erde mit der Umweltverschmutzung, die sie in Form von atomarem Abfall, städtischem Müll und gefährlichen Schwermetallen wie Quecksilber produzieren. Und das, obwohl Medien und Nichtregierungsorganisationen ständig an die Menschen appellieren, Verantwortung zu übernehmen. Immerhin habe ich in den 46 Jahren, in denen ich mich nun für den Umweltschutz einsetze, eine Veränderung festgestellt. Was in Stainbank und seiner Umgebung geschieht, ist ein allgemeiner Trend, ein Spiegelbild der Veränderungen in der westlichen Welt.

Wie es Trends gibt, so gibt es auch Indikatoren. Wir haben gelernt, daß das Ausbleiben der Zugvögel einen schwerwiegenden Grund haben kann, der auch unser Leben beeinträchtigen könnte. In Stainbank warten wir zum Beispiel mit Interesse und Sorge darauf, daß der Weißstorch *(Ciconia ciconia)* aus Europa eintrifft und daß der Schmarotzermilan und der Rotbrustkuckuck aus Nordafrika kommen. Vogelschutzvereine überwachen die einzelnen Zugvogelarten und wissen über die Zahl der Tiere genau Bescheid. Das praktisch inmitten einer Großstadt gelegene Stainbank-Reservat spielt eine zentrale Rolle bei der Zählung und Beobachtung der Zugvögel.

1998 war ein sorgenvolles Jahre in der Provinz KwaZulu-Natal. Wir hatten wochenlang wolkiges und regnerisches Wetter ohne einen einzigen Sonnentag, gerade zu der Zeit, in der die europäischen Schwalben nach ihrer langen Reise bei uns eintrafen. Ohne Sonnenschein gab es keine Insekten, von denen sich die Vögel hätten ernähren können. Den Grund dafür, daß ein großer Teil der geschwächten Vögel starb, sahen jedoch Experten darin, daß sie in ihren Körpern zu viele Schadstoffe gespeichert hatten. Vielleicht nahm nur ein kleiner Teil der südafrikanischen Bevölkerung von diesem Schwalbensterben Notiz und begann, sich Sorgen zu machen, doch es reichte aus, um die Aufmerksamkeit der Medien zu wecken, die mit ihren Berichten weitere Menschen wachrüttelten. Wie viele andere Tiere waren die Schwalben Indikatoren dafür, was mit der Erde geschehen könnte.

Ohne Sonnenschein gab es keine Insekten.

In diesem kleinen Kosmos Stainbank-Reservat, in dem die Wilderness Leadership School, die Wilderness Foundation und die

Magqubu Ntombela Memorial Foundation beheimatet sind, arbeiten wir an einer besseren Beziehung zwischen Mensch und Mensch, Mensch und Natur und Mensch und Gott. Der amerikanische Philosoph Henry David Thoreau schrieb in der Mitte des 19. Jahrhunderts: »In der Wildnis liegt die Rettung der Menschheit.« Wir meinen, daß diese Aussage noch heute gilt, und wir hoffen, daß sie im 21. Jahrhundert zur Losung für die Rettung dessen wird, was von der Wildnis noch geblieben ist, damit wir selbst uns retten können.

»In der Wildnis liegt die Rettung der Menschheit.«

Ein Ort der Träume und des Wissens: Der Nebelwald von Chimel

Rigoberta Menchú Tum

Eine schöne Landschaft voll bitterer Armut

Begleiten Sie mich nach Guatemala, in den Nebelwald von Chimel. Der liegt im Department Quiché im Nordwesten des Landes und gibt dem kleinen Dorf, aus dem ich stamme, seinen Namen: Laj Chimel. An dieses kleine und zugleich großartige Bergland sind für mich unzählige Erinnerungen geknüpft.

In Laj Chimel scheint es immer zu regnen. Wie Sturzbäche fallen die Niederschläge vom Himmel. Unzählige Kübel Wasser gehen dort neun Monate des Jahres nieder. Manchmal fällt so viel Regen, daß man bis zum Gürtel im Schlamm versinkt. Dabei handelt es sich nicht um irgendeine Wetterkapriole, denn das Klima von Chimel mit seiner langen und intensiven Regenzeit ist typisch für das ganze Hochland von Guatemala. Es ist kühl dort, manchmal unerträglich kalt. Auch wenn es nicht regnet, tropft das Wasser von den Bäumen. Wenn die Wolken, wie so oft, die Berge einhüllen, sammeln sich Nebeltröpfchen auf den Blättern. In den feuchten Wäldern wachsen Farne und eine Vielzahl Orchideen, deren zartgelbe und rosafarbene Blüten man auf den Bäumen wuchern sieht. Feucht, kühl und trotzdem voll anziehender Schönheit. Wer in dieser Landschaft beheimatet ist, bleibt ein Leben lang mit ihr verbunden.

In den feuchten Wäldern wachsen Farne.

Von klein auf lernten wir die Welt der Natur spielerisch kennen. Ich erinnere mich, wie ich mit meinen Geschwistern den riesigen Wald durchstreifte, oft einer gewissen Pilzart auf der Spur, die wie Hühnerbrüstchen schmeckt. Wir nennen diese Pilze *moo'*, und für uns sind sie wie Fleisch. Diese Delikatesse genossen wir neben vielen anderen eßbaren Pilzen, mit denen man sehr schmackhafte Gerichte zubereiten kann.

Chimel ist ein sehr schönes Fleckchen Erde, aber es ist auch ein

Ort, an dem die Menschen durch ihre materielle Armut sehr leiden. Kälte und Nässe sind schwer zu ertragen. Wegen der Feuchtigkeit kommt es bei den Bewohnern häufig zu Entzündungen an den Füßen, die sehr schmerzhaft sind und ausgebrannt werden müssen. Einfacher wird es, wenn die Sonne scheint. Dann nutzt man die Gelegenheit, um diese Infektionen mit den Blattstengeln des Riesenkürbis (*chilacayote*) zu behandeln.

Wie gesagt, das Leben ist entbehrungsreich. In meiner Kindheit reichte das, was wir auf unseren kleinen Maisfeldern ernteten, kaum zum Leben für die ganze Familie. Die weitverbreitete Bodenerosion machte die Landwirtschaft im Hochland wahrlich nicht zu einem Honigschlecken. Deshalb waren viele Bewohner meines Heimatdorfes gezwungen, auf den Plantagen unten im Tal zu arbeiten, wo Kaffee, Baumwolle und Zuckerrohr angebaut wurden – vor allem in den Monaten, wenn auf diesen *fincas* viele zusätzliche Arbeitskräfte für die Ernte gebraucht wurden. Auch wenn diese Fincas der Großgrundbesitzer mehrere Stunden Fußmarsch über schmale schlammige Pfade entfernt lagen, spielte sich unser Leben zu einem großen Teil dort ab. Für die Kaffeernte bekam ich als Kind trotz neun Stunden täglicher Plackerei nur einen kläglichen Hungerlohn.

Die Wälder sind voller Heilpflanzen.

Chimel ist ein Ort der Fülle. Die Wälder sind voller Heilpflanzen, die mit indianischen Begriffen bezeichnet werden: *xew' xew* etwa wirkt gegen bestimmte Zustände von Übelkeit und Augenlei-

Wenn ich mein Dorf besuche, laufe ich durch die riesigen Farne, die die Berghänge bedecken.

den; *saq ixoq* hilft gegen Bauchschmerzen, die durch die Kälte oder unregelmäßiges Essen auftreten; *k'a q'eyes* bekämpft Grippe, Erkältung und Fieber; *sik'aj* wirkt gegen Würmer. Von solchen Pflanzen gibt es Hunderte. Die Heilpraxis der Ureinwohnervölker nicht nur in Guatemala, sondern auf der ganzen Welt entstammt der Natur, dem täglichen Kontakt mit der natürlichen Umwelt, in der die Menschen leben. Sie ist ein Produkt unserer Erfahrung, unserer Kenntnisse, unserer Geschichte.

Arbeiten in Chimel, das hieß für uns auch, mit der Natur zusammenzuleben. Ich erinnere mich, daß ich mit meinem Bruder Patrocinio die Schafe hütete. Wir nutzten jede Gelegenheit, um zu spielen und auf die Bäume zu klettern. Das war jedoch nur den Jungen erlaubt, den Mädchen nicht. Ich glaube, gerade weil es verboten war, reizte es mich um so mehr. Hätte mich meine Mutter erwischt, hätte sie mich bestimmt ausgeschimpft. Häufig betrachteten wir stundenlang die Blattschneiderameisen, die mit ihrer Nahrung hin- und herliefen und ihr gemeinsames Haus bauten. Die einen gingen, die anderen kamen.

Eines Tages flog die Bienenkönigin in unser Haus.

Vor unserem Haus in Laj Chimel standen Bienenstöcke. Sie waren für uns etwas Heiliges, denn sie boten nicht nur ein Beispiel für das Leben in der Gemeinschaft und mit gemeinsamer Arbeit, sondern lieferten auch den Honig, den wir in der Osterwoche mit den anderen Dorfbewohnern tauschten. Für den Honig erhielten wir etwas anderes, das wir zum Leben benötigten. Eines Tages flog die Bienenkönigin, die eigentlich nie ihr Nest verläßt, in unser Haus. Meine Mutter war darüber sehr besorgt, begann zu beten und *pom* anzuzünden (Kopal, ein Räucherharz, das von bestimmten Bäumen gewonnen wird). Sie glaubte, es sei ein schlechtes Omen für die Familie. Zwei Tage später verließen vier Bienenvölker ihre Stöcke; wir wollten sie zurückbringen, aber es war vergebens. Wenn ich diese Erinnerungen an meinem geistigen Auge vorbeiziehen lasse, vor allem, wie sich die Ameisen und Bienen verhalten, frage ich mich, warum die Menschen nicht fähig sind, in Gemeinschaft zusammenzuarbeiten und eine gemeinsame Zukunft für alle aufzubauen, damit Männer und Frauen der verschiedensten Kulturen in den Genuß eines Lebens in Würde und einer uneingeschränkten eigenständigen Entwicklung kommen.

Chimel ist eine Kraft, etwas Einzigartiges – ein Name, ein Landstrich, ein Stück Erde, das mir so ans Herz gewachsen ist, daß ich davon träume. Häufig träume ich von dem Haus, in dem ich geboren wurde und bis zum Alter von zehn Jahren lebte, eine kleine Hütte aus Holzbalken und Stroh. Es war ein Haus wie alle anderen in Laj Chimel, diesem einsamen Dorf in den Bergen. Das Eigenartige ist, daß ich jedesmal dasselbe träume: Ich sehe eine Ecke, die wie die Küche aussieht; ich sehe die Maiskolben, den vom Dach hängenden Mais, die Nasen der am Gitter knabbernden Kaninchen; ich sehe eine Saat von wilden Passionsblumen, *karnat' k'ooy*. Jedesmal, wenn ich träume, kehre ich mit dem Duft der feuchten Erde, mit dem Geruch von frisch in der Pfanne gebackenen Maisfladen zurück. Und immer sitzt in meinem Traum meine Mutter dort in der Küche und kämmt ihr langes schwarzes Haar. Das Haus, die Holzpfeiler, alles ist sehr deutlich, bis auf das Gesicht meiner Mutter. Wenn ich aufwache, möchte ich mich immer daran erinnern, wie ihr Gesicht genau aussah, aber es gelingt mir nicht.

Ich sehe die Maiskolben, den vom Dach hängenden Mais.

Chimel hat sich sehr verändert. Doch man fühlt, daß der Wald ein Geheimnis bewahrt. Im Dorf gab es einen Ort, vor dem wir alle Angst hatten, obwohl wir häufig daran vorbeikamen. Es war ein Sumpf, in dem einmal ein Stier meiner Mutter versank. An diesem schaurigen Ort mußten wir vorbei, wenn wir zur Kapelle gingen, die in der Nähe auf einem Hügel steht. Wenn ich davon träume, steigt immer noch die gleiche Angst in mir auf. Den Sumpf gibt es nicht mehr, er ist ausgetrocknet; nur noch sein Nabel ist da, eine sehr kleine Grube. Eine meiner Schwestern erzählte mir einmal, daß es sich um die Koppel eines der Großgrundbesitzer handelte, die unser Land besetzt hatten.

Der Kampf um das Land

Chimel ist ein begehrter Ort. Das Instituto Nacional de Transformaciones Agrarias (INTA) hat das Land von Chimel fünf mal verkauft, aber jedesmal mußten die Käufer unverrichteter Dinge wieder abziehen, nachdem ihr Vieh gestorben war, sie keine Ernte mehr einfuhren und sich untereinander zerstritten hatten. Je begehrter, desto bedrohter. Während der Zeit von 1983 bis 1985 fällten die Grundbesitzer viele Bäume. Daß Guatemalas herrliche Wälder der Axt zum Opfer fallen, ist nicht nur ein Problem von Chimel, sondern des ganzen Landes. Guatemala ist kein gutes Land für Landwirtschaft. Eigentlich sind dafür wegen der vielen Gebirge nur vier

Prozent der ganzen Oberfläche geeignet. Die Kleinbauern, die den Regenwald roden, um Mais zu pflanzen und überleben zu können, und die Großgrundbesitzer mit ihren riesigen Kaffeeplantagen haben die Böden so sehr geschädigt, daß fast ein Drittel des Landes von Erosion betroffen ist. Hinzu kommt, daß große Firmen überall Wald vernichtet haben, um das Holz zu verkaufen oder, wie die Ölindustrie, um Platz für Pipelines zu schaffen. Allein in den letzten 20 Jahren ist ein Drittel des Waldes in Guatemala verschwunden. Es fehlen schlicht und einfach Gesetze gegen diesen Mißbrauch der Natur, gegen die Entwaldung und den starken Einsatz von Pestiziden. Auf den großen Pflanzungen werden Unmengen Insektizide gesprüht, mit dem traurigen Erfolg, daß es auch keine Insekten mehr gibt, die die Blüten der vielen Orchideen in den angrenzenden Wäldern befruchten könnten. Ich glaube, wer in Chimel lebt, muß sich der Großartigkeit dieses Landes bewußt sein und es respektieren. Er muß wissen, wie man es nutzen kann, ohne es auszulaugen oder veröden zu lassen, denn das Land hat seine eigene Kraft. Man kann und darf es nicht ausbeuten, wie man will.

Die ersten Leute, die in Chimel ankamen – die Quiché, zu denen auch ich gehöre –, brachten viele Opfer bei der mühevollen Urbarmachung des Landes. Es ist eine gebirgige Gegend mit vielen Flüssen und einer reichen Pflanzen- und Tierwelt. Dort lebt der Quetzal, der Wappenvogel von Guatemala, der leider vom Aussterben bedroht ist. Er hat eine rote Brust, einen metallisch glänzenden, grünen Kopf und sehr lange weiße Schwanzfedern. Obwohl er so farbenfroh ist, sieht man ihn im Dickicht kaum, da er stundenlang hoch in den Wipfeln der Bäume sitzt, ohne sich zu bewegen. Man weiß nicht viel über den Quetzal, nur, daß er sich hauptsächlich von Früchten und Beeren ernährt, die er im Schwebeflug von den Bäumen pflückt. Manchmal fängt er auch kleine Wirbeltiere oder Insekten. Es ist ein Vogel, der die Freiheit liebt und nicht in Gefangenschaft gehalten werden kann. Die Leute, die noch in Chimel leben, behaupten, daß der Quetzal genau zu der Zeit verschwand, als der Wald von der Armee heimgesucht wurde. Erst vor kurzem sei er wieder zurückgekehrt.

Man weiß nicht viel über den Quetzal.

Ein Schutzgebiet für Urwald und Quiché

Die Geschichte Guatemalas im 20. Jahrhundert ist ein ziemliches Auf und Ab. Die politische Situation des Landes und der Zustand seiner Landwirtschaft waren immer eng miteinander verknüpft. Ein Beispiel: Die Revolution von 1944 brachte uns eine gewisse Erleichterung, da sie die Macht der ausländischen Monopole und der Finqueros durch eine Demokratie ersetzen wollte, die sich auf freie Wahlen gründen sollte. Oberst Arbenz nahm der United Fruit Company einen Teil der Ländereien an der Südküste und in anderen Bezirken, um sie unter den armen Familien zu verteilen. Die Reaktion ließ nicht lange auf sich warten, denn diese Entwicklung gefiel der Regierung der Vereinigten Staaten, den Militärs und den Reichen Guatemalas überhaupt nicht, und so halfen sie Castillo Arma, die Regierung zu übernehmen. Guatemala geriet unter die Kontrolle mörderischer Militärs, und die Leute verloren das Land wieder, das ihnen zugeteilt worden war. Wieder waren die Großgrundbesitzer stark und mächtig. Während der schlimmen Jahre der Militärdiktatur bis Mitte der 80er Jahre wurden die Anbaugebiete überall, auch in Chimel, durch die Armee zerstört, so daß weniger Mais, *frijol* (schwarze Bohnen) und Weizen ausgesät werden konnten und viele Menschen hungern mußten.

Die Revolution von 1944 brachte uns eine gewisse Erleichterung.

Die Grundbesitzer begannen in und rund um Chimel, den Leuten ihr Land zu rauben und ihre Häuser zu verbrennen. Von 1952 bis zu seinem Tod kämpfte mein Vater gegen den Landraub und die Bürokratie, um die Besitzrechte über diese Ländereien zu erhalten. Erst vor kurzem begann ein neues Verfahren beim Instituto Nacional de Transformaciones Agrarias. Diese Institution löschte die Namen aller Eigentümer und verteilte das Land neu, insgesamt über 2.000 Hektar.

Als Nicolás, einer meiner Brüder, das Eigentumsrecht für sein Land durchsetzte, wurde uns klar, daß dies eine Farce, ja ein Betrug war: An dem Tag, an dem er stirbt, müssen seine Kinder erneut einen Antrag auf Gewährung der Eigentumstitel stellen. Es wird nicht anerkannt, daß er Familie hat, daß ihm das Land als Erbe zugefallen ist und er es daher seinen Kindern hinterlassen kann. So wird sich unsere Geschichte wiederholen: Zur Zeit kämpfen wir darum, die Rechte für das Land meines verstorbenen Vater zurückzuerhalten. Ich weiß nicht, was es in Chimel gibt, daß so viele Menschen sich seiner bemächtigen wollen. Grundbesitzer, lokale

Behörden und das INTA, sie alle haben ein Interesse daran. Das scheint der Grund dafür zu sein, daß jede neue Generation die Eigentumsrechte an dem Land neu beantragen muß. Dies verletzt aber die Prinzipien des Gewohnheitsrechts unserer Völker und ist außerdem ein Bruch der Verfassung Guatemalas.

Chimel litt unter der Knute von Armee und Großgrundbesitzern.

Es kam, wie es kommen mußte. Chimel litt unter der Knute von Armee und Großgrundbesitzern. Dabei hätte man die Zeit und die Ressourcen des Waldes sinnvoll nutzen können – die Flüsse von Chimel beispielsweise, um Elektrizität zu produzieren. Davon hätte die Bevölkerung im Umland profitiert. Aber aus diesen Entwicklungsprojekten für den Fortschritt des Landes, für das unsere Eltern und Großeltern kämpften und starben, ein Land, das wir immer mit anderen Nachbargemeinden von Laj Chimel geteilt haben, wurde nichts. Repression und Verfolgung traten unsere individuellen und kollektiven Rechte immer mehr mit Füßen, so daß viele Menschen die Gemeinschaft verließen.

Heute lebe auch ich nicht mehr im Nebelwald. Ich habe mittlerweile viele Orte und Länder bereist, um der Öffentlichkeit von unserer Wirklichkeit zu erzählen, aber auch, um andere Kulturen kennenzulernen. Doch immer denke ich an Chimel. Dorthin zurückzugehen, das Haus wiederaufzubauen und die Familie vereint und in gemeinsamer Arbeit zu sehen, ist für mich ein Wunschtraum geblieben. Chimel verkörpert für mich den Traum, an einem schönen Ort zu leben und dort alles oder doch beinahe alles zu finden, was man zum Leben braucht. Eines Tages wird Chimel wiedergeboren werden. Es beginnt bereits, sich aus der Asche zu erheben, die die Handlanger des Todes und der Zerstörung hinterließen.

Chimel – bald ein Schutzgebiet für Orchideen und Jaguare?

Aus Chimel ein Naturschutzgebiet zu machen ist einer meiner größten Träume, nicht nur, weil für mich mit diesem Land viele Erinnerungen verbunden sind, viele Erlebnisse meiner Kindheit, sondern vor allem, weil Chimel ein einzigartiger Nebelwald mit einer großen Vielfalt an Tieren und Pflanzen und die Lebensgrundlage der dortigen Gemeinden ist. Wir müssen diesen Wald bewahren, als natürliches Erbe und als Quelle des Wissens.

Daß die Wälder Guatemalas – nebenbei bemerkt: mit dem größten Artenreichtum der Welt – geschützt werden müssen, haben in den 80er Jahren unter der neuen Regierung viele erkannt. Eine starke Umweltbewegung ist entstanden. Dennoch ist der Schutz der Umwelt ein schwieriges Unterfangen, schließlich ist Guatemala das am dichtesten bevölkerte Land in Mittelamerika. Die Wildnis hat einen schweren Stand, denn nur 17 Prozent des Landes stehen unter Schutz. Das größte und berühmteste Schutzgebiet ist im Norden entstanden, im Bezirk Petén. Es ist das größte zusammenhängende Gebiet unberührten tropischen Regenwalds in meinem Land. Doch es ist bedroht: Viele tausend verarmte Menschen wandern dorthin aus und gefährden das Schutzgebiet durch Brandrodung, wobei die Feuer manchmal außer Kontrolle geraten. 1998, in einem schweren El Niño-Jahr, als wenig Regen fiel, hat einer dieser Brände eine große Fläche Wald im Maya Biosphere Reserve zerstört. Ohne Waldbewuchs verwandelt die Erosion die üppige Wildnis in kurzer Zeit in eine Wüste.

Die Wildnis hat einen schweren Stand.

Eine der Maßnahmen, um der Zerstörung entgegenzuwirken, ist die Förderung des Ökotourismus. Wo Reisende unterwegs sind, halten sich Wilderer fern und wird auch kaum illegal Holz geschlagen oder abgebrannt. Außerdem versucht man, leider mit wenig Erfolg, den Handel mit den Wildtieren Guatemalas einzuschränken. Es sind bereits viel zu viele Papageien, Iguanas und Kaimanhäute ins Ausland gebracht worden. Zahlreiche Arten mußten auf die Rote Liste gesetzt werden.

Als ersten Schritt zur Verwirklichung des Traums, den Nebelwald meiner Heimat zu retten, hat die Stiftung, die meinen Namen trägt, eine wissenschaftliche Studie in Auftrag gegeben, um die Bedeutung von Chimel als natürlicher Ressource gründlich zu erforschen. Auf diese Weise wollten wir erste Anregungen erhalten, wie es sich in ein Naturschutzgebiet verwandeln ließe. Mit der Studie wurde Professor Gerardo Budowski beauftragt, ehemaliger Präsident der Gesellschaft für Ökotourismus und gegenwärtig Direktor der Abteilung für Natürliche Ressourcen der Universität für den Frieden von Costa Rica.

»Es handelt sich«, so schreibt Professor Budowski über Chimel, »unzweifelhaft um einen herrlichen Nebelwald von großer Bedeutung für den Wasserhaushalt, im Hinblick auf seine spezifische Ausprägung und seine Flora und Fauna. Er liegt auf einer Höhe zwischen 2.000 und 2.400 Meter, das Terrain ist fast durchgehend abschüssig. Der jährliche Niederschlag beträgt schätzungsweise 2.500 bis 3.000 mm. Damit handelt es sich um einen sehr feuchten Gebirgswald.«

Das besondere an Nebelwäldern wie Chimel ist, daß sich die feinen Wassertröpfchen der Wolken auf Blättern und Zweigen des Bergwaldes zu größeren Tröpfchen verbinden. So gibt es eine Menge zusätzlichen Niederschlag, der den normalen Regen ergänzt. Zweige und Stämme der Bäume sind mit Moosen und anderen Pflanzen bedeckt, die wie Schwämme wirken und zusammen mit dem Laub, das den Boden bedeckt, das Wasser auffangen. Es wird im Untergrund gespeichert und tritt das ganze Jahr über beständig aus kleinen Quellen von kristallklarer Reinheit wieder zutage.

Zu den natürlichen Bewohnern des Waldes von Chimel gehören, so hat die Studie herausgefunden, viele Epiphyten – das sind Pflanzen, die auf anderen Pflanzen wachsen, sich jedoch selbständig ernähren. Anzutreffen sind ferner Orchideen und Farne, Laub- und Lebermoose, Bromelien und viele andere Arten. Einige unter ihnen sind von großer Schönheit, andere enthalten medizinische Wirkstoffe und wieder andere können als Material zum Korbflechten dienen. Außerdem gibt es viele verschiedene Baumarten, darunter Eichen, Zypressen und Koniferen, von denen einige über 40 Meter hoch werden. Daneben wachsen zahlreiche lorbeerblättrige Bäume, von denen einige zur bevorzugten Nahrung des Quetzals gehören, Baumfarne und Lianen und »verschiedene Staudengruppen von großem wissenschaftlichen Interesse«. Auch *Brunellia* wachsen hier, Bäume, die über Wurzelknöllchen Stickstoff aus der Luft aufnehmen. Der Artenreichtum ist erstaunlich, besonders wenn man bedenkt, daß es zwei Drittel der Pflanzenarten des Nebelwalds nirgendwo sonst auf der Welt gibt, nur hier im Hochland von Guatemala.

Auch die Tierwelt des Waldes ist mit Vögeln, Schlangen, Brüllaffen, Puma und Jaguar äußerst vielfältig. Einer dieser Affen ist z.B. der Zaraguate. Er ist ein verläßlicher Wetterbote, der uns den Regen ankündigt. Spürt er, daß es regnen oder ein Unwetter geben wird, brüllt er wie ein Löwe. Das Gebrüll ist weithin hörbar. Ein anderer Bewohner des Nebelwaldes, der Mapache, bereitet uns immer dann Kopfschmerzen, wenn die Saatzeit beginnt. Diese Bergkatze mit dem typisch gestreiften Gesicht kommt nachts, gräbt die Samen aus, die wir gepflanzt haben, und frißt sie. Daher mußten wir um die Saatplätze herum immer Fallen bauen, um die Mapache abzu-

Diese Bergkatze mit dem typisch gestreiften Gesicht ...

schrecken. Auch die großen gefleckten Katzen, die Jaguare, schleichen durch die Wälder von Guatemala. Sie lieben den dichten, feuchten Wald. Gesetzlich sind sie zwar geschützt, und der Handel mit ihren Fellen ist schon lange verboten. Aber die Großgrundbesitzer, die Finqueros und Rancheros, erschießen sie sofort, wenn sie sich in der Nähe zeigen. Leider reißen Jaguare oft Rinder und machen sich dadurch unbeliebt. Wieviele dieser Raubkatzen noch im Nebelwald wohnen, weiß niemand. Es wird geschätzt, daß es im Schutzgebiet von Petén, im Norden von Guatemala, etwa 500 Jaguare gibt, das ist einer auf 15 Quadratkilometer.

Die Veränderung der Landschaft schreitet gnadenlos voran. So gibt es einige Gegenden, in denen der Urwald verschwunden ist und andere Pflanzen nachgewachsen sind. Ein Beispiel sind jene Gebiete, die sich ein vom Militär unterstützter Grundbesitzer widerrechtlich angeeignet hatte. Auf diesen Landstrichen ließ er sein Vieh weiden. Nachdem er das Land aufgegeben hatte, begann sich die Flora nur langsam zu erholen. Der Boden war beschädigt und verdichtet. Zu den Problemen im Nebelwald von Chimel zählen nach Meinung von Professor Budowski neben diesen Flächen mit Sekundärbewuchs die ebeneren Talflächen, wo der Wald gefällt wurde, um Maispflanzungen anzulegen. Vergessen will ich auch nicht den Raubbau an Holz durch die Siedler von Chimel. Sie verkaufen das Holz nicht, aber sie brauchen es, um ihre Hütten zu bauen. »In jedem Fall«, so Professor Budowski, »ist der Wert dieses Waldes in wissenschaftlicher und ästhetischer Hinsicht sowie für den Wasserhaushalt enorm. Hinzu kommt noch der kulturelle Wert für die Quiché-Indios und die Tatsache, daß dieser Wald zur Zeit der Gewaltherrschaft vielen als Zuflucht diente. Es besteht kein Zweifel, daß er verdient, erhalten zu werden, und sein Wert wird mit der Zeit fraglos noch größer werden.«

Dieser Wald diente vielen als Zuflucht.

Damit Chimel ein Naturschutzgebiet werden kann, müssen die Dorfgemeinschaften zustimmen. Niemand kann in eine Gemeinde gehen und den Leuten sagen: »Hier habe ich ein Projekt, das euch nützen wird«, ohne danach zu fragen, was ihre Bedürfnisse sind und was sie selbst möchten. Denn sollte Chimel ein Schutzgebiet werden, wird dies Auswirkungen auf die Bewohner haben. Man müßte deshalb meinen Plan vorsichtig in Angriff nehmen und den Menschen die Möglichkeit geben, Einfluß auf das Projekt zu nehmen und sich aktiv zu beteiligen. Behutsamkeit ist die Voraussetzung für jede Gestaltung von Landschaften.

Dann ist Chimel wieder ein Ort, um zu träumen und zu lernen.

Ich glaube, das Projekt, das ich vorschlage, ist von großer Bedeutung und läßt sich verwirklichen. Doch wir stehen erst ganz am Anfang und wissen nicht, wie viele Jahre es in Anspruch nehmen wird. Wir werden unsere Bemühungen fortsetzen und – wenn die Menschen in Chimel es erlauben und sich beteiligen – hoffentlich in wenigen Jahren ein Naturschutzgebiet haben, das seinen Bewohnern die schonende Nutzung seiner Ressourcen für ihren Lebensunterhalt erlaubt, der interessierten Wissenschaftsgemeinde die Durchführung von Forschungen ermöglicht und auch einen Raum für Erholung bietet. Dann ist Chimel wieder ein Ort, um zu träumen und zu lernen.

Autorennotiz

Peter Michael Adams studierte Geschichte in Harvard. Anschließend erlernte er das Handwerk des Zimmermanns und Tischlers in Alaska, konzentrierte sich im Laufe der Zeit auf die Kunsttischlerei. Ein Lehrauftrag zum Thema Holzarbeiten an der Universität in Hobart, der Hauptstadt Tasmaniens, führte ihn auf die australische Insel, auf der er inzwischen seit langen Jahren lebt. Sein Kunstverständnis, sein Einsatz für den Umweltschutz und sein persönliches Bestreben, im Einklang mit der Natur zu leben, kommen in den aufwendigen Holzbänken zum Ausdruck, mit denen er in den letzten 20 Jahren an zahlreichen Einzel- und Gruppenausstellungen teilnahm. Er wurde mit einigen Kunstpreisen ausgezeichnet. Seit 1994 arbeitet er als freischaffender Künstler.

Geoff McQuilkin ist aktiv im Mono Lake Committee, einer Nichtregierungsorganisation zum Schutz des kalifornischen Sees. Innerhalb des aus einer Bürgerinitiative entstandenen Komitees hat er in allen Initiativen mitgearbeitet, egal ob es um rechtliche Auseinandersetzungen, um die Vermittlung von Informationen über den See und seine Umgebung oder die Restauration der Landschaft ging. Er absolvierte sein Studium der Geschichte der Naturwissenschaften in Harvard, mit Schwerpunkt auf den Konsequenzen von Eingriffen in die Natur auf das ökologische System. Der begeisterte Wanderer und Wetterbeobachter lebt seit mehreren Jahren am Mono Lake.

Rigoberta Menchú Tum erhielt 1992 den Friedensnobelpreis für ihren langen Kampf für die Rechte der Ureinwohner Guatemalas und anderer indigener Völker. Ihr Beitrag zum Ende des guatemaltekischen Bürgerkriegs ist unumstritten. Seit 1982 arbeitete sie in verschiedenen Kommissionen der Vereinten Nationen, u.a. zu

Menschenrechten und zum Schutz von Minderheiten. Sie initiierte und organisierte zwei Weltgipfel der indigenen Völker. Ziele der von ihr in Guatemala gegründeten Stiftung mit Büros in Mexiko und New York sind die Bewahrung und Förderung der Rechte und Kultur indigener Völker, Erziehung zum Frieden und nachhaltige Entwicklung. Sie ist Präsidentin der »Indigenous Initiative for Peace«. Bisher erhielt sie 19 Ehrendoktortitel und zahlreiche weitere Auszeichnungen. 1983 erschien ihre Biographie *Leben in Guatemala* (dt. 1984).

Ian Player ist seit 1952 als Wildhüter und Naturschützer in Südafrika tätig. Er initiierte u.a. ein Naturschutzprogramm im Natal Park, welches das Weiße Nashorn vor der Ausrottung bewahrte, und führte bis heute etwa 30.000 interessierte Menschen durch die Wildreservate um Durban. Die 1974 in den USA gegründete »International Wilderness Leadership Foundation« ist sein Werk, ebenso die »Wilderness Leadership School« in Südafrika. Für die Regierung der Philippinen arbeitete er als Berater in Tierschutzfragen. Der Vorsitzende der »Rhino and Elephant Foundation« veröffentliche mehrere Bücher – zuletzt *Zululand Wilderness: Shadow and Soul* (1997) – und erhielt zahlreiche Auszeichnungen; er reiste quer durch die USA, Europa und Afrika und hielt unzählige Vorträge über Naturschutz.

Gerhard Thielcke, gelernter Gärtner und promovierter Zoologe, war Professor an der Universität Konstanz für Verhaltensphysiologie, Humanökologie und Naturschutz. Er forschte 29 Jahre lang am Max-Planck-Institut für Verhaltensphysiologie, Vogelwarte Radolfzell, über Vogelstimmen, Evolution und die Grundlagen für den Naturschutz. Mehrere Umweltverbände hat er mitbegründet, darunter den Bund für Umwelt und Naturschutz Deutschland (BUND). Er ist Vorsitzender der Deutschen Umwelthilfe (DUH) und des Global Nature Fund (GNF). Sein aktuellstes Buch: *Lebendige Elbe* (1999).

Register

Informationen zum aktuellen Stand der Umsetzung der beschriebenen Vision jetzt auch im Internet: http://www.peninsula-europe.net

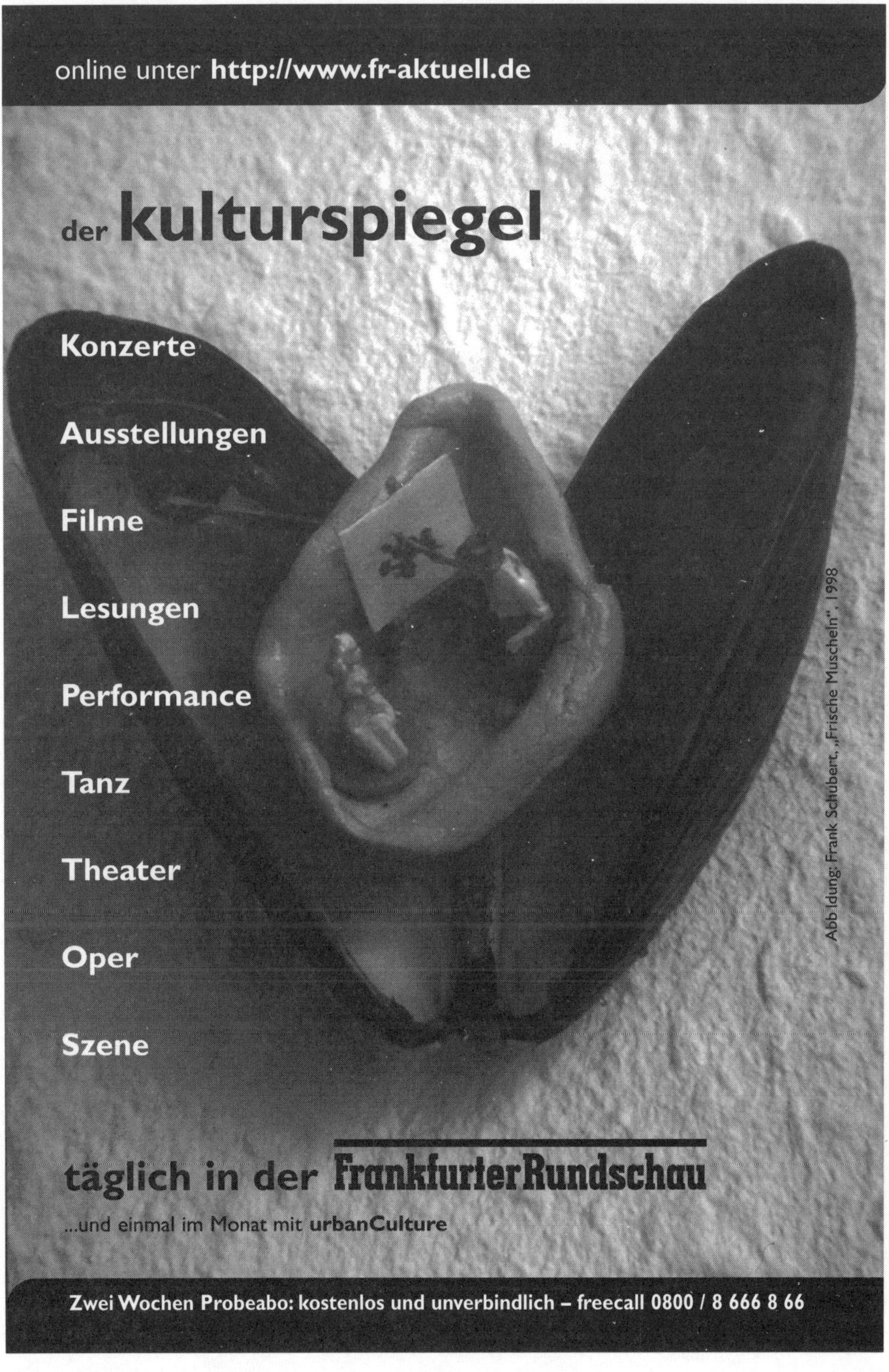
online unter http://www.fr-aktuell.de
der kulturspiegel
Konzerte
Ausstellungen
Filme
Lesungen
Performance
Tanz
Theater
Oper
Szene
Abbildung: Frank Schubert, „Frische Muscheln", 1998
täglich in der FrankfurterRundschau
...und einmal im Monat mit urbanCulture
Zwei Wochen Probeabo: kostenlos und unverbindlich – freecall 0800 / 8 666 8 66